Gabi Kratochwil

Die neuen arabischen Frauen

Dieses Buch ist meiner wunderbaren Tochter Sophia und meiner Familie in Liebe und Dankbarkeit gewidmet.

Gabi Kratochwil

Die neuen arabischen Frauen

Erfolgsgeschichten aus einer Welt im Aufbruch

orell füssli Verlag

Mit freundlicher Unterstützung von: COMMERZBANK DAIMLER

Lektorat: Karoline Lemke
Umschlaggestaltung und Motiv: Hauptmann & Kompanie Werbeagentur, Zürich, nach einer Idee von Gerd Baumgarten unter Verwendung von Fotos © privat; Nadia al-Sakkaf, Bochra Belhaj Hmida © Gabi Kratochwil
Druck: fgb • freiburger graphische betriebe, Freiburg

ISBN 978-3-280-05461-1

Bibliografische Information der Deutschen Nationalbibliothek: Die Deutsche Nationalbibliothek verzeichnet diese Publikation in der Deutschen Nationalbibliografie; detaillierte bibliografische Daten sind im Internet über http://dnb.d-nb.de abrufbar.

FSC www.fsc.org
MIX
Papier aus verantwortungsvollen Quellen
FSC® C106847

»Was ist das eigentlich, eine arabische Frau?«
(Joumana Haddad)

Liebe Leserinnen,
liebe Leser,

Es gibt sie, die erfolgreichen Frauen in der arabischen Welt. Ihnen ist das vorliegende Buch gewidmet, mit dem die Islamwissenschaftlerin Dr. Gabi Kratochwil die Diversität weiblicher Biografien in der arabischen Welt sichtbar macht und die vielfältigen Lebenswelten und -entwürfe arabischer Frauen aufzeigt.

Die 26 Porträts erfolgreicher arabischer Frauen räumen mit gängigen Klischees auf. Ob Ärztin oder Abgeordnete, Forscherin oder Fußballerin, Kfz-Mechanikerin oder Ministerin, Geschäftsfrau oder Künstlerin, Journalistin oder Anwältin: Das Bild, das Frau Dr. Kratochwil von modernen arabischen Frauen zeichnet, ist vielfältig. Sie alle eint der Mut und der feste Wille, Hindernisse zu überwinden und Ziele unabhängig von bestehenden Rollenbildern zu verfolgen.

Diese Frauen nehmen eine Vorreiterrolle ein. Sie besetzen heute in der Wirtschaft, der Politik und der Gesellschaft wichtige Positionen und haben sich durch ihr Engagement einen Namen gemacht. Einige unter ihnen zählen laut *Forbes* zu den einflussreichsten Frauen der Welt, andere wirken eher im Verborgenen. Alle zusammen sind sie Vorbilder für kommende Generationen und ein Zeichen des Wandels, der in der arabischen Welt auch auf gesellschaftlicher Ebene stattfindet.

Als ausgewiesene Expertin der arabischen Welt und langjährige interkulturelle Trainerin ist es Frau Dr. Kratochwil gelungen, mit diesen spannenden Erfolgsgeschichten außergewöhnlicher arabischer Frauen eine Lücke zu schließen und ihre Bedeutung für die Transformation arabischer Gesellschaften zu unterstreichen. Bereits mit ihrem Buch »Business-Knigge: Arabische Welt« hat Frau Dr. Kratochwil ein wegweisendes Werk zur Verständigung zwischen arabischen und deutschen Geschäftspartnern vorgelegt. Als Präsidiumsmitglied der

Ghorfa leitet sie auf unseren Deutsch-Arabischen Wirtschaftsforen regelmäßig das Panel zu arabischen Unternehmerinnen.

Mit den vorliegenden Porträts zeigt Frau Dr. Kratochwil auf äußerst lesenswerte Weise das Potenzial arabischer Frauen für eine dynamische Wirtschaftsentwicklung und eine Transformation der arabischen Gesellschaften auf, das nicht ungenutzt bleiben darf. Wir wünschen Ihnen eine interessante Lektüre.

Dr. Thomas Bach
Präsident

Abdulaziz Al-Mikhlafi
Generalsekretär

Ghorfa Arab-German Chamber of Commerce and Industry

Inhalt

Muqaddima – Ein Wort vorab

Die Idee zu diesem Buch entstand vor rund sechs Jahren. Lange vor dem Arabischen Frühling. In meiner Eigenschaft als Islamwissenschaftlerin, Trainerin für Interkulturelle Kommunikation und Buchautorin traf ich immer wieder auf aktive Frauen in der arabischen Welt, die selbstbewusst, erfolgreich und unerschrocken ihren eigenen Weg gehen. Ich traf sie auf Konferenzen, in Cafés, an Unis. In Schulen, Familien, Hinterzimmern. In Vereinen, Redaktionen, Werkstätten. In großen Büros, kleinen Kanzleien, per Skype. Auf dem Land, in der Stadt.

»Ja, gibt es das? Frauen in der arabischen Welt, die sich engagieren, aktiv und berufstätig sind? Die ihren eigenen Weg gehen, unabhängig sind und Erfolg haben?« Wie oft hörte ich diese Fragen in Deutschland. Und wie oft antwortete ich: »Ja, es gibt sie!« Sie kommen aus den unterschiedlichsten Bereichen, haben verschiedene Blickwinkel und sind diverser sozialer Herkunft. Frauen spielen in der Wirtschaft, der Politik und Gesellschaft eine immer größere und wichtigere Rolle. Sie haben sich einen Namen gemacht, leiten große Unternehmen, besetzen Schlüsselpositionen in der Politik, gestalten Gesellschaft. Ob als Geschäftsfrau, Anwältin oder Kfz-Mechanikerin. Sie boomen und fördern nicht nur eine dynamische Wirtschaftsentwicklung, sondern sind auch Ausdruck eines tiefgreifenden gesellschaftlichen Wandels in der arabischen Welt. Sie alle eint der Mut, die Entschlossenheit und Durchsetzungskraft, ihr Leben selbstbestimmt zu gestalten und eine aktive Rolle in den arabischen Gesellschaften einzunehmen.

Diese Vielfalt abzubilden, ist mir wichtig – reale Frauen und ihre Geschichten zu zeigen und einen Teil ihrer bisweilen sehr unterschiedlichen Wege nachzuzeichnen. Gerade weil es sie nicht gibt: DIE arabische Frau. Zu unterschiedlich sind die sozioökonomischen, politischen, sozialen und rechtlichen Rahmenbedingungen. Zu verschieden sind die individuellen Lebensentwürfe und Möglichkeiten. Und so geht es darum, die vielen unterschiedlichen Facetten und Blickwinkel zu zeigen, die eine Annäherung an das mosaikgleiche Gesamtbild sein möchte. Nicht mehr. Nicht weniger.

Der Arabische Frühling hatte ein weibliches Gesicht. Unübersehbar. Frauen demonstrierten auf den vielen Plätzen, sie bloggten und riskierten ihr Leben. Sie tun es immer noch. Eine davon ist Tawakkul Karman. Die streitbare Journalistin aus dem Jemen wurde für ihr mutiges Engagement 2011 mit dem Friedensnobelpreis ausgezeichnet. Als erste Frau in der arabischen Welt. Das ist historisch. Ein Meilenstein. Eine Hommage an den Arabischen Frühling, aber auch an die Frauen in der arabischen Welt.

Und nun, ein Jahr nach dem Arabischen Frühling? Es hat viele Tote, viele Opfer gegeben. Bei den Wahlen in Tunesien, Marokko, Ägypten und Kuwait haben islamische Parteien unterschiedlicher Couleur die Wahlen gewonnen. Noch ist unklar, was das für die Frauen und ihre Rechte bedeutet. Ist dies der Preis, den die Frauen zahlen müssen für den Aufbruch in eine demokratische Zukunft? »Es ist ein Votum, das wir akzeptieren müssen, denn das Volk hat gewählt. Aber die Konsequenzen werden wir energisch bekämpfen, sofern die Rechte der Frauen beschnitten werden«, so Bochra Belhaj Hmida, Anwältin und Frauenrechtlerin aus Tunesien. Sie werden später mehr über Bochra in diesem Buch lesen.

In der Januarausgabe 2012 der marokkanischen Zeitung *Femmes au Maroc* diskutierten Frauen die Frage: »Muss man Angst vor den Islamisten an der Macht haben?« Der überwiegende Tenor: »Wir werden uns unsere Rechte nicht nehmen lassen, wir gehen keinen Schritt mehr zurück.«

Eine der Diskussionsteilnehmerinnen ist Aïcha Chenna. Eine marokkanische Krankenschwester und Sozialarbeiterin, Frauenrechtlerin und Vorsitzende der 1985 gegründeten Vereinigung *Solidarité Féminine* (Weibliche Solidarität), die sich um ledige Mütter kümmert – immer noch ein großes Tabuthema. Sie schreibt:

> »Vor einigen Jahren haben die Islamisten mich verurteilt, weil ich den Marokkanern die Augen über eine unbequeme Realität geöffnet habe: die der alleinstehenden Mütter. Ich habe Vertrauen in die Geschichte meines Landes. Die Geschichte ist eine große Dame, sie vergisst nie. Wenn die Islamisten die Kinder vergessen, werden die Kinder sie vergessen.«

Beirut im Februar 2012. Die Diskussionen gehen weiter unter dem Motto »The New Arab World: Civil Liberties & Reform« auf dem fünften *New Arab Woman Forum*. Zur Eröffnung spricht der libanesische Minister für Soziales, Wael Abou Faour, die Gedanken vieler aus:

> »Let's hope that the Arab spring won't turn into an Arab autumn for women.«

Ein harter Aushandlungsprozess der unterschiedlichen gesellschaftlichen Gruppierungen und Strömungen, der politischen Konzepte, religiösen Vorstellungen ist in vollem Gange. Und Frauen in der arabischen Welt gestalten ihn aktiv mit. Sie begnügen sich nicht mit der »Opferrolle«. Soviel steht fest.

Die Frauen, die in diesem Buch porträtiert werden, gehören dazu. Sie sind weder eine ephemere Einzelerscheinung noch repräsentativ. Aber sie sind. Sie sitzen in Redaktionsbüros, verteidigen vor Gericht, schrauben unter Kfz-Hebebühnen an Autos. Sie trainieren Fußballmannschaften, setzen millionenschwere Fonds auf, untersuchen Moleküle des Arganbaumes. Sie stehen für eine neue Generation von Frauen, die nicht nur ihren eigenen Weg gehen, sondern auch Gesellschaft, Politik und Wirtschaft ihrer Länder aktiv gestalten möchten. Sie verstehen sich als *change agents* ihrer Gesellschaften in einer Welt globaler Herausforderungen. In vielen Ländern erhalten sie Unterstützung von ganz oben. Bereits Shaikh Zayed bin Sultan Al Nahyan, Gründer und erster Staatspräsident der Vereinigten Arabischen Emirate, bemerkte:

> »Nothing could delight me more than to see the woman taking up her distinctive position in society. (…) Nothing should hinder her progress (…) Like men, women deserve the right to occupy high positions according to their capabilities and qualifications.«

Katar im Mai 2011. Ähnliche Worte findet auch Dr. Ibrahim Al Ibrahim, Generalsekretär im Generalsekretariat für Planung und Entwicklung des Staates Katar, zur Eröffnung des *Qatar International Businesswomen Forum*, eine der zahlreichen und sehr gut besuchten Businessfrauenkonferenzen in der arabischen Welt.

> »Es ist nicht zuletzt auch eine strategische Notwendigkeit, die Hälfte unseres hochqualifizierten und motivierten *human capital* zum Wohle unserer Wirtschaft und Gesellschaft einzusetzen: Frauen.«

Al Ibrahim bekam dafür nicht nur von den anwesenden Damen viel Applaus. Manch einer im Forum aber ist skeptisch angesichts der von oben dekretierten Frauenförderung. Was gewährt wird, kann wieder entzogen werden. Was erkämpft wurde, kann genauso wieder verloren werden. Hauptsache, es bewegt sich etwas zum Wohle der Frauen, meinen andere. Die Diskussionen sind kontrovers, lebhaft, konstruktiv und oft sehr pragmatisch: Wie gründe ich ein erfolgreiches Unternehmen, welche Netzwerke helfen, welche Finanzierungskonzepte sind sinnvoll? Welche Rolle spielt Mentoring, wo kann ich mich informieren, weiterbilden? Was tun, wenn das Projekt scheitert? Es wurde wenig nach Staat gerufen, vielmehr nach Eigeninitiative.

Vor allem der Aufschwung der Geschäftsfrauen in der arabischen Welt ist deutlich spürbar. Immer schon hat es erfolgreiche Frauen in der arabischen Welt gegeben: Schriftstellerinnen, Ärztinnen oder Anwältinnen. Aber in der Wirtschaftswelt waren Frauen deutlich seltener vertreten. Das ist neu, eine neue Facette. Bereits im Jahre 2004 veröffentlichte die arabische Ausgabe von

Forbes (Forbes Arabia) eine Liste der 50 einflussreichsten arabischen Geschäftsfrauen. 2006 auf Platz 1 Lubna Olayan, Prinzipalin aus Saudi-Arabien, auf Platz 2 Maha Al-Ghunaim, erfolgreiche Investmentbankerin aus Kuwait. Sie werden Letztere in diesem Buch näher kennenlernen. Aber dazu später.

»So neu ist das gar nicht!«, sagt eine Teilnehmerin auf der DAVO-Konferenz in Berlin 2011. Sie beruft sich auf Khadija. Die erste Frau des Propheten Mohammed hat es vorgemacht, sie war erfolgreiche Unternehmerin: unabhängig, selbstständig und wohlhabend. Sie gilt vielen Frauen, die ich interviewt habe, als Vorbild einer aktiven muslimischen Frau. Muslima zu sein und sich beruflich zu verwirklichen, steht nach diesem Diskurs in keinem Widerspruch zueinander. Im Gegenteil. Für die marokkanische Soziologin und Schriftstellerin Fatima Mernissi ist diese Entwicklung keine Überraschung: Schon Zubaida, ihres Zeichens Gattin des Kalifen Harun ar-Rashid, ließ Brunnen und Straßen bauen – und das im 8. Jahrhundert. Man könnte es auch »das Khadija-Prinzip« nennen.

Und was sagt die Statistik? Bereits 2005 hob der *Arab Human Development Report* (ADHR) die wachsende Bedeutung von Geschäftsfrauen im arabischen Raum hervor. Im weltweiten Vergleich lagen die arabischen Staaten mit durchschnittlich 33,3 Prozent zwar noch deutlich unter dem weltweiten Durchschnitt von 55,6 Prozent (AHDR 2005: 88,308). Aber die Entwicklung zeigt in die richtige Richtung, wenngleich mit deutlichen Unterschieden in den jeweiligen Ländern. Das belegen auch die aktuellen Zahlen der *World Bank Gender Data Base*. Der Anteil berufstätiger Frauen über 15 Jahre betrug 2009 mit Katar an der Spitze 50 Prozent, gefolgt von Kuwait (45 %), VAE (42 %), Algerien (37 %) und Bahrain (32 %). Im Mittelfeld liegen Marokko und Tunesien (26 %), Libyen und Oman (25 %), Ägypten und Libanon (22 %) gefolgt von Saudi-Arabien und Syrien (21 %) und dem Jemen (20 %). Schlusslichter, nicht zuletzt auch infolge der politischen Situation, sind die Palästinensischen Autonomiegebiete (17 %) und der Irak (14 %).

Die Studie *Women Entrepreneurs in the Middle East and North Africa*, 2007 von der *International Finance Corporation* im Auftrag der Weltbank erstellt, zeigt einen deutlichen Zuwachs von Unternehmerinnen in der arabischen Welt. Die Studie basiert auf Erhebungen in den fünf Ländern Bahrain, Jordanien, Libanon, Tunesien und den Vereinigten Arabischen Emiraten im Zeitraum von Mai bis Oktober 2006. Zu den am häufigsten genannten Gründen, die in die Selbstständigkeit führten, zählten: Unzufriedenheit über die Möglichkeiten auf dem bestehenden Arbeitsmarkt (»Wir können mehr«), der Wunsch, die eigene Chefin zu sein, eine Führungsposition einzunehmen (»breaking the glass ceiling«) oder das Familienunternehmen zu übernehmen. Die Studie zeigt zudem, dass die von Frauen geführten Unternehmen vornehmlich zu den mittelständischen und Großunternehmen zählen, überwiegend ihnen alleine gehören (Bahrain 59 %, Tunesien 55 %, Jordanien und die VAE 48 %, Libanon 41 %) und Arbeitsplätze schaffen (Tunesien mit 19,3 %, VAE mit 13,9 %, Bahrain mit 13,3 % und Jordanien mit 6 %). Über die Hälfte der Unternehmerinnen sind verheiratet (von 72 % in Tunesien bis 56 % im Libanon) und führen ihr Unternehmen zwischen 10,6 (Libanon) und 5,9 (VAE) Jahren. Sie sind überwiegend optimistisch, was das Wachstum ihrer Firma betrifft (von 88 % VAE bis 61 % in Tunesien) und planen eine Expansion (von 81 % VAE bis 49 % Libanon). Interessanterweise gaben die Frauen überwiegend an, dass ihr Geschlecht keine negativen Auswirkungen auf ihr Business habe. Einige betrachteten dieses sogar als Vorteil (Jordanien 50 %, Libanon 46 %), andere schlichtweg als egal (Bahrain 79 %, Tunesien 58 %, VAE 56 %).

Berlin im Juni 2009. Das Deutsch-Arabische Wirtschaftsforum. Auf dem Podium diskutieren deutsche und arabische Unternehmerinnen über Herausforderungen und Chancen. Ein arabischer Konferenzteilnehmer aus dem Publikum steht auf und kommentiert die Diskussion lauthals: »Das ist ja alles Humbug! Women don't drive too fast.« Tumult im Saal. Dr. Afnan Al-Shuaiby, Generalsekretärin der Arabisch-Britischen Handelskammer und ursprünglich aus Saudi-Arabien, pariert mit einem charmanten Lächeln und sanfter Stimme: »Well, if she is a good driver.« Begeisterte Zurufe, Lachen.

Zunehmend finden sich auch Frauen in Führungspositionen. Wenn der Anteil auch noch zu gering ist – wie übrigens in vielen Teilen der Welt –, so ist doch hier vieles in Bewegung. Ein wesentlicher Faktor dieser positiven Entwicklung liegt vor allem in den deutlich verbesserten Bildungschancen für Frauen im arabischen Raum. Bildung – das zentrale Zukunftsthema in der arabischen Welt. Der Rohstoff von morgen heißt Wissen. Die wissensbasierte Gesellschaft gilt als Antwort auf die künftigen Herausforderungen, die gekennzeichnet sind von Globalisierung, Diversifizierung der Wirtschaft und Bevölkerungswachstum.

Vor allem die Frauen profitieren von der Bildungsoffensive in der arabischen Welt – nicht überall in gleichem Maße, aber dennoch spürbar. Die Zahl der gebildeten arabischen Frauen hat sich binnen zweier Generationen vervielfacht. Laut der Studie der Weltbank von 2008 *The Road not Traveled. Education Reform in the Middle East and North Africa* ist das Verhältnis der Einschulung von Mädchen und Jungen im Primarschulbereich mit durchschnittlich 0,95 Prozent (Gender Parity Index/GPI) nahezu ausgeglichen. 1970 betrug er noch 0,61 Prozent. Im Sekundarschulbereich konnte mit 0,94 Prozent ebenfalls eine signifikante Angleichung festgestellt werden, mit Ausnahme von Marokko, dem Irak und dem Jemen, wo noch deutliche genderspezifische Differenzen im Sekundarschulbereich bestehen. Im Hochschulbereich hat es gar eine Trendwende gegeben. In Algerien, Bahrain, Jordanien, Kuwait, Libanon, Libyen, Oman, Katar, Saudi-Arabien, Tunesien, den VAE, der Westbank und Gaza studieren mehr Frauen als Männer an den örtlichen Hochschulen. Dieser Trend ist nicht nur der erhöhten Partizipation von Frauen geschuldet, sondern auch der Tatsache, dass viele männliche Studenten im Ausland studieren und daher in den nationalen Statistiken nicht erscheinen. Dennoch, die Trendwende ist deutlich spürbar. Nie zuvor hatten Frauen in der arabischen Welt so viel Zugang zu formaler Bildung wie heute.

Gestiegen ist auch die Alphabetisierungsrate der Frauen. Waren 1980 noch im Durchschnitt 63,7 Prozent Analphabetinnen, sank der Durchschnitt 2003 auf immerhin 30 Prozent. Laut der *World Bank Gender Data Base* betrug die Alphabetisierungsrate 2009 nahezu 93 bis 100 Prozent in der Altersstufe der Frauen von 15 bis 24 Jahren. Schlusslichter blieben Ägypten (59,4 %), Algerien (60 %), Marokko (72 %) und der Jemen (72 %).

Ausgewogene Einschulungs- und Einschreibungsquoten von Mädchen/Frauen und Jungen/Männern in Schulen und Hochschulen sowie deutlich gestiegene Raten bei der Alphabetisierung der Frauen sind große Schritte in die richtige Richtung. Denn mit dieser Entwicklung ist die Mehrheit der arabischen Staaten auf einem guten Weg, die auf dem *UN Millennium Summit* im Jahre 2002 festgelegten *Millennium Development Goals* (MDG) umzusetzen. Diese haben zum Ziel, dass Kinder in der ganzen Welt, Mädchen wie Jungen, eine Primarschulausbildung vollständig abschließen und das Geschlechtergefälle in der Primar- und Sekundarschulbildung beseitigt wird – möglichst bis 2005 und auf allen Bildungsebenen bis spätestens 2015.

Dennoch. Es bleiben große Herausforderungen. Gemäß des Weltbankberichts ist die Abbruchquote der Frauen mit Blick auf die Ausbildung und das Berufsleben hoch, vor allem nach der Heirat. In einigen Regionen sind Mädchen und Frauen infolge traditioneller Lebenszusammenhänge sogar gänzlich von Bildung ausgeschlossen. Zu lange Schulwege, Arbeit und/oder eine bildungsablehnende Einstellung der Familie sind die Hauptgründe hierfür. So zeigten Studien in Jordanien und Ägypten, dass insbesondere in strukturschwachen Regionen nach wie vor die Meinung vorherrscht, Mädchen bedürfen keiner Schul- bzw. Ausbildung. Habe man die Wahl, so würde man eher den Sohn als die Tochter ausbilden lassen. Der jordanische Soziologe Dr. Nazih Hamdi verweist zudem auf die traditionellen Rollenbilder von Mann und Frau, die noch in vielen Schulbüchern vermittelt würden:

> »The system tends to make very strong statements in school books to children, such as ›My father is working and my mother is cooking‹.«

Gleichwohl hat vielerorts ein sukzessiver Werte- und Haltungswandel eingesetzt. Es gibt viele ermutigende Beispiele, gerade auch von Vätern, die ihre Töchter bestärken, etwas aus ihrem Leben zu machen, von Ehemännern, die ihre Frauen auf dem Weg in die Selbstständigkeit unterstützen. Einige werden Sie in diesem Buch kennenlernen. Noch etwas Geduld.

Ein weiteres Problemfeld ist die Qualität der Ausbildung im arabischen Raum. Die Studie der Weltbank kritisiert die vorherrschende rezeptive Didaktik als unzureichend, um eine auf globale Herausforderungen ausgerichtete, qualifizierte Ausbildung zu gewährleisten. Die vorwiegend belegten Studienfächer würden nicht ausreichend für den globalen Arbeitsmarkt ausbilden. Insgesamt zwei Drittel der Studenten studieren Geistes- und Sozialwissenschaften, vor allem Frauen (2008:20, 21). Auf Naturwissenschaften, Ingenieurwissenschaften und Medizin fallen insgesamt nur knapp 30 Prozent. Laut Weltbank sind es aber vor allem letztere Disziplinen, die eine bessere Integration in den nationalen und auch globalen Arbeitsmarkt ermöglichen würden. Aber Sie wissen ja: Ausnahmen bestätigen die Regel. Denn trotz schlechter Bedingungen gibt es sie: die Ingenieurinnen oder Chemikerinnen, die in ihren Arbeitsbereichen vielen jungen Frauen als Vorbild dienen. Anhand ihrer Geschichten zeigt sich, was unverzichtbar ist für eine zeitgemäße Qualifizierung auf einem nationalen und globalen Arbeitsmarkt: die Integration neuer Lehrmethoden, eine Abkehr vom Trend der Akademisierung und Theoretisierung hin zu mehr Praxisbezug, berufliche Aus- und Weiterbildung sowie duale Ausbildung und das Konzept des »lebenslangen Lernens« *(lifelong learning)*. Noch gelten die berufliche Aus- und Weiterbildung und Fachhochschulen in der arabischen Welt als »kleine Schwestern« der universitären Ausbildung. Sie genießen leider zu unrecht einen schlechten Ruf. Der Wandel ist aber auch hier spürbar.

Und die Frauen? Auch sie profitieren von neuen Lehrkonzepten, z.B. internetbasiertem Lernen. In Zusammenarbeit mit *Unifem*, einem UN Entwicklungsfonds, hat beispielsweise Königin Rania von Jordanien unter dem Namen *e-Village* ein Projekt ins Leben gerufen, das Frauen auf dem Land den Anschluss an das Computerzeitalter ermöglicht. Eine von vielen Initiativen in der arabischen Welt. Mit dem Konzept des *lifelong learning* aber werden vor allem die Frauen unterstützt, die den Neueinstieg ins Berufsleben wagen. Da sie laut Weltbank überproportional von Abbrüchen und/oder Unterbrechungen ihrer Ausbildung betroffen sind, ist die Schaffung neuer Einstiegsmöglichkeiten zur weiteren Qualifikation ein wichtiger Baustein. Immer mehr Frauen machen von diesen Angeboten Gebrauch. Oft sind das jene, die den *brain drain* in *brain gain* umwandeln. Da sie nach ihrer Ausbildung meist nicht ins Ausland emigrieren, können diese Frauen ihre Kompetenz und Qualifikation den lokalen Märkten zur Verfügung stellen. Ein Kapital, auf das sich schwerlich verzichten lässt.

Nicht zu vergessen: In der Geschichte der arabischen Welt hat es immer schon namhafte Wissenschaftlerinnen, Lehrerinnen und Professorinnen gegeben. Zu den wichtigsten Tradentinnen von Hadithen, die sich in der kanonischen Sammlung von al-Bukhari befinden, gehörte beispielsweise Karima al-Marzawiyya. Sie starb im Alter von 100 Jahren im 11. Jahrhundert n. Chr. in Mekka. Oder Nafisa bint Al-Hassan (gest. 824 n. Chr.). Sie besaß eine solche Autorität im Bereich des Hadith, dass selbst Imam as-Shafi'i, der Begründer der shafi'itischen Rechtsschule, im Kreis ihrer Schüler in al-Fustat saß, als er sich bereits auf der Höhe seiner Berühmtheit befand. In seinem Testament soll er darauf bestanden haben, dass seine Bahre auf dem Weg zum Friedhof an ihrem Haus Halt mache. Auch in weltlichen Bereichen des Wissens waren immer wieder herausragende Frauen anzutreffen. Ibn Abi Usayba z. B. erwähnt in seinem Buch »Generationen von Ärzten« mehrere Ärztinnen, so auch Zainab von den Banu Awd, die auf Augenkrankheiten spezialisiert war. Idjliyya bint al-Idjli war am Hofe von Saif ad-Daula (944–967 n. Chr.) mit der Erstellung von Astrolabien beauftragt. Und heißt es nicht auch in einem Hadith: »Das Streben nach Wissen ist Pflicht für jeden Muslim«? Ob Mann oder Frau.

Und dennoch. Die Lebensrealitäten vieler Frauen sind vielerorts noch immer durch patriarchale Lebensformen, traditionelle Lebenszusammenhänge, Normen oder rechtliche Rahmenbedingungen gekennzeichnet, die ihnen eine minderwertige, untergeordnete und passive Rolle konzedieren. Dabei gilt keineswegs die Devise ›Liberale Rechtsvorschriften gleich mehr Freiheit‹ oder umgekehrt. Oft ist es die Keimzelle der Gesellschaft – die Familie, das soziale Umfeld –, in der verbindliche normative Rahmenbedingungen für den Einzelnen gesetzt werden: Minderjährigenehe, Zwangsverheiratungen, weibliche Genitalverstümmelung und sogenannte Ehrenmorde. Viele dieser Praktiken gehen auf gewohnheitsrechtliche lokale Traditionen zurück. So betont die tunesische Anwältin Bochra Belhaj Hmida, dass bestehende Rechtsnormen und Rechtswirklichkeit und -praxis oft weit auseinanderliegen.

Eine wichtige Rolle spielen die zahlreichen Frauenvereinigungen und -verbände in der arabischen Welt, ob Vereine, die einen Frauennotruf ins Leben gerufen haben, oder Unternehmerinnenverbände. Sie alle haben in vielen Jahren engagierter Arbeit sowohl den Diskurs in die Zivilgesellschaft getragen als auch mit ihren Netzwerken viel praktische Hilfe für Frauen geleistet. Frauen vernetzen sich, werden aktiv. Der allgemeine Trend scheint unumkehrbar, so unterschiedlich die Rahmenbedingungen in den einzelnen arabischen Ländern auch sind. Frauen spielen eine immer wichtigere Rolle im öffentlichen Leben. Sie trotzen den mehr oder weniger schwierigen Rahmenbedingungen. Sie schaffen und nutzen die Spielräume. Sie fordern ihren Anteil am öffentlichen Raum.

In ihrem Roman »Weit ist mein Gefängnis« schildert die algerische Schriftstellerin Assia Djebar eindrucksvoll die strikte Trennung der traditionellen gesellschaftlichen Räume in ein »Innen«, der Frau zugeordnet, und ein »Außen«, dem Mann zugeordnet. Auch Internet und die neuen sozialen Medien, wie Facebook oder Twitter, haben dazu beigetragen, diese Grenzen aufzuweichen. Vielen Frauen wurde dadurch erst die Möglichkeit gegeben, auch von zu Hause aus mit der Außenwelt zu kommunizieren, ein Teil der öffentlichen Debatten zu werden und nicht zuletzt Seite an Seite mit den Männern auf den Plätzen, in den Straßen für Demokratie und Menschenrechte zu demonstrieren. Martina Sabra, Islamwissenschaftlerin und renommierte Journalistin, bemerkt hierzu:

> »Ob auf dem Tahrir-Platz in Kairo oder in der Kasbah von Tunis – die üblichen Verbote und Tabus der arabischen Schamkultur spielten keine Rolle, als es darum ging, gemeinsam Transparente zu malen und Verletzte zu versorgen.«

Auch das ist Teil des Wandels, wie wir ihn am Porträt der algerischen IT-Spezialistin Loubna Lahmici ablesen werden können.

Und was ist mit den »alten« Medien? Der Wandel ist spürbar. Die Generation *Al Jazeera*. Der in Doha, Katar, beheimatete arabische Nachrichtensender hat die arabische Fernsehlandschaft radikal verändert, seit er 1996 *on air* ging. Die Nachrichtensendungen, Reportagen und Diskussionsrunden zeigen verschiedene Blickwinkel, bemüht darum, keine einseitigen Ideologien zu verbreiten. Unbequem. Umstritten. Investigativ. Sie wollen das ganze Bild zeigen, in seinen kontroversen, oft auch widersprüchlichen Facetten. Das Team ist international, bildet Vielfalt ab. Eines der bekanntesten Gesichter ist eine

Frau: *anchorwoman* Khadija Ben Ganna, eine Journalistin aus Algerien. Ihre kritischen Fragen sind berüchtigt. Unter den jungen arabischen Frauen gilt sie vielen als Vorbild, ausgezeichnet unter anderem mit dem renommierten *Media Woman of the Year* (2007) und auf Platz 59 der 100 einflussreichsten arabischen Frauen im Ranking von *Arabian Business* (2012).

Vorbilder. Immer wieder werden arabische Frauen auch international anerkannt. Erst im Jahr 2010 rangierten vier arabische Frauen in der *Forbes*-Liste der weltweit mächtigsten Frauen: auf Platz 70 Shaikha Lubna, Außenwirtschaftsministerin aus den VAE; Shaikha Moza, First Lady aus Katar, auf Platz 74; Königin Rania von Jordanien auf Platz 76 und Maha Al-Ghunaim aus Kuwait auf Platz 94. Solche internationalen Auszeichnungen haben eine enorme Signalwirkung in die Gesellschaften hinein. Sie verändern Haltungen und Einstellungen, ermutigen zur Nachahmung. Denn Wandel beginnt auch in den Köpfen. Was früher undenkbar war, sich »nicht gehörte«, ist heute möglich, für viele erstrebenswert.

Jede der zuvor genannten Zahlen hat ein Gesicht, eine Geschichte. Es ist der Einblick in diese Geschichten, den ich teilen möchte – oft nicht mehr als nur eine Momentaufnahme, ein Ausschnitt, subjektiv, durch meine Brille. Über jede dieser Frauen ließen sich ganze Bücher füllen. Ein wenige Seiten umfassendes Porträt kann ihnen also kaum gerecht werden. Und so sind die Geschichten auch als Einladung zu verstehen, einen Dialog zu eröffnen, sich auszutauschen, mehr voneinander zu erfahren, sich besser kennenzulernen. Nicht mehr. Nicht weniger.

Mich haben sie bewegt, gefreut, nachdenklich gestimmt. Verstört, aufgewühlt, zum Lachen gebracht. Begeistert, ermutigt, inspiriert. Bereichert. Diese spannenden und mutigen Erfahrungsberichte sind auf der Grundlage persönlicher Interviews entstanden und sollen eine neue Perspektive auf die vielfältigen Lebenswelten und -entwürfe arabischer Frauen bieten. Sie sollen dazu beitragen, das Bild »der arabischen Frau« um diese Facette zu bereichern. Sie sind nach bestem Wissen und Gewissen verfasst worden

Es hat sie in der arabischen Welt immer schon gegeben. Die aktiven, streitbaren und umstrittenen Frauen. Auch wenn dies den Rahmen eines Vorwortes sprengt und ein eigenes Buch, nein, eine ganze Reihe füllte, so möchte ich einige dieser wegweisenden Frauen hier erwähnen und dazu einladen, sich an anderer Stelle weiter zu informieren.

So etwa Hoda Shaarawi (1879–1947) aus Ägypten. Eine der Ikonen der ägyptischen Frauenbewegung. 1919 organisierte sie die erste Frauendemonstration während des ägyptischen Aufstands gegen die Briten, gründete 1923 die *Egyptian Feminist Union* und setzte sich zeitlebens für Frauenrechte ein. 1923 legte sie in Kairo in aller Öffentlichkeit ihren Schleier ab. Ein Skandal. Die ägyptische Journalistin Malak Hifni Nasif (1886–1918), die sich in ihren Abhandlungen mit dem Titel »Frauenfragen« *(nisayat)* offen gegen die Polygamie aussprach. Die palästinensisch-libanesische Literatin und *salonnière* May Ziadeh (1886–1941). Von ihr stammt der Satz, eine versklavte, unterdrückte Frau könne ihr Kind nicht stillen, da ihre Milch »nach Sklaverei« schmecke. Oder Nawal El Saadawi (geb. 1931), ägyptische Psychiaterin und Aktivistin. Sie zeichnete in den 60er-Jahren als Erste die Zeugnisse vergewaltigter und misshandelter Frauen in ägyptischen Gefängnissen auf und löste damit einen Skandal aus. Die streitbare Tochter Isis, wie sie sich selbst nennt, schrieb: »Eine bessere Welt ist ohne die Befreiung des Denkens, des Körpers und vor allem der Sprache der Frau nicht möglich.« Im Porträt von Joumana Haddad werden Ihnen diese Worte wieder begegnen.

Außerdem zählen auch Sahar Khalifa (geb. 1941), palästinensische Schriftstellerin und Feministin, Gründerin des *Women's Affairs Center* in Nablus dazu, oder die marokkanische Soziologin und Feministin Fatima Mernissi, eine inzwischen auch hierzulande bekannte Stimme der arabischen Frauen.

Und auch Männer setzen sich aktiv für Frauenrechte ein. So beispielsweise schon der Ägypter kurdischer Abstammung Qasim Amin (1863–1908), einer der ersten vehementen Kritiker der Polygamie. Der Richter und Schüler des ägyptischen Reformdenkers Mohammed Abduh (1849–1905) plädierte für eine Neuauslegung der Koranverse (4:3; 4:129), die Frauen gegenüber Gerechtigkeit anmahnen, und folgerte daraus, die Polygamie sei allenfalls erlaubt, aber nicht empfohlen. Ein Argument, das bis heute nachwirkt. Oder Taha Haddad (1899–1935). Der tunesische Religionsgelehrte, Journalist und Autor des Werkes »Ein Mann spricht für die Frauen« setzte sich für die Gleichberechtigung von Mann und Frau ein. In seinem Buch »Unsere Frau in der Scharia und der Gesellschaft« von 1930 forderte er u. a. gleiche Bildungschancen für Jungen und Mädchen, die Abschaffung der Polygamie und die gleichberechtigte Ehescheidung.

Übrigens ein schönes Bild: Nach der bereits erwähnten Konferenz in Beirut demonstrierten Männer, ausgestattet mit dem pinkfarbenem Schal der Konferenz, gemeinsam mit den Frauen in den Straßen Beiruts für die Förderung von Frauen. Das Motto: *sawa, sawa*. Gemeinsam, gemeinsam. Sie und viele andere haben den Weg bereitet für eine neue Generation arabischer Frauen. Und so schließt sich der Kreis mit der Frage von Joumana Haddad: »Was ist das eigentlich, eine arabische Frau?«

Wenn also in diesem Buch als Überbegriff von den arabischen Frauen gesprochen wird, so ist das selbstredend grob fahrlässig. Denn es gibt auch die kabylischen, kurdischen, armenischen … Die geographische, politische, kulturelle, wirtschaftliche und soziale Vielfalt der Staaten Nordafrikas und des Nahen und Mittleren Ostens ist kaum unter einen Begriff zu fassen. Das, was in der Literatur als Orient oder als Arabische Welt bezeichnet wird, umfasst Länder, die mehrere tausend Kilometer voneinander entfernt liegen. Wenn wir von der arabisch-islamischen Zivilisation sprechen, so ist zu beachten, dass diese unter Mitwirkung vieler Völker und Religionen entstanden ist: z.B. der Araber, Berber/Imazighen, Perser, Kurden, Assyrer, Armenier, Aramäer, Tscherkessen/Adyge, Turkmenen und Nubier, der Christen, Juden oder Zoroastrier und vielen anderen. Das Mosaik der arabisch-islamischen Zivilisation hat viele unterschiedliche Elemente, die erst in ihrer Gesamtheit ein komplettes Bild ergeben. In dem Miteinander verschiedener ethnischer und religiöser Gruppen entstand in den Grenzen des islamischen Reiches seit dem 7. Jahrhundert eine Zivilisation, deren wichtigstes Kommunikationsmittel die arabische Sprache war und deren zentrales Erscheinungsbild vom Islam geprägt wurde. Stets aber war diese Region von diversen ethnischen und religiösen Einflüssen geprägt und ist daher keinesfalls als homogenes Ganzes zu verstehen.

Die Transkription der arabischen Begriffe erfolgt entweder in der eingedeutschten Schreibweise oder in der Weise, wie sie vor Ort oder den Akteurinnen selbst verwendet werden, entweder nach französischem oder englischem System. Daher können sich Unterschiede in der Schreibweise ein und desselben arabischen Begriffes/Namens ergeben, wie z.B. Hischam (deutsche

Schreibweise), Hichem (französische Schreibweise) oder Hisham (englische Schreibweise).

Wer die Wahl hat, hat die Qual. Viele andere spannende Frauen aus der arabischen Welt konnten nicht in diesem Buch erscheinen. Aber vielleicht werden Sie ja neugierig und gehen selbst auf Entdeckungsreise …

Das letzte Wort hast du, Tante Raifa. In deinem geliebten Ägypten, mit deinem leopardengemusterten Hausanzug, deinen goldenen Chip-Chip, vor deinem immer geöffneten Laptop, an dem du mit deinen Kindern wieder einmal »skeibi machst« (skypst). Du warst Hausfrau, hast fünf Kinder großgezogen, ihnen eine Ausbildung ermöglicht. Sie in die Welt geschickt. Erfolgreich. Auch du bist eine erfolgreiche Frau, denn du bist deinen Weg in Würde gegangen, hast die kleinen und großen Tücken des Lebens gemeistert und mir während meines Studiums in Kairo ein Zuhause gegeben. Dein Motto, wie auch das meiner Mutter, »Wo ein Wille ist, ist auch ein Weg« werde ich nie vergessen. Wie könnte ich? Ich habe es in jedem dieser Interviews wiedergefunden.

© privat

Azza Fahmy – Ägypten

◆◆◆

Alles begann mit einem Buch. Mit einem Buch über traditionellen Schmuck aus dem europäischen Mittelalter auf der Internationalen Buchmesse in Kairo im Jahre 1969.

»Ich hätte nie gedacht, dass ein Buch auf der Internationalen Buchmesse in Kairo meine ganze spätere Karriere bestimmen würde. An dem deutschen Stand sah ich dieses elegante Buch mit dem Titel ›Mittelalterlicher Schmuck‹ von Klement Benda und war voller Bewunderung. Als ich das Buch durchblätterte, war ich sehr erstaunt: so viele Fotos mit Schmuckabbildungen, Deutsch untertitelt, wovon ich natürlich kein Wort verstand. Die Fotos erinnerten mich jedoch an den ägyptischen Schmuck, den meine Mutter und die Frauen unserer Familie trugen. Dieses Buch war für mich das Tor zu einer mir bis dahin noch unbekannten Welt der Kunst.«

Azza Fahmy war damals 25, hatte 1965 ihr Studium an der *Faculty of Fine Arts* der *Helwan University* abgeschlossen und arbeitete bei der *State Information Authority* in Kairo.

»Meine Arbeit bestand darin, die Cover der politischen Broschüren der Behörde zu gestalten. Ich war nicht wirklich glücklich mit meinem Job. Bis zu meinem Besuch auf der Buchmesse überlegte ich die ganze Zeit, was ich eigentlich mit meinem Leben anfangen wollte. Es war fast ein Augenblick der Offenbarung. Ich spürte eine mystische Beziehung zwischen mir und der Kunst der Herstellung von Schmuck.«

Eigentlich wäre der übliche Weg nun eine weitere Ausbildung an der *Faculty of Applied Arts* an der *Cairo University* gewesen. Aber Azza Fahmy entschied sich dagegen und für die Praxis.

»Alles, was ich brauchte, war, das Handwerk zu erlernen. Was lag daher näher, als in die Lehre zu gehen?«

Khan el-Khalili. Das pulsierende Herz der Altstadt von Kairo. Ein Teppich aus Farben, Gerüchen, Geräuschen. Es zischt, es hämmert, es riecht nach Aluminium. Hier, in den verwinkelten Gassen bei den Silber- und Goldschmieden lernt Azza Fahmy ihr Handwerk von der Pike auf. Bei den Besten ihrer Zunft. Ihre Entschlossenheit überzeugt Osta (ägypt. für Lehrer/Meister) Ramadan, ihren ersten Meister, und erstickt alle Skepsis und Ablehnung. Bald gewöhnt man sich in dem kleinen Atelier, das gerade mal 20 Quadratmeter misst, an die wissbegierige, etwas verrückte Frau, die ihre ersten Gehversuche macht: löten, feilen, polieren.

»Also band ich meine Haare zurück, zog meinen Kittel an und verbrachte die Tage in einer Werkstatt voller Männer. Hier lernte ich alle Tricks, wie man Schmuck herstellt, und die Kniffe des gesamten Schmuckgeschäfts.«

Azza Fahmy war die erste Frau in diesem Metier in Kairo. Und das war im Ägypten der 70er-Jahre etwas Besonderes. Eine Tochter aus gutem Hause, Akademikerin, Staatsangestellte, zwischen all den Männern, in einer staubigen, lauten Werkstatt, die sich »die Hände schmutzig macht«. Bis heute haben handwerkliche Tätigkeiten zwar einen hohen symbolischen Wert, ihre Ausführung ist gesellschaftlich aber nach wie vor wenig anerkannt. Wenig beeindruckt von gesellschaftlichen Normen fertigte sie ihre ersten Schmuckstücke.

»Meine Mutter begann zu weinen, als sie von meinen Plänen hörte. Zunächst war meine Familie nicht begeistert, denn sie verstanden nicht, was ich da mache. Aber schließlich haben sie sich arrangiert, was blieb ihnen anderes übrig?«, lacht sie. »Ich erinnere mich wie heute an mein erstes Schmuckstück. Es war ein einfacher Silberring, mit einem Halbmond und einem Stern. Aber für mich war er etwas ganz Besonderes.«

Schon bald macht sie kleine Verkaufsausstellungen bei Freunden und Familie, verkauft von zu Hause und verdient damit wenig später ein Vielfaches ihres staatlichen Gehalts. »Das motivierte«, lacht sie. Es folgt ein Stipendienaufenthalt, gefördert durch den *British Council* in London, an der *City of London Polytechnic*.

»In London lernte ich dann die Theorien und Grundprinzipien von alldem, was ich in der Praxis mit meinen Händen in Ägypten gelernt hatte.«

Zurück in Kairo quittiert sie ihren Job und gründet mit einem Bankkredit ihr erstes kleines Atelier mit zwei Angestellten. Eine *One-Woman-Show*, wie sie sich stolz erinnert. Ihre Designs kommen an. Sie sind inspiriert von der islamischen Tradition der Ornamentik, Kalligrafie und Poesie. Die in Kalligrafie gegossenen Gedichte aus Silber und Gold werden zu ihrem Markenzeichen.

»Aus dem Atelier von Osta Ramadan sah ich damals die Minarette und Kuppeln der Sultan Qalawun-Moschee mit ihren wundervollen arabischen Kalligrafien. Sie waren meine ersten starken Inspirationen, die mich später dazu geführt haben, diese Kunst der Kalligrafie auf Armbändern, Ringen und Ohrringen zu verarbeiten, bestimmt dazu, die Hälse und Arme der Frauen zu verschönern.«

Immer wieder arbeitet sie auch traditionelle Elemente aus ihrer Heimat Oberägypten ein. Dort wurde sie 1944 in Sohag geboren. Ihr Vater verstarb früh, sie war 15 Jahre alt. Danach siedelte die Familie über nach Kairo. Eine ihrer ersten Kollektionen hieß »Houses of the Nile« und war inspiriert von Nubien und der traditionellen ländlichen Architektur. Ein Kritiker schrieb damals:

»Das Schöne an dieser Kollektion ist, dass die meisten Menschen niemals auf die Idee kommen würden, Lehmhütten zu tragen. Aber Azza Fahmy tat es.«

Schmuck ist für Azza Fahmy nicht nur Zierde. Er ist Ausdruck kultureller Identität. Er hat zudem eine schützende, fast magische Funktion. Damit sieht sie sich tief in der Tradition Ägyptens verwurzelt. Und: Für Frauen war und ist vor allem Goldschmuck stets auch materielle Absicherung. Nicht umsonst lautet ein ägyptisches Sprichwort: »Ein Stück Gold ist mehr wert als ein Hektar Land.«

»Wenn ein Mädchen geboren wird, fangen die Eltern und Verwandten gleich an, für ihre Aussteuer zu sammeln, indem sie ihm zur Geburt Schmuckstücke schenken: Medaillons mit Koranversen wie ›Gottes Wille geschehe!‹ oder ›Gott sei der Schutz‹, kleine Goldohrringe oder Armbänder, oder einen blauen Stein in Goldfassung, der an den Kleidern befestigt wird, um den Bösen Blick abzuwehren.«, beschreibt sie in ihrem Buch »Enchanted Jewelry of Egypt«.

Traurige Erinnerungen kommen dabei hoch. Ihre Mutter musste den Hochzeitsschmuck nach dem frühen Tod ihres Mannes versetzen, um die Familie zu ernähren.

Zusammen mit ihrer Schwester Randa, einer Designerin, und ihrem damaligen Ehemann, dem Architekten Nabil Ghaly – von dem sie inzwischen geschieden ist –, eröffnet sie 1981 ihr erstes Geschäft in der El-Ain Gallery in Mohandessin in Kairo. In dem schicken Upperclass-Viertel verkehren Künstler, Intellektuelle, Schriftsteller und das gehobene Bürgertum. *Azza Fahmy*, das erste ägyptische Designer-Label für Schmuck, ist geboren.

Heute ist Azza Fahmy eine erfolgreiche Marke, ein Unternehmen mit 4 Millionen US-Dollar Umsatz, mit über 200 Mitarbeitern und wachsendem internationalem Renommee. Seit 2006 hat Fatma Ghaly, eine ihrer beiden Töchter, den Posten als Managing Director übernommen, Azza Fahmy fungiert weiterhin als CEO und Chefdesignerin.

»Wir sind ein Dream-Team – ich lerne viel von meiner Tochter. Wir ergänzen uns hervorragend.«

Die Boutiquen von Azza Fahmy findet man auch außerhalb Ägyptens, in den 5-Sterne-Hotels in Amman ebenso wie in den vornehmen Shoppingmalls in den Vereinigten Arabischen Emiraten. Naomi Campbell, Rihanna und Königin Rania von Jordanien tragen ihre Kollektionen. Aber auch kreativ operiert die Designerin international. Gemeinsam mit dem britischen Designer Julien MacDonald entwarf Azza Fahmy 2007 eine Kollektion. Ihre erste internationale Kooperation. Später dann mit dem Designerduo Preen, Justin Thornton und Thea Bregazzi.

»Es war eine große Herausforderung. Es ist alles so anders. In Großbritannien und den USA mögen die Frauen diesen üppigen und ausladenden Schmuck nicht so sehr wie wir in der arabischen Welt.«

Ihre kreative Zusammenarbeit wurde auf der *London Fashion Week* 2007 und der *New York Fashion Week* 2010 indes ein großer Erfolg. 2007 wurde sie von der *Financial Times* sogar zu den 25 einflussreichsten Unternehmerinnen im arabischen Raum gezählt.

»Für mich ist Schmuck wie die Liebe. Ich habe es nie als Business betrachtet. Alles, was ich um mich herum sehe und wahrnehme, verwandele ich in Schmuck.«

Das klingt bei all dem Erfolg nicht nur sehr bescheiden, das ist es auch. Azza Fahmy hat die Bodenhaftung nicht verloren.

»Ich habe meinen Traum verwirklicht, und das macht mich so unendlich dankbar und stolz. Aber es ist noch ein langer Weg. Ich möchte meinen Erfolg mit anderen teilen und andere Frauen ermutigen und auch dazu befähigen, ebenfalls ihren eigenen Weg zu gehen, egal, wie er auch sein mag.«

Seit vielen Jahren engagiert sich Azza Fahmy deshalb nicht nur im sozialen Bereich, sondern auch für den Erhalt des kulturellen Erbes Ägyptens. Für den eher unbekannten Teil des Landes, das ländliche Ägypten. Sie organisiert Workshops und Events, die sich mit der Alltagskultur der Nomaden am Roten Meer oder der nubischen Kultur in Oberägypten befassen. Natürlich ist sie stolz auf ihr Land, Ägypten, das die Ägypter liebevoll auch *umm ad-dunia* (Mutter der Welt) nennen. Und so ist es auch kein Zufall, dass eine ihrer Kollektionen genauso heißt. Was sie motiviert? Sie möchte ihre Leidenschaft für Kunst und Design an die junge Generation weitergeben, daher hat sie die *Azza Fahmy Design School* gegründet, die ein besonderes Förderprogramm für Frauen vorsieht.

Getreu ihrem Motto *Everything I see around me I turn it into jewelry* hat sie auch die aktuellen politischen Ereignisse in Ägypten in einer Kollektion verarbeitet:

> »Diese Kollektion wurde von den Liedern inspiriert, die während der Revolution von Ägyptens Jugend gesungen wurden. Sie waren so voller lebendiger Emotionen und großer Entschlossenheit.«

Abd El Rahim Mansour's berühmtes Sonnett »Be safe Egypt« oder die legendären Worte des »Dichters vom Nil«, Hafez Ibrahim, »Everybody stood in solidarity« sind nun in Gold und Silber verewigt. Ein Armband mit der Aufschrift *Ana masry* – »Ich bin Ägypter«, einem der Slogans der Revolution, gibt es nun auch im Azza Fahmy-Design.

»Eines Tages wirst du vielleicht Osta Azza«, das hat ihr erster Meister, Osta Ramadan, damals zu ihr gesagt. In einer kleinen, staubigen Werkstatt im Khan el-Khalili.

Bochra Belhaj Hmida – Tunesien

♦♦♦

In der Anwaltskanzlei geht es zu wie in einem Taubenschlag. Es ist ein Kommen und Gehen. Telefone klingeln, Türen schlagen. Im Wartezimmer sitzt eine Frau Mitte 50 mit ernster Miene. Sie ist hier, weil Bochra Belhaj Hmida sie scheiden soll. Nicht, weil ihr Mann sie schlägt oder schlecht behandelt. Nein. Ihre beiden Kinder sind groß, das Paar hat sich auseinandergelebt. Sie liebt ihn nicht mehr. An der Wand im Wartezimmer eine vergilbte Schwarz-Weiß-Fotografie, sie zeigt die junge, angehende Anwältin Bochra Belhaj Hmida im Talar. Daneben ihre Mutter im *sefsari*, dem traditionellen weißen Gewand der Tunesierinnen. Beide schauen stolz in die Kamera. Das war 1981 bei ihrer Vereidigung zur Anwältin.

> »Ich bin in einer sehr konservativen Familie in Zaghouan groß geworden. Meine Mutter hatte zu schweigen, wenn ein männliches Mitglied in der Familie sprach. Ich habe viel Unterdrückung und Gewalt gegen Frauen in meiner direkten Umgebung erlebt. Das prägt für ein Leben.«

Inzwischen ist sie, Jahrgang 1955, eine bekannte Anwältin, eine der Gallionsfiguren der tunesischen Frauenbewegung. Streitbar, umstritten und kein bisschen leise. Sie mischt auf, mischt sich ein, polarisiert. Sie streitet sich in Talkshows, nimmt kein Blatt vor den Mund:

»Ich bin wie El Hajj Klouf. Das ist in Tunesien eine Kultfigur, erschaffen aus der Feder von Ahmed Kheireddine. Eine Radioserie aus den 60er-Jahren, die während des Ramadan lief. Sie hat unsere ganze Generation geprägt. El Hajj Klouf ist einer, der sich immer ungefragt einmischt. Egal was es kostet. Egal, welche Konsequenzen das hat. Er wird zwar respektiert, aber auch ein wenig belächelt. So bin ich. Ich bin El Hajja Kloufa.«

Sie lacht, ihre Augen wandern vom aufgeklappten Laptop zum Handy, zu mir. Aufgeklappter Laptop und mehrere Handys sind ihre ständigen Begleiter. Sie ist in permanentem Kontakt mit Mandanten, Gleichgesinnten, Freunden. Während wir uns unterhalten, schreibt sie E-Mails, telefoniert, chattet auf Facebook. Den Faden verliert sie nie.

»Ich wäre gerne Journalistin geworden, aber unter den Bedingungen während Bourguiba und Ben Ali – mit all der Zensur –, da hätte ich nichts erreichen können. Und so habe ich mich für die Juristerei entschieden. Hier geht es um Fakten, hier kann man verhandeln. Auch wenn unsere Justiz oftmals blind war und ist.«

Während ihrer Studienzeit engagiert sich die angehende Anwältin in den 70er-Jahren in den sogenannten *syndicats provisoires*, provisorischen Gewerkschaftszirkeln an der Uni. Die Möglichkeiten der Opposition sind begrenzt, es herrscht Zensur.

»Man vergisst das immer bei aller Liberalität und bei aller Modernisierung, aber auch Bourguiba war ein Diktator. Nicht nur Ben Ali. Heute traue ich mich, das zu sagen.«

Damit bricht sie schon wieder ein Tabu: Habib Bourguiba, der erste Präsident nach der Unabhängigkeit und Begründer des modernen Tunesiens, der übermächtige Landesvater, für viele immer noch eine unantastbare Figur. Habib Bourguiba, der gleich nach seinem Amtsantritt 1956 das tunesische Personenstandsgesetz (CSP) reformierte und den Frauen viele Rechte einräumte. So wurden die Polygamie und die einseitige Verstoßung der Frau durch den Mann verboten. Die Scheidung wurde zum zivilrechtlichen Vorgang. Die Zustimmung der Frau zur Heirat wurde verlangt. Die Frauen erhielten das aktive und passive Wahlrecht. Die Schulpflicht für Mädchen wurde eingeführt, der Schleier verboten. Das bescherte Tunesien lange Zeit den Ruf, das frauenfreundlichste Land im arabischen Raum zu sein.

»Das erste Wort, das ich an der Uni damals hörte, war ›Hure‹. Das hat mich bis ins Mark erschüttert. Darauf reagiere ich bis heute sehr allergisch. Ja, wir Frauen hatten in Tunesien verglichen mit anderen arabischen Staaten deutlich mehr Rechte. Aber zum einen gab es da immer auch die Grenzen in den Köpfen, die Moralvorstellungen, was eine Frau zu tun und zu lassen hat. Wie sie zu sein hat. Die soziale Kontrolle ist enorm. Und in der Rechtspraxis kamen und kommen nicht immer alle Gesetze zur Anwendung, die Richter sind oft befangen. Und was sich im Verborgenen der Familien abspielt, das entzieht sich oftmals Recht und Gesetz.«

1984 erlebt die junge Anwältin ihre Feuertaufe. Auf ihrem Schreibtisch landet ein Dossier, mehr als zehn junge Leute sollen zum Tode verurteilt werden. Sie nimmt den Fall an, entdeckt Formfehler, Ungereimtheiten, Zeugen werden nicht vorgeladen.

»Ich war außer mir. Hier ging es nicht um Bagatellen. Ich habe Tag und Nacht gearbeitet, mein Netzwerk aktiviert, *Amnesty International* hat sich eingeschaltet. Ich habe vier Wochen lang kaum geschlafen, nicht geduscht. Ich sah aus!«, sie lacht. »Schließlich habe ich einen Termin bei der Gattin von Bourguiba, Wassila, bekommen. Ich konnte es kaum glauben. Ich habe mir extra ein neues Kleid gekauft, damit ich ordentlich aussehe, mich endlich geduscht und ein langes Bad genommen.« Sie kichert wie ein junges Mädchen. »Die Gattin des Präsidenten hat bei unserem Treffen geweint. Und kurz darauf wurden die Angeklagten durch den Präsidenten begnadigt.«

Das hat sie geprägt. Nicht aufgeben, alle Möglichkeiten ausschöpfen. Aber es hat auch die Willkür gezeigt. Etwas, was gewährt wird, kann auch entzogen werden. Bochra engagiert sich immer wieder politisch – im Rahmen der Möglichkeiten. Die unauffälligen Männer in den schwarzen Lederjacken werden ihre ständigen Begleiter.

»Natürlich wurden wir überwacht. Ständig. Sie hatten uns immer im Auge. Aber das hat mich nicht weiter gestört. Einmal wurden wir auch ins Gefängnis gebracht, ich weiß gar nicht mehr genau, warum. Aber wir wurden mit Respekt behandelt und haben sogar gewitzelt, welchen Lippenstift wir zum Verhör tragen sollen.«

In ihrem Wartezimmer hängt ein Poster zum hundertjährigen Geburtstag von Tahar Haddad (1899–1935). Der Religionsgelehrte, Journalist und Autor des Werkes »Ein Mann spricht für die Frauen« setzte sich für die Gleichberechtigung von Mann und Frau ein. 1930 erscheint sein Buch »Unsere Frau in der Scharia und der Gesellschaft«. Darin fordert er u. a. gleiche Bildungschancen für Jungen und Mädchen, die Abschaffung der Polygamie und die gleichberechtigte Ehescheidung ein. Auch gegen den Ganzkörperschleier bezog er Stellung: »Er verhindere eine glückliche Ehe, da der Mann die Frau vorher nicht sehen könne«, erklärt Bochra. Ein visionärer Vordenker, ein revolutionärer Frauenrechtler, der zu Lebzeiten dafür harsch kritisiert wurde. Posthum rehabilitiert, bildeten seine Ideen indes maßgeblich die Grundlage der inhaltlichen Ausgestaltung des tunesischen Personenstandsgesetzes.

»Für mich war Tahar Haddad ein Vorbild. Ein Mann, der sich für die Rechte der Frauen zum Wohl der gesamten Gesellschaft einsetzt, das hat mich inspiriert. Inspiriert, weiterzumachen, keinen Stillstand zu akzeptieren.«

Sie greift in ihrem Engagement Themen wie Gewalt in der Ehe, Zwangsverheiratung, Vergewaltigung, Sorgerecht, alleinerziehende Mütter, aber auch das Erbrecht auf. Noch erben Männer nach geltendem Recht deutlich mehr als

Frauen. 1989 gründet sie mit Gleichgesinnten die *Association Tunisienne des Femmes Démocrates* (Tunesische Vereinigung Demokratischer Frauen), eine unabhängige Organisation, deren Vorsitz sie von 1994 bis 1998 innehat:

»Wir haben uns viel gestritten und auseinandergesetzt. Wir sind alle starke Charaktere. Aber das macht es ja gerade auch aus.«

Die Fälle, die sie in ihrer Kanzlei bearbeitet, nehmen sie mit. Vor allem die verlorenen.

»Für mich ist das immer auch eine persönliche Niederlage, denn das Schicksal der Frauen ist auch meins.«

Viele Fälle drehen sich um im Ausland lebende Tunesierinnen, die »auf Heimaturlaub« von ihren Familien mit einem tunesischen Mann zwangsverheiratet werden sollen.

»Ich erinnere mich noch gut an den Anruf einer jungen Frau, sie war 16, 17. Sie lebte in Frankreich, stammte aus dem Süden und sollte nun zwangsverheiratet werden. Der Vater hatte ihr den Pass abgenommen, sie war verzweifelt. Irgendwie hat sie den Weg zu mir geschafft, und wir organisierten ihr erst einmal eine Volljährigkeitsbescheinigung, die sie dazu berechtigt, ihren Pass vor Gericht einzufordern. Inzwischen hatte die Familie sie als vermisst gemeldet, sie wurde polizeilich gesucht. Wir fuhren dann gemeinsam in den Süden zu ihrer Familie. Unterwegs wurden unsere Papiere an einer Polizeikontrolle überprüft. Der Polizist fragte, wer sie sei. Ich sagte: ›Meine Tochter.‹ – ›Aber die ist doch ganz dunkel, und Sie sind hellhäutig. Das kann nicht sein!‹ – ›Doch, mein Mann ist Farbiger.‹ – ›Was, eine Frau wie Sie und ein Farbiger …?‹ Normalerweise wäre ich ihm bei einer derart rassistischen Äußerung an die Gurgel gegangen. Aber ich habe Süßholz geraspelt, irgendwas von ›guter Mann‹ gesäuselt, und wir konnten schließlich passieren. Diesen Dialog vergesse ich nie.«

Sie ist ausdauernd, hartnäckig, gewitzt. Immer wieder riskiert sie damit auch ihr eigenes Leben.

> »Natürlich habe ich auch Angst, aber das darf mich nicht hindern. Sonst bewegt sich ja gar nichts.«

Und dann ist da noch ein Bild in der Kanzlei. Das einer Mandantin. Es zeigt eine elegante Frau in ihrem Boudoir vor einem Schmuckkästchen. Sie hält kostbarsten Schmuck in den Händen. Das Gesicht todtraurig.

> »Es sind nicht immer die großen, dramatischen und tragischen Fälle. Sondern auch die ›ganz normalen‹. Eine Frau, die ein Recht auf Scheidung hat, weil sie in der Ehe nicht mehr glücklich ist.«

14. Januar 2011. »Diese Revolution ist so schön, wie unerwartet. Und dennoch war sie überfällig.«

14. Januar 2012. Bochra demonstriert. Auf ihrem Plakat steht »Tunesien allen. Der Dialog ist die Lösung.« Damit spielt sie auf den Slogan der Islamisten an: »Der Islam ist die Lösung«.

> »Ich wusste, dass die *Ennahdha* stark ist, aber ich habe nicht an ihre Mehrheit geglaubt. Aber ich sage es immer wieder: Das Problem liegt nicht bei *Ennahdha*, sondern bei uns, den fortschrittlichen Kräften. Es ist die fehlende Koordination von unserer Seite. Es waren die ersten freien Wahlen. Aber wir waren nicht gut bei der Organisation, der Vorbereitung und der medialen Vermittlung. Wir sind selber schuld!«

Sie hat bei den Wahlen am 23. Oktober 2011 in ihrem Wahlkreis Zaghouan für die Partei *Ettakatol* (Demokratisches Forum für Arbeit und Freiheit) kandidiert, ein Bündnis sozialdemokratischer und säkularer Kräfte des Arztes Mustapha Ben Jaafer. Sie hat verloren. Wird das Opfer von Schmutzkampagnen und Diffamierungen. Man stilisiert sie zur Projektionsfläche des weiblichen Zerrbildes.

Sie hat in dem privaten Sender *Nessma* das Recht auf Homosexualität verteidigt. Ein gefundenes Fressen für ihre politischen Gegner. Es wird eine Fatwa gegen sie ausgesprochen. Morddrohungen. Es sind nicht die Morddrohungen, es ist die Diffamierung, die ihr zu schaffen macht. Es ist die Erniedrigung. Da ist wieder das Wort »Hure«. Endet ihr Ausflug in die Politik mit Enttäuschung?

»Enttäuschung? Nein, das ist nicht das richtige Wort. Traurigkeit. Das trifft es«, korrigiert sie energisch. »Ich habe Hunger, komm, wir fahren nach Hause und essen was!« Ihr Mann, Maher Sahli, hat gekocht. Wir sitzen und unterhalten uns über sein neuestes Projekt, eine Stiftung zur Gewaltprävention. An Schulen, für Familien. »Nur so können wir unsere Gesellschaft nachhaltig ändern«, sagt er.

Bochra hat es sich auf dem Sofa bequem gemacht. Sie hat die Beine hochgelegt, direkt neben das Aufnahmegerät. Der Laptop ist aufgeklappt, das Handy griffbereit. Sie telefoniert. Nach der Ausstrahlung des Films »Persepolis« im tunesischen Privatsender *Nessma* im Oktober 2011, vor allem gedacht als Warnung vor dem »iranischen Weg«, wurden zwei Redakteure wegen Blasphemie angeklagt. Im Film gibt es eine Szene, in der Gott als alter Mann dargestellt wird.

Zurück zu den Frauen. Vor den Wahlen haben viele das Thema der Frauenrechte nicht als entscheidende politische Frage betrachtet. Die Rechte schienen unverrückbar. Die Frauenrechte waren selten Gegenstand der gesellschaftlichen Diskussion. Mit dem Wahlsieg der *Ennahdha* hat sich das geändert. Eine gesellschaftliche Debatte ist im Gange – heftig, konfliktbeladen, notwendig:

> »Die dekretierte Frauenbefreiung fordert jetzt ihren Preis. Nach Jahren der Zensur bricht nun eine gesellschaftliche Debatte auch um die Frauenrechte los, die wir in dieser Intensität und Offenheit bislang nicht führen konnten. Natürlich kommen da auch hässliche Fratzen zum Vorschein. Das ist normal, und wir kommen um diesen schmerzhaften Prozess nicht herum. Ich bin der festen Überzeugung, dass wir gerade eine Demokratie aufbauen. Trotz allem. Es geht weiter, wir sind im Prozess, und wir müssen

> viel dazulernen. Aber wir sind und bleiben wachgerüttelt. Und noch etwas: Ich bin keine Revolutionärin. Ich war noch nie leicht zu handeln oder zu kontrollieren. Ich lasse mich nicht in eine Schublade zwängen.«

Im Februar 2012 hat sie zusammen mit weiteren Vertretern der tunesischen Zivilgesellschaft den radikalen ägyptischen Islamisten und Extremisten Wagdi Ghoneim angeklagt. Gegenstand der Anklage: Er hat ohne offizielle Genehmigung in Tunesiens Moscheen gepredigt, unter anderem für die Einführung der Schleierpflicht, gegen das Recht der Frauen zu arbeiten und für die Mädchenbeschneidung.

> »Wir müssen uns mit allen legalen Mitteln gegen diese Rückkehr in das tiefste Mittelalter wehren, die gegen alle Grundsätze einer aufgeklärten und modernen Gesellschaft verstößt. Und das werden wir!«

Deena Al Faris – Saudi-Arabien

◆◆◆

Dammam. Ein Ort im Osten Saudi-Arabiens. Deena Al Faris steht in Jeans, *abaya* (langes, meist schwarzes traditionelles Frauengewand) und Kopftuch mit einem Köcher vor einem großen Wasserbecken, darin schwimmen kräftige Störe. Schimmernd gleiten sie durch das klare Wasser. Sie erklärt ihren Mitarbeitern, was bei der Aufzucht der Fische zu beachten ist; diese hören aufmerksam zu. Es ist die einzige Störfarm in Saudi-Arabien. Und sie ist die Chefin. CEO der Unternehmensgruppe *Al Faris Group of Industries*, ein Familienunternehmen, zu der die Kaviarfirma *Caviar Court* mit rund 70 Mitarbeitern gehört. Fünf Tonnen Kaviar werden hier pro Jahr produziert.

»Ich habe mir auch nicht träumen lassen, dass ich einmal ›in Kaviar‹ machen würde.« Sie lacht und stemmt ihre Hände in die Hüfte. »Aber inzwischen exportieren wir unseren Kaviar sogar nach Russland, in das Mutterland des Kaviar.« Stolz schwingt in ihrer Stimme.

Deena Al Faris wird 1979 in Dammam als ältestes von sieben Kindern geboren. Sie verlebt eine unbeschwerte Kindheit. Bis zu dem Tag, als sie auf einen Schlag ihre Mutter und ihre sechs Geschwister verliert. Sie ist elf Jahre alt.

»Wir hatten einen Ausflug nach Jeddah gemacht, ans Meer. Meine Mutter und meine Geschwister waren in einem anderen Auto. Aus irgendeinem Grund fuhr ich als Einzige in dem Wagen meines Vaters mit.« Sie macht eine lange Pause. Atmet tief ein, als sie weiterspricht. »Wir fuhren vor. Irgendwann wunderten wir uns, dass sie nicht nachkamen. Wir kehrten um, und dann sahen wir den Unfall … alle waren auf der Stelle tot.«

Ein Trauma, das sie und ihren Vater ein Leben lang begleitet. Vater und Tochter sehr eng aneinanderbindet.

»Dieses Ereignis hat uns sehr geprägt. Und mir stets das Gefühl gegeben, dass ich meinem Vater seine Familie, vor allem seine Söhne, ersetzen möchte. Das kam nicht von ihm, es war mein innerer Wunsch. Ich wurde mit einem Schlag erwachsen. Auch wenn er damals bereits eine zweite Frau hatte, inzwischen hat er insgesamt drei Frauen, eine österreichische, eine tschechische und eine saudische, und ich erneut sechs Geschwister bekam, wofür ich sehr dankbar bin, so konnte mir das meine eigene Mutter nicht wirklich ersetzen. Natürlich hat das auch zu Spannungen geführt, aber wir sind letztendlich dabei noch enger aneinandergewachsen.«

Das Dream-Team *Deena wa Baba* (Deena und Papa), wie sie liebevoll sagt, besteht bis heute. Es ist ein sehr erfolgreiches Team. Ihr Vater, Abdallah Al Faris stammt aus einer bekannten Familie aus Ha'il, im Kernland Saudi-Arabiens, dem Najd. Die Al Faris gehören zu den »edlen Stämmen des Najd« – blaues Blut. Uthman Al Faris, der Großvater, war eine bekannte Persönlichkeit, einflussreicher Gouverneur und Richter, ihr Vater ein Freigeist. Als junger Mann fährt er mit dem Motorrad über die Türkei bis nach Schweden, über Frankreich, Nordafrika wieder zurück nach Saudi-Arabien. Auf seiner Tour erlebt er in Prag 1968 den Prager Frühling, schlägt sich durch mit Geschirrspülen, Schuhputzen vor dem Moulin Rouge und Modeln in Deutschland. Dann lässt er sich in der Ostprovinz Saudi-Arabiens nieder, gründet ein Reisebüro, einen Schreibwarenladen, eine Hühnerzucht, eine Hasenfarm. Die Projekte scheitern. Er wechselt in die Stahlbranche, entwickelt mit großem Erfolg einen patentierten Panzer für die saudische Armee. Die Grundlage für den unternehmerischen Erfolg des charismatischen Abenteurers und Erfinders im Stahlbusiness ist gelegt.

»Mein Vater hat mich immer schon überallhin mitgenommen. In Meetings, Verhandlungen, auf Reisen. Ich war immer dabei. Sogar in China. Das hat mich sehr geprägt. Er wurde deswegen harsch kritisiert von seiner Familie. ›Wie kannst du sie überallhin mitnehmen. Sie gehört ins Haus, wie jede gute Frau, du setzt ihr nur Flausen in den Kopf.‹ Aber mein Vater hat das alles ignoriert. Ihm war das Gerede egal. Er sagte immer nur zu mir: ›Ich möchte, dass du etwas aus deinem Leben machst und glücklich wirst.‹«

Mit 16 Jahren besucht sie eine private Eliteschule für höhere Töchter in der Schweiz.

»Ich habe es gehasst. All diese völlig blasierten und affektierten Mädchen um mich herum. Die nichts anderes im Kopf hatten, als das Geld ihrer Eltern zu verprassen. Das hat mich überhaupt nicht interessiert. Ich wollte etwas lernen. Ich habe mich zum Beispiel dafür eingesetzt, dass wir einen Lehrer für Betriebswirtschaft bekamen, das war damals nicht im Lehrplan. Und dass wir Internet bekamen – das ging damals gerade los, und ich war neugierig. Ich glaube, ich habe den Direktor damals ziemlich genervt.« Sie grinst breit.

Danach besucht sie das *Dubai Polytechnic College* in Dubai und bewirbt sich heimlich in Oxford. Sie wird angenommen. Ist eine der wenigen saudischen Frauen, die an der renommierten *Oxford University* studieren. Ihr Vater weint vor Freude, ist stolz auf seine Tochter. Nachdem sie ihr Studium der Betriebswirtschaft mit Auszeichnung beendet hat, tritt sie 2002 in die Firma ihres Vaters ein. Und hier beginnt auch die Geschichte mit dem Kaviar.

»Mein Abschluss fiel zusammen mit dem Verkauf der Firma meines Vaters. Es ging nun darum, etwas Neues aufzubauen. Mein Vater hatte parallel schon immer Fischzucht betrieben, aber mehr als Hobby. Er war schon immer ein Pionier, ein Visionär, und bereit, Risiken einzugehen, um etwas Neues zu schaffen.«

Der Zufall will es, dass ihr Vater in Syrien einen Russen kennenlernt, der sich aus dem Kaviargeschäft in Russland zurückgezogen hat.

»Es war verrückt. Da saßen wir zusammen im Salon mit der russischen Familie und schmiedeten Pläne. Eine Störfarm in Saudi-Arabien! Abenteuerlich. Ich gebe zu, am Anfang war ich sehr skeptisch. Aber das Ganze gewann Hand und Fuß, und nach ernsthaften Recherchen und Prüfungen wurden die beiden Partner.«

Deena steigt von Beginn an mit ein. Gemeinsam mit ihrem Vater baut sie die Störfarm und Kaviarproduktion auf – Schritt für Schritt.

»Es war eine große Herausforderung. Ich musste mich in die ganze Materie einarbeiten. Stör, das war nun wirklich nicht meine Kernkompetenz! Aber ich habe immer mehr Gefallen daran gefunden, etwas komplett Neues aufzubauen. Mein Vater ließ mir viel Freiraum, ich habe Verkaufs- und Marketingkonzepte entwickelt, Kundengespräche geführt, die Logistik kontrolliert. In dieser Zeit habe ich sehr viel Praxis gewonnen. Und ich habe begonnen, mich in einer männerdominierten Wirtschaftswelt zu behaupten. Am Anfang war das sehr schwer. Ich war eine Frau, ich war jung. Beides sehr schlechte Voraussetzungen, um ernst genommen zu werden.«

Auch deshalb beschließt sie 2004, noch ein Masterstudium anzuschließen. Sie bewirbt sich gleich bei zwei Stipendienprogrammen. Das eine wird von der *British Arab Commercial Bank* vergeben, das andere vom *British Council*.

»Ich habe meinem Vater nichts von meiner Bewerbung gesagt. Unter dem Vorwand, für die Firma nach Riyadh zu müssen, bin ich zum Vorstellungsgespräch gefahren. Natürlich nicht alleine. Es war damals nahezu unmöglich, als Frau alleine zu reisen. Geschweige denn, alleine in einem Raum mit Männern zu sein. Also musste man kreativ sein. Das Vorstellungsgespräch fand dann auch in der hintersten Abstellkammer der Bank, quasi im Verborgenen, statt. Damit nur ja keiner auf dumme Gedanken kommen konnte. Lächerlich! Ich dachte nur, wenn dich hier jemand verschleppt, hört dich kein Mensch. Entsprechend arrogant lief dann auch das Gespräch ab, vor allem die saudischen Prüfer zeigten sehr deutlich, was sie von mir hielten. Sie fragten mich, warum ich mich bewerbe. Ich antwortete nur: um meinen Vater herauszufordern!«

Ihr Auftritt überzeugt. Sogar derart, dass sie das von ihr bevorzugte Stipendium des *British Council* erhält. Ein Jahr Masterstudium in London.

»Ich bin im Kreis gehüpft vor Freude. Und dann ging ich zu meinem Vater. Er aß gerade zu Mittag. Er fragte mich, was denn so wichtig sei, ob ich etwa heiraten wolle. Als er von der Zusage hörte, konnte er nicht anders, als zuzustimmen. Wieder hatte er Tränen in den Augen.«

Sie entscheidet sich, an der *Westminster University* Internationales Recht zu studieren. Einer ihrer Schwerpunkte sind die Frauenrechte.

»Ich hatte das Gefühl, wenn ich als Frau in meiner Gesellschaft wirklich ernst genommen werden will, dann muss ich mich auf diesem Gebiet auskennen. Mit Fakten, Argumenten überzeugen. Folgendes Erlebnis hat mich in meinem Entschluss bestärkt: Wir waren in London zu einer Wirtschaftsfrauenkonferenz eingeladen. Kurz vorher gab es ein internes Gespräch der saudischen Frauendelegation mit dem damaligen saudischen Botschafter. Er instruierte uns: ›Wenn Ihnen die Frage gestellt wird, warum Sie kein Auto fahren, dann antworten Sie, dass Sie nicht möchten!‹ Wir waren entsetzt! Eine anwesende Prinzessin stand daraufhin auf und sagte lediglich: ›Nun, ich glaube, wir wissen selbst sehr gut, wie wir unser Land repräsentieren. So, wie es ist.‹«

Nach ihrem Abschluss 2006 kehrt sie zurück in das Kaviarbusiness, gereift, wie sie sagt.

»Ich hatte mich sehr verändert. Ich war nicht mehr das kleine Mädchen, das ernst genommen werden möchte. Ich wurde plötzlich ernst genommen, übernahm zunächst die Leitung der Abteilung Marketing Strategy & Development und habe mit einigen Umstrukturierungen der Firma begonnen, so zum Beispiel mit einem neuen Vermarktungskonzept und einem Plan zur Kostenreduktion.«

Deena verhandelt mit den Ministerien, den Behörden, den Banken. Sie wirbt in den Medien mit ihrem Gesicht, ist präsent. Das ist neu in Saudi-Arabien, wo Frauen oft nur im Hintergrund agieren, ohne sich zu zeigen. Sie bewährt sich und wird 2009 CEO der gesamten Unternehmensgruppe.

»Bei uns ist alles abhängig von persönlichen Kontakten. Ohne sie läuft gar nichts. Das bedeutete für mich, diese Kontakte nicht nur aufzubauen, sondern auch zu pflegen. Und auch in dieser Hinsicht hatte mich mein Vater früher schon immer sehr unterstützt. Er sagte immer, geh du, und regele das. Also ging ich. Im Handelsministerium in Riyadh saß ich einmal einem älteren Mann mit langem Bart gegenüber. Er sagte zu mir: ›Meine Tochter, warum tust du dir das alles an? Die lange Reise, die ganzen Strapazen. Das ist doch nichts für eine so zarte Frau wie dich!‹ Und er blickte meinen männlichen Begleiter an. Ich antwortete ihm: ›Doch, ich bin der CEO. Sie müssen schon mit mir vorliebnehmen!‹ Und siehe da, plötzlich schaute er mich sogar an, nahm mich ernst, und wir konnten endlich unser fachliches Gespräch führen.«

2009. Zum ersten Mal kandidieren drei Frauen für die Wahl in die Industrie- und Handelskammer der östlichen Provinzen Saudi-Arabiens in Dammam. Eine davon ist Deena Al Faris.

»Ich wollte damit ein Zeichen setzen, auch wenn mir klar war, dass ich nicht gewählt würde. Aber allein meine Kandidatur war es wert.«

Vier Tage lang können sich die Kandidaten in einem Zelt der Öffentlichkeit präsentieren. Zwei Tage davon ist das Zelt nur für Frauen zugänglich. Zwei Tage nur für Männer. Sie bricht ein Tabu.

»Ich fragte meinen Vater, was er davon halte, wenn wir auch an den Männertagen dorthin gingen. Ich sei schließlich Kandidatin und wolle mich dort als solche auch präsentieren. Er war einverstanden und begleitete mich zusammen mit meinem Bruder. Die Reaktion kann man sich vorstellen! Ein großes Geraune ging durch das Zelt, als wir eintraten. Alle Blicke waren auf uns gerichtet! Erst wollte man uns gar nicht hereinlassen. Aber ich sagte: ›Ich bin offizielle Kandidatin, ich möchte sehen, ob an meinem Stand alles in Ordnung ist.‹ Schließlich ließ man uns durch. Die Mitarbeiter an meinem Stand sind fast in Ohnmacht gefallen, als sie mich kommen sahen. Es war ihnen sichtlich unangenehm. Um sie nicht noch mehr zu verunsichern, sagte ich ihnen: ›Ihr wollt doch sicher eine Zigarettenpause machen, oder?‹ Erleichtert verließen sie das Zelt. Als sie aber die vielen positiven Reaktionen hörten, die sich mehrten und immer lauter wurden, haben sie sich entspannt.« Sie lacht. »Aber dann kam einer der Aufseher, begleitet von zwei Soldaten, und forderte mich wütend auf, sofort den Raum zu verlassen. Mein Vater war gerade in ein Gespräch vertieft und bekam die Situation gar nicht mit. ›Sie verstoßen gegen das Reglement!‹, schnaubte er mit rotem Kopf. Ich entgegnete ihm: ›Gut, dann rufen Sie den Verantwortlichen der Kammer an und klären das. Ich bin hier als Kandidatin!‹ Und zu seinem Übel durfte ich bleiben. Er zog ziemlich wütend und beleidigt ab … einen Freund habe ich mir da nicht gemacht … Aber das war es wert. Sogar die Zeitungen haben positiv von unserer Aktion berichtet, sie haben mich ›die Löwin‹ genannt und ›die Ritterin‹. Unser Familienname Al Faris bedeutet nämlich Ritter. Eine schöne Bedeutung, nicht wahr!?«

Ein Wandel ist spürbar in Saudi-Arabien. Vieles ändert sich, wenn auch langsam.

»Bislang haben viele Frauen, wenn überhaupt, dann nur in typischen ›Frauenberufen‹ gearbeitet. Solche, die mit der Tradition zu vereinbaren sind. Lehrerin, Ärztin. Oder in der Mode- und Kosmetikbranche. Oft auch nur als Hobby. Die Risikobereitschaft war vergleichsweise gering, die formalen Rahmenbedingungen eng gesteckt. Inzwischen entdecken immer mehr Frauen neue Betätigungsfelder, wollen mehr. S.M. König Abdullah hat dieser Entwicklung mit einer Resolution beim Handelsministerium Rechnung getragen. Seither stehen Unternehmerinnen alle Branchen offen. Das war ein Meilenstein. Aber nicht genug.«

Sie streckt sich, sitzt jetzt kerzengerade auf dem Stuhl.

»Und es war ein Widerspruch zu der berüchtigten Resolution 120: Die besagt, dass Unternehmerinnen einen männlichen General Manager, eine Art Vormund, brauchen, der das Unternehmen nach außen hin vertritt. Unternehmerinnen durften alleine nicht öffentlich oder bei Behörden in Erscheinung treten, keine Verträge unterschreiben. Sie konnten sich also nie selbst vertreten, waren stets abhängig. In der Praxis hat das vielen Frauen den Weg zum Erfolg verbaut. Sie durften zudem ohne männliche Aufsichtsperson nicht in Hotels übernachten oder sich alleine mit Geschäftsleuten in der Lobby treffen.«

Ende 2010 verfasst sie eine offizielle Petition gegen die Resolution 120 an das Handelsministerium, zusammen mit anderen engagierten Unternehmerinnen, mit denen sie 2008 unter dem Dach der Handelskammer das *Council of Young Businesswomen* gegründet hat, um ein professionelles Netzwerk zu schaffen. Ihr Argument: Im Zuge der gewünschten Diversifizierung der saudischen Wirtschaft sei die durch die Resolution verordnete Begrenzung nicht mehr zeitgemäß. Die Frauen sind erfolgreich. Im März 2011 wird die Resolution 120 offiziell aufgehoben. Eine kleine Revolution in Saudi-Arabien. Mitinitiatorin: die couragierte Jungunternehmerin Deena Al Faris. Auch in Sachen Erbrecht gibt es Veränderungen: Das ab 17. Juli 2011 geltende Gesetz *mawarith* sieht vor, dass jede Frau ihre Erbansprüche vor dem Gesetz geltend machen kann. Das war bislang nicht der Fall – viele Frauen wurden *de facto* von ihrem rechtmäßigen Erbe ausgeschlossen. Unterstützt wird die Verbreitung dieses neuen Gesetzes übrigens auch von der Handelskammer in Jeddah.

> »Frauen dürfen nun auch als Verkäuferinnen arbeiten, sodass wir unsere Unterwäsche nun nicht mehr bei Männern kaufen müssen!« Sie zwinkert belustigt und fügt hinzu: »Jetzt müssen wir noch erreichen, dass das Autofahrverbot für Frauen aufgehoben wird.«

Mai 2011. Das Deutsch-Arabische Wirtschaftsforum in Berlin. In elegantem Businessoutfit, mit offenen langen braunen Haaren und eloquentem Englisch berichtet Deena mit viel Charme, Witz und Kompetenz von ihren Erfahrungen als Unternehmerin. Ein Raunen geht durch den Saal. »Was, sie kommt aus Saudi-Arabien? Das glaub ich nicht.« Ihr Mann sitzt in der ersten Reihe und schickt stolze, bewundernde Blicke auf das Podium, auf dem seine Frau sitzt. Auch in ihm hat sie große Unterstützung gefunden.

Seit 2011 ist sie als erste Frau Mitglied im Steering Committee der Aquaculture-Initiative des *Agricultural Development Fund*, sie sitzt im Ausschuss für strategische Planung. Seit März 2012 ist sie im Präsidium der neu gegründeten *Society for Aquaculture*. Man schätzt inzwischen ihre Expertise.

> »Mein Vater hatte viel auszuhalten wegen mir. Wie oft hat man mich als Hure bezeichnet, ihn dafür verantwortlich gemacht, dass ich geschäftlich eben auch mit Männern zu tun habe. Aber mit dem wachsenden Erfolg wird es einfacher, und wir leben in einer Zeit der Reformen, des Wandels. Kleine Schritte, ja. Aber es sind Schritte in die richtige Richtung. ›Häng' deine Diplome nicht an die Wand. Nutze das Gelernte, und gib es weiter‹, das hat mein Vater immer zu mir gesagt. Und ich tue alles dafür, dies zum Wohl meiner Gesellschaft, meines Landes auch umzusetzen.«

Zum Abschied gibt es dann Kaviar – *made by Deena in the Kingdom of Saudi-Arabia*.

Maryam Darwish – Vereinigte Arabische Emirate

◆◆◆

Eine Autowerkstatt in Dubai. Motorengeräusche dringen nach außen, Werkzeuge klappern. Es ist laut, stickig und riecht nach Öl. Maryam Darwish beugt sich über die geöffnete Motorhaube. In schwarzer *abaya*, mit schwarzem Kopftuch. Sie krempelt ihre Ärmel hoch.

> »So, dann wollen wir mal sehen, was hier los ist. Mohammed, bringst du mir bitte mal den Zündkerzenschlüssel. Ah, dachte ich es mir doch, es sind die Zündkerzen.« Ihre Stimme hallt durch die Werkstatt. »Und der Ölstand ist auch wieder zu niedrig. Es ist immer dasselbe. Dabei ist das Öl doch das Blut des Autos. Ein regelmäßiger Ölwechsel ist das A und O für den Motor. Auweia, dieser Luftfilter ist ja eine Katastrophe.« Vorwurfsvoll zeigt sie darauf. »Der muss dringend gewechselt werden. Bei dieser Pflege, kein Wunder, dass das Auto nicht gut läuft.«

Maryam ist die einzige Frau – nicht nur in dieser Werkstatt. Sie ist die einzige Kfz-Mechanikerin in den Vereinigten Arabischen Emiraten. Und das aus ganzer Leidenschaft.

»Ich war schon immer autobesessen. Als Kind habe ich immer nur Autos gemalt. Meine Freundinnen malten Blumen und Prinzessinnen. Ich habe Autos gemalt. Und alles über Autos gelernt, was ich nur konnte. Der 500 SEC, Baujahr 83, 240 PS, 225 km/h, 4973 ccm Hubraum, 8 Zylinder, maximales Drehmoment 402 Nm bei 3200 U/min, Beschleunigung auf 100 km/h in 8,5 Sekunden. Ich hätte alle Jungs im Autoquartett geschlagen.« Ihre Augen funkeln.

Maryam Darwish wird 1969 als ältestes von 16 Kindern in al-Ain geboren. Die Oasenstadt an der Grenze zum Oman ist der Geburtsort des 2004 verstorbenen Staatsgründers Shaikh Zayed bin Sultan Al Nahyan. Ihre Eltern sind Analphabeten. Einfache Leute. Ihr Vater arbeitet als Kammerjäger bei der Stadtverwaltung. Ihre Mutter, eine, wie Maryam sagt, einfache, aber herzensgute Frau, trägt die *burqa*, die traditionelle Gesichtsmaske aus Metall. Sie haben Hühner, Ziegen, Schafe. Und Sand. Überall Sand.

»Pick-ups – die habe ich immer schon geliebt. Bei uns in al-Ain, mit dem ganzen Sand, ist das das einzig vernünftige Fahrzeug. Alles andere ist Humbug. Am besten acht Zylinder. Das ist solide. Mit zwölf Jahren bin ich das erste Mal heimlich mit dem Pick-up unserer Familie gefahren. Ich bin über den Sand gedüst. Ein absolutes Gefühl von Freiheit. Das werde ich nie vergessen. Unsere Nachbarn waren Engländer, und neben ihrem Haus stand ein alter, verbeulter Käfer. Sie haben ihn nie benutzt, er verrottete langsam. Mit dem bin ich dann immer heimlich herumgefahren. Ich habe ihn gehegt und gepflegt und meine ersten Erfahrungen mit Motoren gesammelt.«

Mit zwölf Jahren ist ihre Kindheit vorbei. Wie alle Mädchen in ihrer Familie wird Maryam zwangsverheiratet. Eine arrangierte Ehe. »Ich habe meinen Mann zum ersten Mal am Tag unserer Hochzeit gesehen. Ich hatte panische Angst.« Sie macht eine Pause. »Aber wir haben uns arrangiert.« Sie senkt ihre Augen. Ihr Mann ist Polizist aus Dubai. Sie ziehen in die Stadt. Sie bekommt vier Kinder, das erste mit 13 Jahren.

»Viele denken, meine älteste Tochter ist meine Schwester«, sie kichert. »Aber es sind alles gute Kinder. Ich bin sehr stolz auf sie. Sie haben mich sehr unterstützt. Mein Mann war sehr streng. Oft habe ich mich zu Hause wie eine Gefangene gefühlt. Und mit dem Autofahren war es natürlich jetzt vorbei. Aber nicht mit den Autos.« Da ist wieder dieses Funkeln in ihren Augen. »Ich habe weiterhin alles gesammelt, was ich bekommen konnte. Vor allem von meinen Kindern. Und ich habe gelernt. Englisch, Mathe, einfach alles. Alles aus den Schulbüchern meiner Kinder, und sie haben mir dabei sehr geholfen. Sie waren meine Tür zur Außenwelt, sie haben mich unterrichtet. Sie haben schließlich auch meinen Mann dazu gebracht, mich endlich wieder zur Schule gehen zu lassen, damit ich meinem Abschluss machen kann. Sie haben ihn so sehr bedrängt, dass er schließlich entnervt aufgegeben hat.«

Als die Kinder groß sind, bittet sie ihren Mann darum, arbeiten gehen zu dürfen.

»Ich wollte irgendetwas Sinnvolles machen, etwas Eigenes haben. Und die Kinder waren ja nun groß. Aber mein Mann hat es mir nicht erlaubt. Er sagte nur: ›Nein, das gehört sich nicht. Ich verdiene genug für uns. Dein Platz ist zu Hause.‹«

Sie lässt sich scheiden. Ihre Kinder bleiben bei ihr. Ihre Mutter unterstützt ihre Entscheidung. Der Vater ist inzwischen tot. Gestorben an den Folgen der giftigen Pestizide, die er jahrelang tagein tagaus eingeatmet hat.

»Nach der Scheidung habe ich einen Job gesucht. Aber ich wollte nicht das Übliche, was man mir bei der Jobvermittlung angeboten hat: Sekretärin, Empfangsdame, Nagelstudio. Das alles war nicht ich. Also habe ich mich bei *Al-Futtaim Motors* beworben. Und sie haben mich tatsächlich genommen, obwohl ich ja keine Ausbildung zur Kfz-Mechanikerin vorweisen konnte. Aber sie haben wohl meine Liebe für Autos gespürt.«

Al-Futtaim Motors, eines der drei größten Autohäuser in Dubai. Hier erkennt man das Potenzial von Maryam Darwish. Die Kollegen sind zunächst erstaunt über den »Autofreak in *abaya*«, wie sie sich selbst bezeichnet.

»Die Blicke am Anfang waren schon sehr skeptisch. Viele haben mir das nicht zugetraut. Andere waren einfach nur besorgt: Ist das hier nicht viel zu heiß? Du musst dir doch die Hände nicht schmutzig machen. Das ist doch zu schwer. Aber als sie gemerkt haben, dass ich absolut begeistert war und es wirklich ernst meine, haben sie mich aufgenommen und mir alles beigebracht. Auch wenn sie meine Arbeitskleidung nicht wirklich praktisch fanden«. Sie lacht und zeigt auf ihre *abaya*.

Sie überzeugt durch Kompetenz. Bald schon fragen die Kollegen sie um Rat. Sie wird respektiert. Und auch die Kunden gewöhnen sich an den Anblick einer Frau in einer Männerdomäne:

»Ich erinnere mich noch gut an einen meiner ersten Kunden, ein alter Mann im weißen Gewand, der *dishdasha*, und mit dem traditionellen Kamelstock. Erst hat er mich völlig entgeistert angeschaut, als wäre ich ein Geist. Dann ist er mit dem Stock auf meine Kollegen losgegangen und wollte sie verprügeln, nach dem Motto: Was tut ihr der armen Frau an. Wir konnten ihn gerade noch stoppen. Andere wollten nicht, dass ich ihr Auto repariere, sondern verlangten nach einem Mann: ›Wo ist Ihr Kollege?‹ Und ein Kunde rief mich einmal völlig außer sich an, nachdem er den Wagen aus der Werkstatt abgeholt hatte. Er schrie wütend, wieso der Wagen nicht laufe. Der Wagen sei mitten auf der Straße stehen geblieben, was das denn für eine Reparatur sei. Typisch Frau! Als ich ihn dann ruhig fragte, was er auf dem Display im Cockpit sehe, ob da irgendwelche roten Lämpchen aufleuchteten, bejahte er. Der Tank war leer.«

Maryam könnte noch unzählige Anekdoten dieser Art erzählen.

Genau so begeistert wie vom Schrauben ist sie von der Geschwindigkeit. Sie fährt Rennen, macht Testfahrten in der Wüste für die Firma. Der »Elchtest« im Sand. Sie lacht. »Dann wohl eher Kameltest«.

»Schon immer hat mich Geschwindigkeit berauscht. Es ist ein unbeschreibliches Gefühl. Man fühlt sich so frei, losgelöst und unbeschwert. Ich hasse Tempolimiten. Und fast mein ganzes Gehalt geht für Knöllchen drauf wegen Geschwindigkeitsüberschreitung.« Sie grinst breit. »Meine Kinder wollen schon nicht mehr mit mir fahren, denen wird immer ganz schlecht. Am liebsten fahre ich in die Wüste. Oben an der Kante der Düne. Das Auto steht fast senkrecht. Und dann der Kick … Das kann man natürlich nur mit einem guten Allradantrieb.«

Seit 2011 ist sie Leiterin der Customer Relationship-Abteilung bei *Al-Futtaim Motors*. Eigentlich ein Aufstieg, eine Anerkennung ihrer Leistung.

»Ich habe mich auch sehr darüber gefreut. Aber die Arbeit am Schreibtisch ist nichts für mich. Ich muss mit meinen Händen arbeiten. Mir abends das Motorenöl abreiben und die Risse in meiner *abaya* flicken. Hier in Dubai gibt es nach wie vor eine Vorliebe für *white collar*-Tätigkeiten. Aber für mich ist das nichts. Tüfteln, Schrauben, Ölwechsel. Das ist meine Welt.«

Inzwischen ist Maryam Darwish in den Vereinigten Arabischen Emiraten ein bekanntes Gesicht. Man kennt sie aus der Zeitung, sie ist ein beliebter Gast in Talkshows. »Das ist doch die mit den Autos«. Für viele junge Frauen ist sie ein Vorbild. Eine Frau, die sich aus kleinen, sehr engen und traditionellen Zusammenhängen befreit hat, um sich in einer Männerdomäne zu behaupten. Um ihren Traum von einem Leben mit Autos zu verwirklichen. Und eine, die die Bodenhaftung nicht verloren hat.

»Und jetzt schauen wir uns noch mal die Karosserie an.« Maryam steht jetzt unter der Hebebühne. »Da, sehen Sie. Rost. Das kommt vom vielen

Waschen. Die Autos hier werden viel zu oft gewaschen. Eine regelrechte Manie und in diesem Klima eine Katastrophe für die Autos!« Sie schüttelt den Kopf.

Maryam Darwish steht gerade erst am Anfang, sagt sie. Sie hat noch viel vor. Gerade hat sie sich für eine Fortbildung in Deutschland beworben.

»Man muss immer auf dem neuesten technischen Stand sein. Die Technik verändert sich permanent. Stillstand ist da tödlich. Man muss mit der Zeit gehen. Sich weiterbilden, kreativ und dynamisch sein. Und eines Tages habe ich meine eigene Werkstatt. Eines Tages entwickele ich das perfekte Auto für unsere Region hier. Das ›Golf-Auto‹. Wenn wir Frauen schon die härteste Arbeit schaffen, nämlich Kinder zu bekommen und großzuziehen, dann können wir alles! Und mit Gottes Hilfe schaffe ich das. *Insha' Allah!*« Sagt es, setzt sich in ihren Flitzer und braust mit quietschenden Reifen davon.

Prof. Dr. Zoubida Charrouf – Marokko

♦ ♦ ♦

> »Wenn du mich nicht mit zur Schule nimmst, dann musst du mich überfahren!«

Die siebenjährige Zoubida steht aufrecht, mit verschränkten Armen und durchgedrückten Knien vor dem Auto ihres Vaters. Den Schulranzen auf dem Rücken. Entschlossen bis zum Letzten. Der Vater am Steuer, ihre Brüder im Auto, auf dem Weg zur weiterführenden Schule im nächsten Dorf.

> »Bildung war für meinen Vater sehr wichtig. Er tat alles dafür. Aber nur für die Jungen. Er war ein warmherziger, offener und gebildeter Mann. Aber er war auch ein Mann seiner Zeit. Und seine Töchter zur Schule zu schicken, das kam nicht in Frage.«

Völlig entnervt nimmt der Vater die störrische Tochter schließlich erst einmal mit. Keinesfalls mit der Absicht, sie zur Schule gehen zu lassen. Ein Zufall will, dass die Leiterin der Schule, eine Französin, nur Französisch spricht – Zoubida kann dem Vater übersetzen.

»Er war ganz überrascht, woher ich Französisch kann. Ich sagte: ›Das habe ich in der Schule gelernt‹. Er stutzte, war aber gleichzeitig auch sehr stolz. Ich werde nie vergessen, wie er mir dann, einen Koranvers rezitierend, über das Haar strich und sagte: ›Meine Kleine, ja, es ist gut. Geh in die Schule, lerne, und mach was draus.‹«

Zuvor hatte sie zusammen mit ihren Brüdern heimlich die Grundschule ihres Dorfes besucht. Sfafa, ein kleines Dorf im Gharb, einer ländlichen Gegend zwischen Rabat und Meknes, der Kornkammer Marokkos. Tag für Tag sitzt sie zwischen ihren Brüdern auf den harten Holzbänken im kleinen Klassenzimmer. Es fällt nicht auf, denn im Elternhaus, einem großen Bauernhof, ist viel Betrieb.

»Mein Vater war polygam. Er hatte viele Ehefrauen, allerdings nacheinander. Wie viele genau, weiß ich nicht. Ich bin mit zehn Halbgeschwistern und sieben leiblichen Geschwistern groß geworden. Mein Vater empfing zudem immer viele Leute bei uns zu Hause. Leute aus dem Dorf, Honoratioren und geistliche Würdenträger. Das war ein Kommen und Gehen. Manchmal haben bei uns 50 Personen gegessen. Da fiel es nicht weiter auf, wenn ich weg war.« Sie grinst verschmitzt.

Und ihre Mutter deckt sie.

»Meine Mutter war eine für ihre Zeit sehr fortschrittlich denkende Frau, auch wenn sie die traditionelle Rolle übernommen hat. Sie stammte aus Fes und war eine der wenigen Frauen, die die Koranschule besucht hatten und lesen und schreiben konnten. Mein Vater mochte das. Er mochte eine gebildete, gute Gastgeberin in seinem Haus. Ich glaube, deshalb hat er sie geheiratet. Aber Widerworte zu geben, ihm zu widersprechen, auch wenn sie im Recht war, das war nicht drin.«

Und so lernt sie eifrig, avanciert zur besten Schülerin. Und dann stirbt ihr Vater bei einem Autounfall.

»Plötzlich war unsere materielle Existenz in Gefahr. Meine Mutter war auf sich gestellt. Man bedrängte sie von allen Seiten, mich von der Schule zu nehmen und zu verheiraten. Alle meinten, sich plötzlich einmischen zu müssen. Aber meine Mutter hielt an meiner Ausbildung fest, und ich durfte mir später meinen Mann selbst aussuchen.«

Sie lacht ihren Mann, den Ingenieur Mohammed Charrouf, liebevoll an. Er lacht stolz zurück. Er unterstützt seine Frau seit Jahren tatkräftig. Sie haben drei Kinder.

In den 1960er-Jahren vergab der marokkanische Staat Internatsstipendien an besonders begabte Landkinder, um einheimische Eliten zu bilden und die Entwicklung in den ländlichen Regionen zu fördern. Die begabte Schülerin fällt auf. Sie erhält ein Stipendium für die weiterführende Schule, das *Lycée Omar Al Khayyam*, und zieht ins Mädcheninternat nach Rabat.

»Es war nicht einfach, so alleine und so weit weg von zu Hause. Aber ich wollte etwas erreichen.«

Sie schließt mit Bravour ab und beginnt ein Studium der Naturwissenschaften an der Universität Rabat. Es ist das Jahr 1971. Marokko erlebt eine Zeit des Aufruhrs. Generäle haben versucht, gegen König Hassan II. zu putschen, Oppositionelle werden verhaftet, Streiks lähmen das Land, so auch die Uni. Ihr Ziel klar vor Augen, beschließt Zoubida, nach Frankreich zu gehen.

»Ich habe mir gesagt, so kommst du nicht weiter. Ich habe all meine Ersparnisse zusammengekratzt, mich informiert und bei allen renommierten Universitäten in meinem Fachbereich beworben. Und dann ging der Bewerbungsmarathon los. Drei Tage Aufnahmeprüfung in Lille, direkt danach am Abend in den Zug nach Rennes, ich kam morgens um fünf Uhr dort an, fuhr direkt zur Uni und machte um acht Uhr die nächste Prüfung. Ich sah aus wie ein Zombie, aber das war mir egal.«

Der Einsatz lohnt sich, Zoubida erhält einen Studienplatz in Lille und ein Stipendium der marokkanischen Regierung. Sie macht ihren Abschluss als Chemieingenieurin, entscheidet sich für die Forschung und macht ihren Doktor.

> »Mich hat Forschung nie als Selbstzweck interessiert. Ich wollte die Forschung immer zum Nutzen der Gesellschaft einsetzen. Schon als Kind haben mich Heilpflanzen interessiert. Ich wollte ihre Wirkung erforschen. Und ich wollte eine Pflanzenart erforschen, die in Marokko heimisch ist. Das war der Arganbaum, *argania spinosa*.«

Der Arganbaum. Er wächst nur in Marokko. In einem geographischen Dreieck – mit einer Gesamtfläche von rund 8 000 Quadratkilometern – im Norden von Essaouira, östlich über Taroudant bis in den Süden von Tafraout. Und dies dank eines besonderen Mikroklimas.

L'arganeraie, der Arganenhain, ist seit 1998 von der *Unesco* als Biosphärenreservat klassifiziert, weil er nachweislich gegen die Desertifikation schützt. Aber sein Bestand ist gefährdet. In den letzten hundert Jahren sind die Bestände um die Hälfte dezimiert worden.

> »Mir ging es darum, mich für den Erhalt dieses einzigartigen Baumes einzusetzen. Und was ist dafür besser geeignet, als seine Bedeutung für Umwelt und Gesundheit zu belegen und dadurch seinen Wert zu steigern? In der traditionellen Gesellschaft der lokalen Bevölkerung ist die Bedeutung schon lange bekannt, aber es fehlen die wissenschaftlichen und finanziellen Mittel, um den Erhalt nachhaltig zu sichern. Und so begann ich zu forschen.«

Arganöl. Ein flüssiges, goldgelbes, leicht nussig schmeckendes Öl. Die Heilwirkung ist den Imazighen, wie sich die Berber selbst nennen, seit jeher bekannt. Eine Allzweckwaffe gegen Magenschmerzen, Unfruchtbarkeit, Pickel. *Amlou*, eine Paste aus Arganöl, Honig und Mandeln wird gerne zur Stärkung für schwangere und stillende Mütter verabreicht. Oder zur Steigerung der männlichen Potenz, das dann aber heimlich.

»Das Arganöl ist das kostbarste Produkt des Arganbaums und für mich der Schlüssel zu seinem Erhalt. Ich wollte seine Heilwirkung belegen, herausfinden, worauf diese Wirkung basiert. Aber dafür benötigte ich spezielle Geräte, um die Moleküle zu untersuchen. In Frankreich habe ich dann nach langen Jahren per Zufall einen Professor kennengelernt, der mir wiederum Zugang zu dem nötigen Gerät verschaffte. Er sagte: ›Ihre Moleküle interessieren mich.‹ Damals arbeiteten nur die Japaner an diesen sogenannten ›Saponinen‹. Ich hatte schon fast den Mut verloren und wollte aufgeben. Aber dann stieß ich auf eine Publikation über die Trennung von Saponinen. Ich habe die Ergebnisse genutzt, und plötzlich war es ganz leicht. Was mir in zehn Jahren Forschung nicht gelungen war, hatte ich mit einem Mal in drei Monaten bewerkstelligt. Ich war so überwältigt, dass ich es kaum fassen konnte.«

Ihre 1991 veröffentliche Dissertation ist inzwischen ein anerkanntes Standardwerk. Zurück in Marokko wird sie zur ersten weiblichen Inhaberin einer Professur für Chemie an der Universität Rabat. Über die Hälfte ihrer Studenten sind übrigens weiblich.

»Die akademische Arbeit allein hat mich nicht komplett ausgefüllt. Mit all dem Wissen über den Arganbaum und all den Kontakten zu den Frauen, die ich inzwischen in der Region kannte, wollte ich etwas Gemeinsames, Nützliches vor Ort aufbauen. Wir haben Geld gesammelt, lokale Behörden überzeugt und zusammen mit Wissenschaftlern neue, verbesserte Verfahren entwickelt, um die traditionelle, zum einen sehr aufwändige, zum anderen nicht immer den Anforderungen hygienischer Standards genügende Herstellung von Arganöl zu verbessern, ohne dabei den traditionellen Zusammenhang zu zerstören. Die ersten Maschinen haben mein Mann und ich hier bei uns im Keller ausprobiert.« Sie zwinkert ihrem Mann zu. »In einer Zeitung habe ich dann eine Maschine in Burkina Faso entdeckt, die uns bestens geeignet erschien. Und so bin ich nach Burkina Faso gefahren und habe diese Maschine gekauft.«

1996 entsteht in Tamanar, in der Provinz Essaouira, die erste Frauenkooperative *Amal*. Das bedeutet auf Arabisch »Hoffnung«. Zoubida Charrouf schlägt den Frauen vor, sich zusammenzuschließen, das Herstellungsverfahren zu optimieren und eine Qualitätskontrolle einzuführen, um auf dem internationalen Markt bestehen zu können.

Sie stößt aber nicht nur auf Gegenliebe. Skepsis und Misstrauen schlagen ihr entgegen – was will diese Frau aus Rabat da. Schließlich kommt sie nicht von hier. Aber sie überzeugt. Es entstehen die ersten kleinen Produktionen und Verkaufsräume entlang der Touristenrouten. Denn es geht schließlich auch um den Verkauf.

> »Ich erinnere mich noch genau daran, als einer der ersten Touristenbusse bei unserer Kooperative hielt. Die Touristen waren ganz begeistert von den Produkten und kauften und kauften. Ich gab den Erlös einer Frau der Kooperative. Sie sagte: ›Für wen ist das Geld?‹ Ich antwortete: ›Für dich. Das hast du mit deiner Arbeit verdient.‹ Die Frau hatte Tränen in den Augen.«

Im Durchschnitt erhalten die Frauen die Hälfte des erwirtschafteten Gewinns. Das ist kein schlechter Verdienst. Weitere Kooperativen folgen. Sie tragen Namen in *tamazight*, der Sprache der Berber, etwa *taitmatine* (Schwester) oder *targant* (Arganbaum). Zoubida rührt unermüdlich die Werbetrommel, weltweit. Und sie erhält Unterstützung, so unter anderem von der japanischen und kanadischen Botschaft in Rabat, *Oxfam-Québec,* der *Fondation Mohammed V.*, dem marokkanischen Staat, der EU, dem Fürstentum Monaco. Prinz Albert besucht 2002 die Kooperative *Taitmatine* in Tiout.

1999 gründet sie zum Schutz des Arganbaums den Verein *Ibn Al Baytar*, benannt nach dem berühmten arabischen Botaniker und Pharmakologen aus Malaga (1197–1248 n. Chr.). Sie setzt sich für Aufforstungsprogramme ein, organisiert weltweit Kongresse, verfasst Bücher und doziert – immer noch an der Uni Rabat.

Die Oase Tiout. Rund siebzig Kilometer südlich von Agadir. In der Flussebene des Souss, mit einem atemberaubenden Blick auf den Anti-Atlas. Die Frauen sitzen auf bunten Matten am Boden der Kooperative *Taitmatine*. Mit präzisen, monotonen Handbewegungen klopfen sie auf einem Steinquader mit einem spitzen Stein Nuss für Nuss. Schlag um Schlag. Narbige Hände, Hände mit Blessuren. Denn das Aufschlagen der steinharten Argannüsse ist nach wie vor mühevolle Handarbeit und gefährlich. Die Verletzungsgefahr ist groß. Ungeübte Frauen tragen oft Verletzungen davon. Es ist ein Knochenjob. Traditionell den Frauen vorbehalten. All das, um den winzigen hellbraunen, mandelförmigen Kern zu befreien. Anschließend werden die Kerne geröstet, zu einer Paste verarbeitet und gepresst. Trotz verbesserter Verfahren benötigt man immer noch rund vierzig Stunden, um drei Liter Arganöl herzustellen. Nach traditionellem Verfahren sind es rund sechzig Stunden.

> »Mir war es wichtig, einerseits den traditionellen Charakter zu erhalten, andererseits die Arbeit der Frauen zu erleichtern und durch ein Einkommen aufzuwerten. Es geht nicht darum, einfach nur ›zu arbeiten‹. Das tun wir Frauen wahrlich genug. Sondern, dass dies in Würde, Respekt und Selbstbestimmung geschieht.«

Dazu gehört auch (Aus-)Bildung. In vielen ländlichen Regionen Marokkos, so auch im Arganenhain, beträgt die Analphabetenquote der Frauen immer noch zwischen 70 und 90 Prozent – trotz der landesweiten Schulpflicht für Mädchen. Und so initiiert Zoubida in den Kooperativen Weiterbildungsangebote: Alphabetisierungskurse, Rechnen, Kalkulieren, Angebote schreiben, Marketing. Sie erstellt Lehrbücher, Lehrmaterial, CDs und DVDs. Sie professionalisiert die Herstellung und Vermarktung des Arganöls. Einige Kooperativen werden als sogenannte Wirtschaftliche Interessensgemeinschaften (G.I.E.) anerkannt. Das verleiht ihnen mehr Gewicht als ein Verein.

Bald werden internationale Medien aufmerksam, Fernsehsender berichten. Das Thema wird populär. Plötzlich geht alles Schlag auf Schlag. Zoubida erhält zahlreiche Auszeichnungen, darunter 2005 die renommierte *Trophée de la Fondation Mohammed V.* und den *Prix International du Parmegiano* (2008). Sie kooperiert mit *Slow Food* und wird die Repräsentantin in Marokko. 2006 gründet sie das Zentrum *Azraraque*. Hier wird die Extraktion des Arganöls professionalisiert.

»S.M. König Mohammed VI. kam im Mai 2006 persönlich zur Eröffnung. Ich erinnere mich noch genau. Für seinen Besuch an unserem Stand hatte das Protokoll drei Minuten vorgesehen. Als ich ihm dann unsere Projekte erläuterte, da blieb er, Protokoll hin oder her, ganze 13 Minuten. Stellte interessiert Fragen, hörte zu. Ignorierte die nervöse Entourage, die ihn weiterziehen wollte. Ich war so stolz.«

Aber all das hat auch eine Kehrseite. Es entsteht ein regelrechter Hype rund um das Arganöl und die Frauenkooperativen. Dabei geht es auch um zu viel Geld.

»Diese Bekanntheit hat uns natürlich sehr geholfen, aber auch viele Neider auf den Plan gerufen. Plötzlich machte jeder in Arganöl. Konkurrenz, Neid und das schnelle Geld. Aber entscheidend ist, dass für die Frauen vor Ort etwas übrig bleibt, die Qualität und der Erhalt des Arganbaums gesichert bleiben.«

Ein französisches Unternehmen hat sich bereits 1983 die Marke *Argan* schützen lassen. Ein Unding, findet Zoubida. Und so setzt sie mal wieder alle Hebel in Bewegung, aktiviert ihr Netzwerk und erwirkt schließlich, dass *Argan*, ähnlich wie Parmaschinken oder Champagner, eine regional geschützte Bezeichnung ist (g. g. A. / geographisch geschützte Angabe) und nicht beliebig verwendet werden darf.

»Ich habe mich doch damals nicht umsonst vor das Auto gelegt! So schnell gebe ich nicht auf«, kommentiert sie diese Aktion.

Es folgt ein weltweiter Siegeszug. Arganöl ist aus keiner Kochshow, aus kaum einer Gesichtscreme mehr wegzudenken. Und das ist nicht zuletzt das Verdienst einer marokkanischen Wissenschaftlerin, die sich als Siebenjährige vom Auto ihres Vaters überfahren lassen wollte. »Madame Argane«, wie sie heute liebevoll genannt wird.

»Ich bin selbst wie ein Arganbaum. In der berberischen Mythologie ist er der Baum der Stärke, der Langlebigkeit, der Hoffnung. Er passt sich den widrigsten Umständen an. Seit Urzeiten. Wie ich. Mich haut so schnell keiner um. Und ich bin zäh, sehr zäh.« Sie lacht und tunkt ihr Brot in das goldbraune Öl.

Nadia al-Sakkaf – Jemen

◆◆◆

> »Man sagt, dass der erste Gedanke, der einem am Morgen durch den Kopf geht, den ganzen Tag bestimmt. Mein erster Gedanke in diesen Tagen ist: Höre ich irgendwo Bombardierungen? Gibt es heute Strom? Wo ist heute wieder ein Sicherheitscheck? Komme ich rechtzeitig in die Redaktion? Derzeit planen wir unser Leben und unsere Arbeit rund um diese Fragen.«

Nadia al-Sakkaf schreibt diese Zeilen im Oktober 2011. Der Titel: »Ein Traum für meine Tochter«. Sie ist Herausgeberin und Chefredakteurin der englischsprachigen Zeitung *Yemen Times*. Sie ist die erste Frau, die einen solchen Posten bekleidet. Das ist etwas Besonderes. Im Jemen, wo es immer noch eine Ausnahme ist, dass eine Frau an einer derart exponierten Stelle arbeitet. Meinung macht. Öffentlich. Als Journalistin. Als Chefin.

> »Als ich damals den Posten übernahm, musste ich erst einmal der Hälfte der männlichen Mitarbeiter kündigen. Sie hätten eine Frau als Chefin niemals akzeptiert. Das war nicht leicht, aber leider notwendig.«

Das war 2005. Sie ist mit der *Yemen Times* groß geworden. Irgendwie ist es auch ein wenig *family business*, sagt sie. Denn ihr Vater, Dr. Abdulaziz al-Sakkaf, Professor für Wirtschaft an der Universität in Sana'a, hat die renommierte und unabhängige Tageszeitung 1990 gegründet. Seine Vision: ein modernes

Medium für Weltbürger zu schaffen und die Kluft zwischen dem Jemen und dem Rest der Welt zu schließen. Für seine Vision bezahlt er den höchsten Preis. Er bezahlt mit seinem Leben. Die Zeitung wird von 1991 bis 1999 immer wieder verboten. Er wird verhaftet, schließlich kommt er 1999 unter ungeklärten Umständen um.

»Ich fühle mich seinem Erbe sehr verpflichtet. Nach seinem Tod hat erst mein Bruder den Posten übernommen. Als er dann aufhören musste, um sein Studium zu beenden, habe ich weitergemacht. Viele haben mir das erst nicht zugetraut. Aber wenn nicht ich, wer sollte dann das Erbe meines Vaters weitertragen?«

Nadia wird 1977 in Ta'izz geboren. Eine kleine Stadt im Bergland des Jemen, südlich von Sana'a, auf einer Höhe von 1370 Metern. Zwischen Sana'a und Aden, mit Zugang zu den Häfen am Roten Meer, traditionelles Zentrum des Kaffeeanbaus.

»Die Leute aus Ta'izz gelten als sehr umtriebig, reisefreudig und gebildet. Wahrscheinlich, weil hier außer dem Kaffeeanbau nicht viel los war. Bildung, das war seit jeher das Kapital der Stadt. Auch meinen Eltern war die Ausbildung ihrer Kinder sehr wichtig, und sie machten keinen Unterschied zwischen Mädchen und Jungen. Das ging sogar so weit, dass mein Vater uns Mädchen, wenn Besuch kam, immer vor den Jungs vorstellte. ›Schaut her, das sind meine Mädchen‹, sagte er immer stolz. Erst dann kamen die Jungs.«

Zunächst studiert sie Computertechnik in Indien, arbeitet danach für ein Jahr bei der *Yemen Times* als Reporterin und Übersetzerin und macht dann ihren Master of Science in Management Information Systems in Schottland.

»Meine ersten kleinen Texte habe ich schon früh verfasst. Mit 16 habe ich dann eine Kurzgeschichte an die ägyptische Zeitschrift *Huwa wa hiya* (Er & Sie) eingeschickt und tatsächlich den ersten Preis gewonnen. Ein Jahres-

Abo! Eine meiner ersten Geschichten in der *Yemen Times* war eine Reportage über geistig Behinderte in unserer Gesellschaft und deren Marginalisierung.«

Während ihrer Studienzeit in Schottland ist sie studentisches Mitglied bei *Amnesty International,* engagiert sich seit 2003 bei *Oxfam GB* für humanitäre Projekte, wird Programmkoordinatorin und arbeitet mit an der Erstellung eines Strategiepapiers zur Reduktion von Armut im Jemen.

»Ich bin sehr behütet aufgewachsen. In einer kleinen, heilen Welt. Erst die Familie, dann der Universitätscampus. Als ich dann begann, für *Oxfam* zu arbeiten, wurde ich das erste Mal so richtig mit der Armut in meinem Land konfrontiert. Es ist vor allem die Armut, die den Weg in eine offene, liberale Gesellschaft verhindert.«

Mit einem BIP von 38,3 Milliarden und einem Pro-Kopf-Einkommen von 2635 US-Dollar zählt der Jemen immer noch zu den ärmsten Ländern der Welt. Über 40 Prozent der Bevölkerung lebt an der Armutsgrenze. Auf dem *Human Development Index* rangiert der Jemen auf Platz 152 von 177. Er hat die niedrigste Rate in der arabischen Welt. Besonders betroffen von Armut und Rückständigkeit sind Frauen. Ihre Analphabetenrate liegt im Durchschnitt immer noch bei 55 Prozent. Und so sind die sozioökonomische Entwicklung, die Bekämpfung von Armut, auch ein zentraler Baustein auf dem Weg zur Förderung von Frauen:

»Eines der Projekte bei *Oxfam* brachte mich auf das Thema der Minderjährigenehe. Oft werden die Mädchen an reiche Männer, auch im Ausland, verheiratet. Ich würde eher sagen ›verkauft‹, um die Familien zu ernähren. Im Süden traf ich Madleen. Sie war erst dreizehn. Untypisch ihr Name, so gar nicht jementisch. Sie sollte nach Saudi-Arabien verheiratet werden. Als ich mit ihr sprach, sagte sie mir, sie wolle heiraten, um den harten Lebensbedingungen zu entkommen. Sie lebte in einer Welt, in der das einzige Highlight des Tages darin bestand, eine mexikanische Soap auf dem kleinen, batteriebetriebenen Fernseher zu sehen, nachdem sie für ihre Familie auf einem sehr beschwerlichen, zweistündigen Fußmarsch Wasser geholt hatte.«

Es sind diese Praktiken, wie die Minderjährigenehe, die Nadia auf die Palme bringen. Weshalb sie sich für die Einführung eines Heiratsmindestalters für Frauen einsetzt.

»2008 wurde zwar ein Gesetz verabschiedet, das Heirat unter 17 Jahren unter Strafe stellt. Aber leider galt dieses Gesetz nur einen Tag, denn es wurde von konservativen Parlamentsabgeordneten gleich wieder gekippt. Wegen administrativer Mängel!«

Es gilt lediglich ein gesetzlich vorgeschriebenes Mindestalter zum Vollzug der Ehe, das liegt bei 15 Jahren, nicht aber zur Eheschließung. Nadia interviewt Frauen, druckt ihre Geschichten ab. Und sie bringt sie auf die Titelseite. Unerschrocken.

»Die Praxis der Genitalverstümmelung ist bei uns leider noch verbreitet, obwohl sie 2001 per Dekret verboten wurde. Nicht überall, aber es gibt sie. Auf der Grundlage von Studien der WHO habe ich dieses Thema 2008 in einem Artikel ausführlich behandelt. Mit Bildern. Zwar gezeichnet, aber eben Bilder. Die Reaktion kann man sich vorstellen. Ein Skandal! Mir wurde Pornografie vorgeworfen. Ich habe bei einigen Lesern einen Schock heraufbeschworen und bekam Hass-E-Mails. Aber ich habe auch eine dringend notwendige Debatte eröffnet.«

Sie engagiert sich gegen den steigenden Konsum von Qat, der »Nationaldroge« des Jemen:

»Früher begannen Qat-Runden am späten Nachmittag. Heute oft schon ab zwölf Uhr. Und dann geht einfach kaum noch etwas. Ganz zu schweigen vom gesundheitlichen Schaden, auch der volkswirtschaftliche Schaden ist immens. Qat schadet unserer Gesellschaft. Aber es ist schwer, gegen diese in unserer jemenitischen Tradition so verankerte Gewohnheit anzugehen. Die Aktivistin Hind al-Eryani hat eine Aktion gestartet und den 12. Januar 2012 zum ›Tag ohne Qat‹ ausgerufen. Wir haben diese Aktion in unserer Zeitung sehr unterstützt, und ich habe persönlich die Werbetrommel dafür gerührt. Aber es hat nicht funktioniert. Kaum einer hat mitgemacht.«

Ihr ist dabei wichtig, ein möglichst gut recherchiertes, umfassendes und ausgewogenes Bild zu zeichnen. Auch das der »anderen« Seite:

»In unserer Rubrik ›Briefe an den Herausgeber‹ drucken wir auch kontroverse Meinungen ab. So haben wir beispielsweise den Brief eines Mannes abgedruckt, der sich dafür aussprach, Frauen zu schlagen. Und dabei war das ein gebildeter Mann! Auch das hat hohe Wellen geschlagen. Mir wurde vorgeworfen, ich würde seine Meinung unterstützen. Es folgte dann eine lange Serie zu dem Thema mit Pro und Kontra. Die gesellschaftliche Debatte war im Gange, endlich haben wir darüber offen geredet.«

Heiße Eisen ansprechen, gesellschaftlichen Dialog fördern. Wie viel ist möglich?

»Ich lote die Grenzen sorgfältig aus. Frage mich immer wieder, was geht, was nicht? Die Grenzen sind dabei weniger politisch als vielmehr kulturell. Es ist leichter für eine Frau, wählen zu gehen, als sich ein Verhütungsmittel zu besorgen. Welche Tabus kann man behutsam angehen, welche nicht? Ich habe zum Beispiel seit zwei Jahren einen Beitrag über Homosexualität in der Schublade. Noch liegt er da, noch habe ich ihn nicht veröffentlicht.«

Nadias Themenspektrum ist breit. Das bringt ihr Beruf mit sich. So engagiert sie sich auch für einen nachhaltigen Umweltschutz. 2010 organisiert sie zusammen mit der GTZ (GIZ) die »längste Toilettenschlange« der Welt. Über 5000

Jemeniten standen am Weltwassertag Schlange, um gegen die Verschwendung von Wasser zu protestieren. Es gab zwei Schlangen: eine für die Frauen, eine für die Männer. Mit dabei waren auch namhafte jemenitische Persönlichkeiten. Eine einmalige und unglaubliche Aktion – spektakulär, aufsehenerregend und initiiert von einer Frau.

> »Viele Konflikte entstehen im Jemen rund um das Thema Wasser. Es ist lebensnotwendig zur Bewässerung der Felder. Nur rund 40 Prozent aller Jemeniten haben Zugang zu sauberem Wasser, und nur rund 30 Prozent haben sanitäre Anlagen. Und auch der Anbau von Qat verbraucht sehr viel Wasser. Das führt zu einer Überlastung der Reserven und der Absenkung des Grundwassers. Dadurch werden wichtige Ackerflächen zerstört. Unsere Aktion hat viele verwundert, verstört, empört. Eine Schlange vor Toiletten! Aber es war sehr wirksam.«

Als Mitglied des *Yemeni Journalists Syndicate* und des *International Journalists Syndicate* thematisiert sie eben immer wieder auch Unbequemes, initiiert Workshops und Konferenzen. 2006 erhält sie den renommierten *Gebran Tunei*-Preis der libanesischen Zeitung *An-Nahar*. Im gleichen Jahr wird die *Yemen Times* mit dem *Free Media Pioneer Award* des *International Press Institute* (IPI) ausgezeichnet.

Die größte Herausforderung sieht sie in der Wahrung von Neutralität. Das ist nicht einfach und schon gar nicht selbstverständlich in einem Land, wo tribale Zugehörigkeiten nach wie vor verpflichten und die Gesellschaft spalten. Da erscheint es wichtig, auf welcher Seite man steht.

> »Wir sind eine unabhängige Zeitung.« Bei dem Wort »unabhängig« betont sie jede Silbe. »Erst vor Kurzem traf ich einen hochrangigen Security Intelligence Officer. Mit hochgezogenen Augenbrauen fragte er mich: ›So, Sie sind also für die Revolution?‹ Ich antwortete ihm: ›Ich bin weder dafür noch dagegen. Wir sind eine unabhängige Zeitung.‹ Er unterbrach mich abrupt und kritisierte unsere Cover, die Demonstrationen oder Opfer von Bombardierungen zeigten. Am liebsten hätte ich ihn angeschrien und

gesagt: ›Dann hört doch verdammt noch mal damit auf, die Protestierenden zu töten!‹ Aber anstelle dessen habe ich ihn gebeten, mir seine Version zu erklären, um sie dann neben die andere Meinung zu setzen. Das schien ihn zu beruhigen. Aber offensichtlich war es ihm sowieso einerlei, ob wir das veröffentlichen oder nicht.«

Die Sicherheit ihrer Reporter besorgt sie.

»Ich bin immer wieder erleichtert, wenn sie wohlbehalten zurück in die Redaktion kommen. Aber sie nicht berichten zu lassen, das ginge auch nicht. Wer soll es dann tun?«

Um noch mehr Menschen mit ihrer Zeitung zu erreichen, gibt es inzwischen eine arabische Ausgabe. Ab Juni 2012 geht *Yemen Times* auch *on air*. Es ist das erste unabhängige Radioprogramm im Jemen, gleich mehrere Programme sind geplant.

»Mit der arabischen Ausgabe und dem Radio erreichen wir noch viel mehr Leute, wir erreichen den Kern der Gesellschaft. Ich glaube, das ist das Gebot der Stunde. Kein abgehobenes, intellektuelles Blatt zu sein.«

Auf einer Konferenz in Beirut zu dem Thema »Die Frauen und der Arabische Frühling« im Februar 2012 wird sie gefragt, wie sie die Situation in ihrem Land einschätze. Es seien notwendige Geburtswehen, sagt sie diplomatisch. Der Jemen befinde sich im Geburtsraum. Es ist eine schwere Geburt, ja, aber eine, die am Ende ein wunderbares Kind hervorbringe, das mal eine wichtige Persönlichkeit wird, so hoffe sie. Der Moderator stellt sie vor als »Miss Hip Hop aus dem Jemen«. Sie lacht, dann erklärt sie:

»Ja, ich habe mich sehr gefreut über eine Dokumentation eines ausländischen Journalisten über den Jemen. Er wollte den Jemen porträtieren und hat einen Film über eine jemenitische Gruppe Jugendlicher gedreht, die Hip-Hop macht, mit dem treffenden Titel ›Shake the dust‹. Mit ihrem Rap verarbeiten die Jugendlichen ihre Sehnsüchte, Sorgen, Ängste und Erfahrungen. Ich habe mich so gefreut, dass auch einmal dieses Bild vom Jemen gezeigt wurde. Dass Stereotypen aufgebrochen wurden. Ein offener, neugieriger, unvoreingenommener Blick. Denn der Jemen, das ist nicht nur Terrorismus und al-Qaida. Und seither promote ich dieses Video. Obwohl ich selbst Hip-Hop gar nicht mal so gerne höre.«

»Ich bin eine Brücke. Eine Brücke zwischen Ost und West, Alt und Jung, Mann und Frau. Und glauben Sie mir, es sind schon viele über mich gelaufen.« Wieder lacht sie augenzwinkernd. Humor ist auch ein wichtiges Stilmittel, wie sie findet.
Später im Auditorium sitzt sie mit dem Laptop auf den Knien und verfolgt die Diskussion auf dem Podium, beantwortet E-Mails, schreibt einen Artikel, googelt. Sie gibt Interviews, lächelt in die Kamera und telefoniert mit ihrer sechsjährigen Tochter Aya. Danach mit ihrem Mann. All das unglaublich präzise, schnell, auf den Punkt.

»Mein Vater hat immer gesagt: Harte Arbeit tut nicht weh.«

© privat

Mona Almoayyed – Bahrain

◆◆◆

Mitas linke Gesichtshälfte ist dick angeschwollen. Sie hat blutunterlaufene Hämatome unter den Augen. Das Nasenbein ist gebrochen. Auf ihrem zerbrechlichen, zierlichen Körper überall Brandspuren. Ihr Blick ist gesenkt, sie spricht leise, wenn sie erzählt, warum sie von ihrer Arbeitsstelle weggelaufen ist. Sie hat, wie so viele andere Frauen aus Indien, Bangladesch, den Philippinen oder Eritrea, als Hausangestellte für eine bahrainische Familie gearbeitet. Sie wurde geschlagen, misshandelt, vergewaltigt. Irgendwann ging es nicht mehr, und sie hat Schutz gesucht. Schutz im *Shelter* der bahrainischen *Migrant Workers Protection Society* (MWPS). Es ist die erste und bislang einzige NGO in Bahrain, die sich um die vielen Gastarbeiter in dem Golfstaat kümmert. Mitinitiiert von Mona Almoayyed, Spross einer der ältesten und angesehensten bahrainischen Kaufmannsdynastien und selbst erfolgreiche Unternehmerin.

> »Einer meiner Mitarbeiter machte mich auf eine Inderin aufmerksam, die völlig verwirrt vor unserem Gebäude die Straße entlanglief. Ihr Gesicht war ganz zerschunden, auf ihrem Körper überall Brandwunden. Sie war völlig verzweifelt. Das ist in unserer Gesellschaft leider kein Einzelfall. Wir haben sie erst einmal bei uns versorgt und aufgenommen. Die Situation der Gastarbeiter ist katastrophal, und so entstand die Idee, eine Organisation zum Schutz der Gastarbeiter ins Leben zu rufen.«

2005 wird die *Migrant Workers Protection Society* gegründet. Finanziert aus privaten Mitteln, die Mitarbeit ist ehrenamtlich.

»Es war wichtig, eine erste Anlaufstelle für die Frauen zu schaffen, und so haben wir mit *Shelter* ein Frauenhaus gegründet. Hier werden die Frauen erst einmal medizinisch versorgt, sie haben ein Dach über dem Kopf und erhalten psychologischen und rechtlichen Beistand. Und vor allem viel Zuwendung. Denn oft sind die Frauen völlig traumatisiert nach dem, was sie alles durchgemacht haben. Und wir bewahren sie oft auch vor dem Gefängnis, denn als ›Weggelaufene‹ haben sie keinerlei Rechte. Im Gegenteil, das Recht ist hier auf Seiten des Sponsors oder Arbeitgebers.«

In Bahrain leben und arbeiten rund 50 Prozent Ausländer, davon rund zwei Drittel als unqualifizierte Gastarbeiter. Sie kommen meistens aus Indien, Bangladesch, Sri Lanka, Nepal und den Philippinen.

»Die Arbeitsbedingungen sind oft menschenunwürdig. Hausangestellte müssen in der Regel ihren Pass abgeben, sie arbeiten meistens rund um die Uhr, sind immer verfügbar. Oft werden sie nicht nur für eine Familie, die im Durchschnitt acht bis zehn Mitglieder hat, ›eingesetzt‹, sondern für die gesamte Großfamilie. Einige Frauen haben berichtet, dass sie nur einmal am Tag zu essen bekamen und dann auch nur die Reste. Sie hausen oft in menschenunwürdigen Kammern ohne Tageslicht, dürfen nicht nach Hause telefonieren.«

Der Durchschnittslohn einer Hausangestellten beträgt pro Monat rund 60 Bahraini Dinar. Das sind rund 155 US-Dollar. 2011 betrug das BIP pro Kopf in Bahrain 27 433 US-Dollar.

»Wenn sie überhaupt bezahlt werden. Es ist doch eher an der Tagesordnung, dass die Frauen monatelang kein Geld ausbezahlt bekommen. Oder dass sie von diesem kargen Lohn auch noch Kosten abgezogen bekommen, etwa für medizinische Versorgung oder Dokumente. Unser Arbeitsgesetz

> sieht zwar vor, dass solche Kosten vom Sponsor bzw. Arbeitgeber übernommen werden, das ist aber leider selten die Praxis.«

Die Situation der Männer ist nicht besser. Ranji kommt aus Kerala, Indien. Er hat seinen Job auf der Großbaustelle in Manama teuer erkauft. Rund 2000 US-Dollar hat er einer Arbeitsvermittlungsagentur bezahlt. Geliehen von Freunden und Verwandten. Im festen Glauben, als gemachter Mann zurückzukehren. Das Geld zurückzuzahlen. Auf das Geld, geschweige denn das bessere Leben, wartet er bis heute. Zusammen mit zehn anderen Gastarbeitern haust er in einem der *worker camps* etwas außerhalb von Manama.

Ein Euphemismus für eine schäbige Baracke. Kein Strom. Kein fließendes Wasser. Eine Matratze. Die wenigen Habseligkeiten in einem Sack auf dem Boden. Ärmliche Sauberkeit. Auch er hat seinen Pass abgeben müssen. Alle drei Jahre Heimaturlaub. Eigentlich. Das Ticket hierfür kann er sich nicht leisten.

> »Unser Ziel ist die Sensibilisierung für das Thema. Unsere Gesellschaft aufzurütteln. Die Bedingungen vor Ort zu verbessern sowie verbesserte rechtliche Rahmenbedingungen zu erwirken. Aber auch ganz konkrete Hilfe zu leisten, natürlich alles kostenlos, zum Beispiel auf Wunsch ein Ticket nach Hause zu bezahlen. Das ist das Mindeste, was wir tun können!«

Die ehrenamtlichen Mitarbeiter von MWPS kommen aus Bahrain, aber auch aus Indien, Sri Lanka, den USA, Großbritannien und Neuseeland. Sie helfen bei Behördengängen, etwa, um einen vorläufigen Pass zur Ausreise zu beantragen. Sie übersetzen. Oder versuchen vor dem Arbeitsgericht, ausstehende Gehälter einzuklagen. Oder Besuche im Krankenhaus abzustatten.

> »Die Selbstmordrate unter den Gastarbeitern ist erschreckend hoch. Erst im vergangenen Monat gab es wieder dreizehn Fälle von Selbstmord. Das ist menschenverachtend!«

Mona findet klare Worte. Das ist keineswegs selbstverständlich in einer Gesellschaft, in der dieses Thema – wie in anderen arabischen Ländern auch – tabuisiert wird. Argumente wie »In ihren Ländern geht es denen noch schlechter, die sollen froh sein, dass sie Arbeit haben« oder »Die bleiben doch eh nur eine Zeit und kehren dann zurück« sind populär und erleichtern das Gewissen.

> »Wir dürfen eines nicht vergessen: Es sind Menschen. Sie haben ein Recht auf Würde und Menschlichkeit. Und schließlich helfen sie uns, unser Land aufzubauen! Sie sind es, die bei 50 Grad im Schatten auf der Baustelle schuften, um unsere Wolkenkratzer hochzuziehen.«

So auch den 47-stöckigen Stammsitz des Almoayyed-Konzerns. Die Glasfassade reflektiert das Sonnenlicht. Gegründet wurde der Konzern 1940 von Monas Vater. Es war die Zeit in Bahrain, nachdem der lukrative Handel mit Perlen zusammengebrochen war. In Japan hatte man die Zuchtperle erfunden.

> »Meine Familie war schon immer im Handel tätig. Mein Urgroßvater hat seinerzeit Gewürze und andere Handelsgüter aus Indien importiert, mein Großvater folgte ihm im Perlenhandel. Mein Vater hat ihn dabei unterstützt. Er war ein begnadeter Geschichtenerzähler, und so hat er uns Kinder durch seine Erzählungen auf seine Reisen in ferne Länder mitgenommen. Wir saßen um ihn herum und lauschten fasziniert seinen wunderbaren, lebhaften Erzählungen. So etwas prägt natürlich. Und im Geiste habe ich all seine Reisen miterlebt. Mit dem Niedergang des Perlenhandels mussten sie umdenken, und mein Vater legte 1940 den Grundstein für unseren Konzern mit dem Import von elektronischen Geräten aus England. Er öffnete das erste kleine Geschäft auf der Tijjar Road. Diesen Unternehmergeist, auch Risiken einzugehen, habe ich sicherlich von ihm geerbt.«

Heute gehört der Familienkonzern *Y.K. Almoayyed & Sons* zu den größten in Bahrain, ist eine Generalvertretung internationaler Spitzenmarken und verfügt über ein diversifiziertes Portfolio in den Sektoren Elektronik, Automobil, Bau und Dienstleistung – mit rund 5000 Mitarbeitern.

Mona wird in Manama geboren, sie hat sieben Geschwister, einer ihrer Brüder kommt 1972 bei einem Autounfall ums Leben.

»Meine Mutter hat den Haushalt geschmissen. Und das war mit uns vielen Kindern kein Vergnügen, damals hatten wir keine Angestellten, so wie heute. Sie war die starke Frau hinter meinem Vater und hat maßgeblich zu seinem Erfolg beigetragen. Sie hat sich nie beklagt, sondern immer hart gearbeitet und sich sozial engagiert. Für mich war sie immer auch ein großes Vorbild. Mein Vater war ein sehr fortschrittlich denkender Mann, und auch die Erziehung seiner Töchter lag ihm am Herzen. Wir sollten etwas von der Welt sehen, und so schickte er mich nach London zum Studium, 1972.«

Sie studiert Business Administration an der *Westminster University* in London. Es sind die wilden Siebziger.

»Das war für mich zunächst ein richtiger Kulturschock! Ich kam ja aus einem sehr behüteten familiären Umfeld. Hier war ich plötzlich alleine auf mich gestellt. Andere Sprache, andere Kultur. Und keine Kommunikationsmöglichkeiten, wie heute. Alle drei Monate ein unglaublich teures, kurzes Telefonat nach Hause. Und ansonsten der sehnsüchtige Blick in den hölzernen Briefkasten, ob Post aus der Heimat da war. Ich habe viel geweint damals. Aber im Rückblick muss ich sagen, dass mich diese Zeit gelehrt hat, Widrigkeiten auszuhalten, mich zu behaupten und dankbar zu sein für das, was ich habe. Es waren die besten Lehrjahre.«

Zurück in Bahrain beginnt sie 1974, im Möbelsektor des Familienunternehmens mitzuarbeiten.

»Mein Vater war zunächst nicht so überzeugt, dass ich es im Business zu etwas bringen würde. Er hatte da mehr Vertrauen in meine beiden Brüder. Und so hatte ich das Gefühl, mehr arbeiten, besser sein zu müssen als sie. Er dachte auch, wenn ich Kinder bekomme, höre ich sowieso auf, und dann hat sich das Thema erledigt.« Sie lacht. »Aber dem war nicht so. Ich habe einige Jahre zwar halbtags gearbeitet, bin dann aber, nachdem meine vier Kinder aus dem Gröbsten heraus waren, wieder voll eingestiegen.«

Sie wechselt in die Automobilsparte des Konzerns.

»Ich erinnere mich noch an einen Kunden, der unbedingt meinen Bruder sprechen wollte. Er sagte: ›Sie sind eine Frau, Sie können mir mit Autos nicht helfen, ich möchte Ihren Bruder sprechen‹. Und als er nicht locker ließ, habe ich schließlich meinen Bruder angerufen. Er hat nichts anderes gesagt als ich. Nun ja. Später hat man mich allerdings dann doch sehr ernst genommen.«

Mona übernimmt die HR-Abteilung und steigt zum Managing Director des Konzerns auf. Sie strukturiert das Personalwesen um, führt neue Maßstäbe ein, engagiert sich für ihre Mitarbeiter: Weiterbildung, Performance-Management, Bonus-Systeme.

»Wer gute Arbeit leistet, muss am Gewinn beteiligt werden.«

Sie sitzt in zahlreichen Aufsichtsräten namhafter Unternehmen, darunter der *Bahrain Maritime & Mercantile International*. 2002 wird die erfolgreiche Unternehmerin und vierfache Mutter als erste Frau Bahrains in die Handelskammer gewählt.

»Ich war die einzige Frau unter siebzehn Männern. Und die mussten sich erst einmal an meine Anwesenheit gewöhnen. Aber es hat sich für Frauen in unserer Gesellschaft viel verändert, zum Beispiel mit dem Dekret von S.M. König Hamad zur Gleichstellung von Mann und Frau von 2000. Seither haben wir Frauen in öffentlichen Ämtern, derzeit vier Frauen im Parlament und zwölf Frauen im *Shura Council*. Und für 2014 haben wir eine Quote durchsetzen können: Zwei Plätze in der Handelskammer sind künftig für Frauen. Ich bin eine große Befürworterin der Quote, denn freiwillig passiert selten etwas im Leben.«

Auch Dank der unermüdlichen Lobbyarbeit der ebenso eleganten wie engagierten Mona. Bereits 2000 gründete sie mit Gleichgesinnten die *Bahrain Businesswomen's Society* (BBWS), deren Vorsitz sie seit 2006 innehat. Mit der 2003 ins Leben gerufenen Internetplattform *Women Gateway* leistet die Gesellschaft Pionierarbeit auf dem Gebiet der medialen Vernetzung von Frauen.

»Ein gutes Netzwerk ist ein zentraler Erfolgsfaktor, um Frauen im Business zu fördern. Auf unserer Webseite bieten wir zudem Informationen, Weiterbildungsangebote und nicht zuletzt auch Erfolgsgeschichten. Das hilft und motiviert gleichzeitig. Und die Frauen können sich auch von zu Hause aus informieren, das ist wichtig.«

Die Begleitung von Start-ups und Mikrokredite sind weitere wichtige Themen der BBWS.

»Wir arbeiten eng mit der nationalen Initiative *Tamkeen* (arabisch für ›empowerment‹) zusammen. Die 2006 ins Leben gerufene Initiative hat das Ziel der Förderung von kleinen und mittelständischen Unternehmen. Dies als Konkretisierung der ›Politik der Bahrainisierung‹. *Tamkeen* stellt Mikrokredite zur Verfügung, zum Beispiel zwischen 1 000 und 5 000 US-Dollar, je nach Projekt auch mehr, um ein Start-up zu finanzieren. Besonders stolz bin ich auf einige Projekte, bei denen es gelungen ist, Frauen, die von zu Hause aus arbeiten, ihren Start ins Business zu ermöglichen. Und wir von der BBWS begleiten bei Bedarf den gesamten Prozess bis hin zur Verkaufsausstellung.«

Die mehrfach ausgezeichnete *Grande Dame* aus Bahrain – unter anderem rangierte sie auf Platz 62 (2011) und Platz 58 (2012) der 100 mächtigsten arabischen Frauen bei *Arabian Business* – denkt nicht daran, sich zurückzuziehen oder leiser zu werden. Sie strafft sich auf ihrem Sitz, als sie, sichtlich belustigt, aber dennoch bestimmt, sagt:

> »Ich denke nicht daran, in Rente zu gehen! Auch wenn mir das so mancher wohlmeinende Mensch nahezulegen gedenkt. WIR müssen Verantwortung übernehmen. WIR müssen den Unterschied machen und mit gutem Beispiel vorangehen, sonst verändert sich nichts!« Und dabei betont sie jeden Buchstaben des Wortes W-I-R.

Joumana Haddad – Libanon

♦♦♦

»Ich bin nicht der arabische Hugh Hefner!«

Ihre schwarzen, unbändigen Locken fallen energisch ins Gesicht. Sie trägt eine enge Jeans, einen asymmetrisch geschnittenen Pullover, der ihre Tätowierung auf dem Rücken freilegt. Der arabische Buchstabe *dschim* als kunstvolle Kalligrafie. *Dschim*, wie Joumana. *Dschim*, wie *Jasad*. Beides sei untrennbar miteinander verbunden, sagt sie. *Jasad*, das bedeutet auf Arabisch »Körper«. Es ist der Name des Magazins, das die Publizistin, Journalistin, Schriftstellerin und Dichterin seit 2008 vierteljährlich in Beirut herausgibt. Eine hochwertige, aufwändig gestaltete Kunst- und Literaturzeitung rund um das Thema Körper, Erotik, Sexualität. In arabischer Sprache. Kein Pornoheft.

»›Ja, hast du denn völlig den Verstand verloren?‹, war die Reaktion, die ich am häufigsten zu hören bekam. ›Für so etwas sind wir hier am falschen Ort und in der falschen Zeit‹, wurde mir einhellig beschieden. Doch ich dachte mir: Heißt es nicht immer, man muss den richtigen Zeitpunkt selbst herbeiführen? Wenn man nur darauf wartet, dass er von allein kommt, verpasst man ihn am Ende noch.«

Sie dreht sich eine Zigarette. Fragt, ob es stört, wenn sie raucht. Noch lieber raucht sie Zigarren. Das Cover der ersten Ausgabe zeigt ein rotes Seidentuch, darunter die Silhouette eines seitlich liegenden männlichen Körpers. Das Bild »Goldene Träume« der libanesischen Künstlerin Ninar Esber. Kein Thema ist tabu, ob Selbstbefriedigung, Jungfräulichkeit, Fetischismus, Homosexualität. Und immer wieder wird Kunst zitiert, etwa die österreichische Aktionskünstlerin Valie Export, Gerhard Richter oder die irakische Multimediakünstlerin Sama Al-Shaibi. Auch sie ist auf einem Cover zu sehen. Ein Selbstportrait.

> »Warum der Körper?« Immer wieder diese Frage!»Ja, warum denn nicht? Wir bejubeln große Autoren wie Henry Miller, Anaïs Nin oder Vladimir Nabokov, um nur einige wenige zu nennen, weil sie auf höchstem Niveau Tabus überwanden. Unser Jubel geht so weit, dass praktisch kein Interview mit einem zeitgenössischen arabischen Autor ohne Erwähnung mindestens eines dieser Vorbilder und dessen Lobpreisung als ›entscheidender literarischer Einfluss‹ auskommt. Wenn jedoch in *Jasad* erotische Gedichte oder Kurzgeschichten arabischer Autoren erscheinen, bezichtigt man diese der Dekadenz.«

Und als wäre das nicht schon alles genug. Die Herausgeberin ist ausgerechnet eine Frau. Und eine arabische dazu. Eine, die sich in der Tradition der klassischen arabischen erotischen Literatur sieht. Die gibt es und hat es immer gegeben. So beispielsweise das Standardwerk erotischer Literatur »Der duftende Garten« aus der Feder des Tunesiers Mohammed an-Nafzawi, entstanden zwischen 1410 und 1434 n. Chr. Der war allerdings ein Mann. »Die traut sich was«, wispert es indes von allen Seiten voll schauriger Bewunderung.

> »Wir sind in unserer Welt umgeben von übelster Vermarktung der Sexualität, jede profane Waschmaschine wird inzwischen damit verkauft. Das ist der eigentliche Skandal, diese Feigheit, Verlogenheit und Doppelmoral. Und: In unserer guten arabischen Welt dürfen Männer sich recht freizügig über ihre Geschlechtsorgane äußern. Als kostenlose Dreingabe haben sie zudem das Recht, sich über weibliche Geschlechtsorgane auszubreiten. Die Frau hingegen hat sich mit der Rolle der gepriesenen Empfängerin männlicher Worte zu begnügen und als passives Subjekt für Texte von

Männern herzuhalten. Sie ist nicht geboren, um sich auszudrücken, sondern um ausgedrückt zu werden. Das Attribut ›gewagt‹ beispielsweise ist fast ausschließlich weiblichen Autoren vorbehalten.«

Gewagt. Die Reaktionen auf *Jasad*, das im Libanon im Buchhandel zu kaufen ist, meistens aber über Abonnements bezogen wird – übrigens in der gesamten arabischen Welt –, sind heftig. Heftiger Beifall. Heftige Verteufelung.

»Hier ein kleiner Auszug aus der langen Liste zweifelhafter Attribute, mit denen ich bedacht wurde: unmoralisch, zügellos, sittenwidrig, sündhaft, verderbt, korrupt, korrumpierend, dekadent, verbrecherisch, heimtückisch, skrupellos, ehrlos und gemeingefährlich. ›Man sollte dich zu Tode steinigen‹, ›In der Hölle sollst du schmoren‹, und so weiter. Aber ich kann jetzt schlecht so tun, als hätte ich nicht geahnt, was da auf mich zukam.«

Morddrohungen auf der einen Seite. Unterstützung von der anderen. Tarek Mitri, damals Informationsminister, und Ziad Baroud, damals Innenminister, unterstützen das Projekt, erteilen die Genehmigung.

»Man hat wahrlich keinen leichten Stand, wenn man es tagtäglich mit den radikalen Schiiten, den radikalen Sunniten und der Kirche zu tun hat, um nur einige wenige Steinchen aus dem religiösen Mosaik unseres Landes zu nennen. Darum erst recht Hut ab vor meinen beiden unerschrockenen Unterstützern.«

Geboren wird Joumana Haddad 1970 in Achrafiye, einem vorwiegend christlichen Viertel Beiruts. Sie ist Christin, ihre Familie konservativ.

»›Als Muslima hätten Sie ein derart kontroverses Projekt nie verwirklichen können. Sie könnten niemals aussprechen, was Sie aussprechen, leben, wie Sie leben, sein, wie Sie sind‹, solche leichtfertigen Behauptungen muss ich mir immer wieder von skeptischen, urteilsfreudigen oder einfach nur voreingenommenen Zeitgenossen aus der westlichen Welt anhören. Meine Antwort an sie alle lautet: Man muss schon vierzehn Jahre lang eine Klosterschule besucht haben, um ein Recht zu haben, solche Behauptungen von sich zu geben, die im Übrigen falsch sind. Man muss schon aus einem konservativen, christlichen, arabischen Elternhaus stammen und in einer entsprechenden Miniaturgesellschaft aufgewachsen sein. Man muss schon die Diskriminierungen des weiblichen Geschlechts durch die Kirche erfahren, den christlichen Fundamentalismus, der nicht besser ist als der muslimische, aus nächster Nähe miterlebt haben, um solche Feststellungen verkünden zu dürfen.«

Und dann zitiert sie den Ersten Brief des Paulus an Timotheus, 2,11–15:

»Eine Frau soll sich still und in aller Unterordnung belehren lassen. Dass eine Frau lehrt, erlaube ich nicht, auch nicht, dass sie über ihren Mann herrscht; sie soll sich still verhalten. Denn zuerst wurde Adam erschaffen, danach Eva. Und nicht Adam wurde verführt, sondern die Frau ließ sich verführen und übertrat das Gebot. Sie wird aber dadurch gerettet werden, dass sie Kinder zur Welt bringt, wenn sie in Glaube, Liebe und Heiligkeit ein besonnenes Leben führt.«

Und dann erzählt sie, dass sie als Kind zwei Lieblingsbeschäftigungen hatte: lesen und masturbieren. Und dass sie mit zwölf Jahren de Sade entdeckt hat. Das vergilbte kleine Büchlein mit dem Titel »Justine« stand versteckt, ganz oben in der hinteren Reihe des Buchregals ihres Vaters. Nicht für ihre Augen gedacht.

»Ich las diese fantastische und großartige Geschichte in einem Zug durch, in einer Mischung aus Panik und Unglauben. Gleichsam hypnotisiert und mit dumpfem Schrecken, wie jemand, der sich fürchtet und sich zugleich vom Gegenstand seiner Furcht unwiderstehlich angezogen fühlt. Ich weiß nicht, wie ich unbeschadet aus dieser gewaltsamen Begegnung hervorgehen konnte (bin ich das?). Doch ich weiß, dass sie mein Leben in der Tat verändert hat. Der Marquis de Sade befreite mich von einigen meiner geistigen Fesseln. Ich nenne diese Begegnung meine ›Taufe durch Subversion‹.«

Und gleichzeitig all diese Nonnen, die das brave, unauffällige Mädchen, wie sie sich selbst beschreibt, in der Schule erziehen. Diese Erstausgabe von »Justine«, mit einem Vorwort von Georges Bataille, hängt heute gerahmt in ihrem Büro der Redaktion von *Jasad* in Jounieh, einem Küstenort nördlich von Beirut. Es ist immer wieder die Literatur, die sie befreit, ihr neue Horizonte eröffnet. Balzac, Majakowksi, Pavese. Gibran, Dostojewksi und Éluard. Als junges Mädchen schreibt sie Gedichte. Das erste heißt – wie könnte es anders sein – »Ma liberté«, Meine Freiheit. Noch schreibt sie auf Französisch.

> »Irgendwann habe ich mir gedacht. warum schreibe ich eigentlich auf Französisch? Doch nicht nur, weil das die Sprache in der Schule ist. Nein, es war eigentlich ein Vorwand, weil ich mich nicht traute, die Dinge auf Arabisch beim Namen zu nennen.«

Sie beginnt, auf Arabisch zu schreiben und die Dinge unverblümt beim Namen zu nennen.

> »›Du hättest doch auch von einer Säule schreiben können‹. – ›Nun, Vater‹, entgegnete ich, ›um ehrlich zu sein, ich habe genug von Säulen, Pfeilern, Rohren, Speeren, Schläuchen und dem ganzen Instrumentarium phallischer Metaphern. Ich schreibe ein Prosagedicht über einen Penis für eine Lyrikzeitschrift, und ich möchte das Ding beim Namen nennen.‹« Sie lacht verschmitzt, als sie diese Anekdote erzählt. Aber dann wird sie wieder ernst: »Eine schreibende Frau in einem arabischen Land zu sein, bedeutet für viele – doch zum Glück nicht für alle – sich beim Schreiben eines Codes zu bedienen, der beispielsweise aus einem Liebhaber einen ›guten Freund‹ macht und aus einem Mann, der die eigene Tochter vergewaltigt, den ›Vater des bedauernswerten Mädchens von nebenan‹.«

Und wieder sind es Doppelmoral, Verlogenheit und Schizophrenie, die sie aufdeckt, benennt, anprangert. Radikal und rückhaltlos. Sie besteht darauf, dass die Geschichten in *Jasad* namentlich gekennzeichnet sind und nicht anonym erscheinen.

»Vielleicht«, so sinniert sie, »ist das auch die Prägung durch den Bürgerkrieg.« Der bricht 1975 unbarmherzig los, da ist sie gerade fünf Jahre alt.

> »›Na, da lässt es wohl ein Brautpaar richtig krachen,‹ meinte meine Mutter, ohne sich bei der Zubereitung des Sonntagessens stören zu lassen. Aber es war kein rauschendes Hochzeitsfest. Es war der Anfang eines Krieges, der mich um die besten Jahre meiner Kindheit und Jugend brachte. Andererseits haben das Überleben in dieser Stadt (man lebt nicht in Beirut, man überlebt es) und das sture Verfolgen meines eigenen Weges mich zu der Frau gemacht, die ich bin. Das Überleben im Krieg ist eine äußerst lehrreiche Sache. Wenn es nicht so unmenschlich wäre, würde ich es als ausgezeichneten Einführungskurs für das Leben als solches empfehlen. Nach langen Jahren des Erduldens, der Mühsal und der Beharrlichkeit, der Entschlossenheit und der Überzeugung, des Durchsetzens des Rechts auf Leben, Freiheit und die eigene Persönlichkeit, des Kämpfens in dem großen Krieg und vielen kleinen, kann der Wille in der Tat Berge versetzen. Oder in meinem Fall, der Wille und das eigene Gedicht.«

Bereits mit 16, sie überspringt zwei Klassen, beginnt sie auf Wunsch der Eltern ein Medizinstudium. Ihre Französischlehrerin, mit der sie seit ihrer Schulzeit eng verbunden ist und die ihr Talent fördert, ermutigt sie, ihren eigenen Weg zu gehen. Das ist nicht die Medizin. Um die Eltern nicht völlig zu enttäuschen, macht sie ihren Master in Biologie, Genetik. Es folgt ein Sprachenstudium. Sie spricht mehrere Sprachen fließend. Zu diesem Zeitpunkt ist sie bereits verheiratet und bekommt ihren ersten Sohn. Sie ist 21. Schließlich studiert sie ab 2000 Vergleichende Literatur und Übersetzung. Endlich, die Literatur. Derzeit promoviert sie an der *Sorbonne* über Marquis de Sade.

»Für viele arabische Frauen wie mich, war die Literatur der Ausgangspunkt in ein freieres, untypisches Leben.«

Sie erinnert gerne an May Ziadeh (1886–1941), die berühmte libanesisch-palästinensische Lyrikerin und Essayistin. 1912 gründete sie einen renommierten Literatursalon, in dem die intellektuellen Größen, Künstler und Schriftsteller ihrer Zeit, darunter auch Frauen, verkehrten. 1921 initiierte sie eine Frauenkonferenz mit dem Thema »Le but de la vie« (Das Ziel des Lebens), auf der das Thema Selbstbestimmung der Frau diskutiert wurde. 1921. Für viele gilt May Ziadeh als eine der Pionierinnen des arabischen Feminismus.

1997 kommt Joumana zur renommierten libanesischen Tageszeitung *An-Nahar*, interviewt Schriftsteller wie Umberto Eco, Paul Auster, Peter Handke, Elfriede Jelinek und Nadime Gordimer. Für das Interview mit Mario Vargas Llosa wird sie in Dubai mit dem Arabischen Pressepreis ausgezeichnet. Sie wird leitende Redakteurin des Feuilletons. Sie veröffentlicht mehrere Gedichtbände, einen Interviewband und Essays. Darunter »Liliths Wiederkehr« (2008) und »Wie ich Scheherazade tötete« (2010).

In ihren Werken bedient sie sich gerne der Figur der Lilith. Der biblische Gegenentwurf zu Eva, dem Sinnbild für Mütterlichkeit, Bescheidenheit. Folgsamkeit. Lilith dagegen verkörpert Sinnlichkeit, Leidenschaft, Sexualität. Sie ist Symbolfigur der Emanzipation, der Selbstständigkeit der Frau und des bereits biblischen Versuchs der Männer, diese mittels einer höheren Autorität zu unterdrücken. In Goethes Faust ist Lilith das dämonisierte Gretchen, das Männer verführt und Neugeborene tötet.

»Ich bin Lilith, Schale und Mundschenk. Ich bin gekommen zu sagen: An mir ist's, mehr als eine Schale zu trinken«. (Joumana Haddad)

Und dann tötet sie Scheherazade. In ihrem gleichnamigen Buch. Warum? Weil sie das Sinnbild der Frau ist, die zwar redegewandt, klug und listig ist, ihr Leben letztlich aber nur der Gunst des Mannes verdankt, der sie in einem Akt der Willkür begnadigt. Eine Abhängige.

»Was Scheherazade die Frauen lehrt, sind nicht Widerstand und Aufbegehren. Vielmehr lehrt sie die Bereitschaft zu Verhandlung und Zugeständnissen in Bezug auf Grundrechte. Frauen soll eingeredet werden, sie könnten es im Leben zu etwas bringen, wenn sie nur dem Mann gefällig und zu Diensten sind. Ich mag mich irren, doch ich sehe den Mann auf diese Weise in die Position der Allmacht erhoben, während die Frau als Unterlegene, Untergebene dasteht.«

Ihre Thesen einer selbstbestimmten Frau haben universelle Relevanz. Ihr Weiblichkeitsentwurf ist ein selbstbewusster und körperbetonter. Ein Gegenentwurf zu den verhüllten, körperlosen, verhuschten Wesen allerorts. Die arabischen Frauen in ihren Büchern werden schnell zum »Ich«. Zum Spiegelbild der eigenen Wünsche, Sehnsüchte, Befangenheiten. Der eigenen Grenzen und Grenzüberschreitungen. Eine präzise Sprache hilft. Sie zitiert gerne Nawal El Saadawi, ägyptische Autorin, Psychiaterin und Frauenrechtlerin (geb. 1931): »Eine bessere Welt ist ohne die Befreiung des Denkens, des Körpers und vor allem der Sprache der Frau nicht möglich.«

Freiheit. Auf Arabisch *hurriya*. Dieses Wort. Geritzt unter ihre Haut am rechten Unterarm. Direkt am Puls. Dieses Wort, dieses Bekenntnis zieht sich wie ein roter Faden durch ihr Leben.

»Der Schlüssel zum Gefängnis mag ihre Sprache sein,
aber ihre Sprache ist um den Finger meines Begehrens gewickelt,
und mein Begehren werden sie nie kommandieren.
Ich bin eine Frau. Sie meinen, sie besitzen meine Freiheit,
und so lasse ich sie meinen, und ich geschehe.«
(aus dem Gedicht: Ich bin eine Frau)

Ihr Vater, ein Intellektueller, der immer las – auch während der Mahlzeiten. Auch er hat sie geprägt, wider Willen:

»›Ich verstehe das einfach nicht. Wir haben dich auf eine religiöse Schule geschickt. Mutter hat dich jeden Sonntag zur Messe mit in die Kirche genommen. Du hast vor dem Zubettgehen immer brav gebetet. Du bist getauft und hattest deine Erstkommunion. Warum bist du nur als Erwachsene so geworden? Was habe ich falsch gemacht?‹ Das sind Fragen, wie sie mir mein Vater manchmal vorhält. So stolz er auf meine bescheidenen Errungenschaften ist, so echt ist auch die Empörung, die darin anklingt.«

In ihrem Büro bei *An-Nahar* stapeln sich die Bücher auf dem Boden. Meterhoch. An der Wand ein Bild, es zeigt eine Mutter in einem offenen Cadillac am Handy, Kinder, eine Sexbombe und ein Pin-up-Girl. »A mother's heavy burden«, ein Werk des libanesischen Künstlers Mohammed el-Rawas. Es klingelt. Am Apparat der jüngere ihrer beiden Söhne. »Wann kommst du gleich?« Ihre Stimme wird weich, mütterlich. Sie lächelt und sagt dann: »Leider mögen meine Kinder keine Bücher. Sie lesen kaum. Ist das nicht entsetzlich? Aber das ist dann wohl ihre Freiheit.«

Sie ist in zweiter Ehe verheiratet. Auf ihrem Schreibtisch selbstgemalte Bilder der Kinder, als sie noch klein waren. Für sie Talismane. Daneben ein Heiligenbild. Das hat sie von ihrer Mutter bekommen, es soll sie beschützen. Und dann steht da noch eine gläserne Katze. Katze oder Raubkatze, das lässt sie lächelnd offen und krallt ironisch fauchend die Hände. Je nachdem.

»Zwar lebe ich nicht nach der Devise ›Ich schockiere, also bin ich‹ und suche nicht gezielt die Provokation und deren Begleiterscheinung, doch fühle ich mich vollauf in der Lage, nötigenfalls damit umzugehen.«

Zensur?

»›Du solltest froh und dankbar sein, dass deine Zeitschrift noch nicht von der Zensur verboten wurde.‹ Dankbar? Warum sollte ich dankbar sein für etwas, was mir ohnehin zusteht? Wenn ihnen die Zeitschrift nicht gefällt, brauchen sie sie ja nicht zu kaufen. Ich respektiere das Recht eines jeden, sie abzulehnen, verlange aber den gleichen Respekt für mein Recht, sie herauszugeben.«

»Die traut sich was«. Da ist er wieder, dieser Satz aus dem Mund einer Teilnehmerin auf einer Frauenkonferenz in Beirut im Februar 2012. Joumana sitzt auf dem Podium, enge, schwarze Lederhose, schwarzer Pulli, weiße Bluse. Sie beginnt ihr Statement mit der Frage: »Ein kleiner Test: Wie viele Männer sind hier im Raum?«

> »Ich möchte auf grundlegende Rechte hinweisen. Auf das Recht der Frau auf ein friedliches Auskommen mit den Männern. Auf das Recht auf Gleichstellung. Auf das Recht der Frau, sich über einen Strauß roter Rosen zu freuen, auch wenn sie sich erst einmal das Motorenöl des Traktors von den Händen wischen muss, den sie beruflich lenkt.«

Gerade erst hat sie ihr neues Buch beendet. Der Titel: »Arabischer Supermann«.

Dr. Amina Benkhadra – Marokko

◆ ◆ ◆

Das Jahr 1982. Die Erzmine von Hajjar im Guemassa-Massif. 35 Kilometer südwestlich von Marrakesch, rund 800 Meter hoch gelegen. Karge Landschaft, Blick auf den Hohen Atlas. Amina Benkhadra, die junge, zierliche Bergbauingenieurin des *Bureau de Recherches et de Participations Minières* (BRPM), der staatlichen marokkanischen Bergbaubehörde, steht mit einem gelben Schutzhelm und einer Grubenlampe im Stollen und begutachtet eine silberglänzende Gesteinsprobe.

> »Wir haben seinerzeit viele Machbarkeitsstudien vor Ort durchgeführt, um Projekte im Bergbau zu verbessern, und sind dazu im ganzen Land umhergereist. Auch in die entlegensten Minen, oft in schwer zugänglichen Bergregionen. Denn nur vor Ort kann man sich ein genaues Bild der Situation machen. Und nicht vom Schreibtisch aus. Natürlich habe ich als ein zige Frau manchmal zunächst verstohlene, verständnislose Blicke von den Arbeitern geerntet. Der Bergbau ist ja nach wie vor bis heute eine ausgewiesene Männerdomäne. Aber sie haben mich aufgrund meiner Fachkenntnis doch schnell akzeptiert.«

Der Bergbau. Er ist neben Landwirtschaft und Tourismus einer der wichtigsten Pfeiler der marokkanischen Wirtschaft. Die Bodenschätze sind Marokkos wichtigste Ressourcen. Marokko verfügt über die weltweit größten Vorkommen an Phosphat, aber auch Blei, Mangan, Baryt, Silber, Erdöl, Erdgas, Steinkohle, Zink, Kobalt, Kupfer und Eisenerz. Das Land ist mit rund zwei Dritteln der größte Lieferant von Phosphat weltweit.

> »Wir haben in Marokko eine lange Tradition im Bergbau, die bis in das 6., 7. Jahrhundert n.Chr. zurückreicht. Unser Land ist reich an Bodenschätzen, und das ist für mich wie ein kulturelles Erbe, das es zu wahren und zu fördern gilt.«

Amina wird als eines von vier Kindern in Salé geboren, der »Zwillingsstadt« von Rabat, am Bou Regreg. Die Familie Benkhadra ist in Marokko ein Begriff. Ihre Vorfahren waren Kadis, Richter, Mitglieder der *oulema,* der islamischen Rechtsgelehrten.

> »Mein Vater war sehr streng, konservativ und reserviert. Disziplin ging ihm über alles, und ich habe ihn als eine strenge und autoritäre Persönlichkeit in Erinnerung. Meine Mutter war dagegen eher der Inbegriff von Wärme, Güte und Zuwendung. Ich glaube, ich bin eine Mischung aus beidem. Sicherlich aber habe ich von meinem Vater gewisse Prinzipien, wie die Disziplin und manchmal auch die Strenge, mich durchzukämpfen.«

Amina besucht zunächst eine Schule der französischen Mission, danach die renommierten Schulen, das *Lycée Descartes* in Rabat sowie das *Lycée Lyautey* in Casablanca.

> »Ich hatte immer schon eine große Vorliebe für die Naturwissenschaften, für Mathematik, für Steine und Fossilien, und so fiel meine Wahl nach dem Abitur auf die *Ecole Nationale Supérieure des Mines* (Bergbau) in Nancy, wo ich 1978 meinen Abschluss als Bergbauingenieurin machte. Was mich dort besonders begeisterte, war, dass wir neben den wissen-

schaftlich-technischen Aspekten vor allem auch im Bereich Management und Wirtschaft viel lernten. Dieser interdisziplinäre Ansatz hat mich sehr überzeugt und mich mit wichtigem Rüstzeug für meinen späteren Werdegang ausgestattet.«

Die passionierte Bergbauingenieurin schließt noch ein Promotionsstudium an der renommierten *Ecole Nationale Supérieure des Mines* in Paris an, 1981 erhält sie ihren Doktortitel. Im gleichen Jahr macht sie auch einen Abschluss in Industriegeografie am *Conservatoire National des Arts et Métiers de Paris.* Sie ist damit die erste promovierte Bergbauingenieurin Marokkos. 1982 beginnt sie im BRPM, der damaligen staatlichen Behörde für Bergbau. Schnell arbeitet sie sich dank ihrer Fachkompetenz hoch, wird Abteilungsleiterin. Sie beginnt, sich in einer Männerdomäne zu behaupten – Stück für Stück.

»Am Anfang gab es von einigen Seiten Vorbehalte, ob eine so junge Frau in diesem Bereich überhaupt ernst genommen werden, ob sie sich im Bergbau behaupten kann. Ob ihre Ideen ernst genommen werden. Aber ich glaube, ich habe durch Ergebnisse überzeugt und damit die Zweifel entkräftet. Sicherlich habe ich dafür mehr und härter gearbeitet als ein Mann, um mich zu behaupten. Ich hatte das Gefühl, mehr tun zu müssen. Gleichzeitig habe ich aber immer versucht, den Gender-Aspekt nicht dominieren zu lassen, ihn nicht zu sehr zu thematisieren, sondern mich einfach auf meine Arbeit zu konzentrieren.«

Ihre Strategie geht auf. Sie wechselt in das damalige Ministerium für Energie und Bergbau und wird 1994 die Leiterin der Abteilung für Bergbau. 1997 wird sie als eine der ersten vier Frauen in Marokko zur Staatssekretärin ernannt.

»Wir haben damals die erste strukturelle Studie im Bereich der Verbesserung des Bergbaus durchgeführt und den gesamten Bereich restrukturiert. Das war ein ebenso spannender wie notwendiger Prozess zur Optimierung und Rentabilitätssteigerung im Bereich des Bergbaus.«

Ihre strategische Neuausrichtung zur Optimierung des Bergbaus ist ein voller Erfolg. Die Zahlen sprechen für sich. Sie wird 2000 in das königliche Expertenkomitee berufen und erhält im gleichen Jahr den Posten als Generaldirektorin der staatlichen Ölbehörde ONAREP. In ihrer Funktion bereitet sie die Fusion der beiden staatlichen Behörden ONAREP und BRPM in eine Organisation vor, der staatlichen Behörde für Öl, Gas und Bergbau (ONHYM). 2003 wird sie die Generaldirektorin dieser neuen Behörde und zeichnet auch hier wieder verantwortlich für eine strategische Neuausrichtung. Wieder ist sie eine der ersten Frauen in Marokko, die einen strategisch derart wichtigen Posten bekleiden. Ihre Arbeit, ihre Expertise tragen Früchte. Und es geht weiter auf der Karriereleiter. 2007 wird sie die erste Ministerin für Energie, Bergbau, Wasser und Umwelt Marokkos. Ein Schlüsselministerium. An dessen Spitze steht nun eine Frau. Ihre erste Reaktion, als sie von ihrer Ernennung erfährt:

> »Wie soll ich das beschreiben? Zunächst war das für mich eine große Ehre, von S.M. König Mohammed VI. ein derart wichtiges Amt übertragen zu bekommen. Ja, ich war auch stolz. Aber ich war mir gleichzeitig der großen Verantwortung, die damit verbunden ist, bewusst. Der großen Verantwortung für mein Land, aber auch global gesehen. Denn das Thema Energie und Umwelt geht uns alle an. Und so ging und geht es darum, eine nachhaltige visionäre Strategie zu entwickeln. Neue Wege zu gehen, neue Strukturen zu schaffen und umzusetzen. Das ist schon eine große Herausforderung!«

Um den wachsenden Energiebedarf von rund 7 Prozent jährlich zu decken und die Abhängigkeit von Energieimporten zu verringern, setzt Marokko auch auf erneuerbare Energien. Während ihrer Amtszeit werden die entscheidenden Weichen gestellt. Als eine der maßgeblichen Initiatoren gehört sie zu den Architekten der neuen Energiestrategie Marokkos. Sie setzt auf den Ausbau erneuerbarer Energien, Energieeffizienz und Umweltschutz.

> »Der Primärenergieverbrauch Marokkos ist in den letzten Jahren mit 5 Prozent deutlich gestiegen, der Bedarf an Elektrizität mit 7,5 Prozent pro

> Jahr. Dieser Bedarf wird in erster Linie durch Erdöl und Kohle abgedeckt. Beides wird importiert, 2007 noch zu 97 Prozent. Das belastet nicht nur unsere Außenhandelsbilanz, sondern hat mit einer zukunftsorientierten Energiepolitik wenig zu tun. Da sahen wir dringenden Handlungsbedarf. Unser Ziel ist es zunächst, bis 2012 10 Prozent des Primärenergiebedarfs und 20 Prozent der Stromerzeugung mit erneuerbarer Energie abzudecken. Und bis 2020 ist geplant, 42 Prozent der nationalen Stromproduktion aus erneuerbaren Energien zu gewinnen.«

Marokko nimmt damit als erstes arabisches Land eine Vorreiterrolle im Bereich der »grünen Energie« ein, auch Dank der visionären Ministerin.

> »Dieses Land ist wie geschaffen für Solar- und Windenergie. Wir haben viel Sonne, an den langen Küstenstreifen weht ein kräftiger Wind. Mit erneuerbaren Energien im Solar- und Windbereich können wir nicht nur eine nachhaltige und umweltschonende Energiepolitik betreiben, sondern gleichzeitig Arbeitsplätze schaffen.«

Während ihrer Amtszeit schafft Amina die entscheidenden rechtlichen und institutionellen Rahmenbedingungen der neuen Energiestrategie des Königreiches. Sie entwickelt den Nationalen Aktionsplan (2008–2012), der die Richtlinien zum Ausbau erneuerbarer Energien und zur Energieeffizienz festlegt. 2009 wird das Gesetz 13-09 zu erneuerbaren Energien verabschiedet. Es sieht unter anderem einen privilegierten Netzzugang für erneuerbare Energien vor und öffnet damit partiell den unabhängigen Stromerzeugern den Markt. Sie restrukturiert das vor 25 Jahren gegründete CDER *(Centre de Développement des Energies Renouvelables)* in eine dezentrale und regional ausgerichtete Institution, die Nationale Agentur für Erneuerbare Energien und Energieeffizienz (ADEREE). Mit solchen Umstrukturierungen hat sie Erfahrung. Zur Finanzierung der Projekte im Wind- und Solarenergiebereich wird ein Energiefonds *(Fonds de Développement Energétique)* mit 1 Milliarde US-Dollar eingerichtet.

»Im Bereich der Solarenergie haben wir 2009 mit dem Gesetz 57-09 die Solaragentur MASEN *(Moroccan Agency for Solar Energy)* ins Leben gerufen, die mit der konkreten Umsetzung unseres Solarplans betraut ist. Für die nächsten zehn Jahre ist ein Investitionsvolumen von rund 9 Milliarden Dollar im Bereich Solarenergie vorgesehen. Bis 2020 soll die Sonnenenergie 2000 Megawatt für den marokkanischen Eigenbedarf liefern.«

Mächtig erheben sich die braunen Lehmburgen der Imazighen, der Berber, im gleißenden Licht der Sonne. Ouarzazate. Weltkulturerbe der *Unesco*. Malerische Kulisse der boomenden marokkanischen Filmindustrie. Filme wie »Der Gladiator« oder »Lawrence von Arabien« wurden hier gedreht. Nun hat der Ort ein weiteres Wahrzeichen. Nordöstlich von Ouarzazate entsteht das bislang weltweit größte solarthermische Kraftwerk. Das Kraftwerk mit Parabolrinnenkollektoren soll über eine Leistung von 160 Megawatt verfügen. Finanziert wird das ambitionierte Projekt auch mit Mitteln der deutschen Entwicklungszusammenarbeit. Der Solarplan sieht bis zum Jahr 2020 solarthermische Kraftwerke an insgesamt fünf Standorten in Marokko vor, mit einer Gesamtkapazität von 2000 Megawatt.

»Der Kühlwasserbedarf kann durch einen benachbarten Stausee gedeckt werden. Nach zwei Jahren soll Ouarzazate I eine jährliche Strommenge von 370 000 Megawattstunden erzeugen und rund 230 000 Tonnen CO_2 einsparen. Wir alle haben eine Verantwortung, mit unseren natürlichen Ressourcen schonend umzugehen. Wir wollen Vorreiter bei den erneuerbaren Energien in Nordafrika sein und unseren Beitrag zum globalen Klimaschutz leisten.«

Douar Slatna. Ein kleines Dorf im Gharb, einer ländlichen Region bei Sidi Kacem. Im Rahmen des Programms zur ländlichen Elektrifizierung wurde das Dorf mit Kleinanlagen ausgestattet, die mithilfe von Solarzellen Strom erzeugen und in Bleibatterien speichern. Mit den Batterien können beispielsweise Fernseher, Radios oder Sparlampen betrieben werden. Die Haushalte müssen sich zur Hälfte an den Investitions- und Betriebskosten beteiligen. Unterstützt wird dieses Projekt von Deutschland. Khadija, eine Bewohnerin von Douar Slatna, erklärt:

> »Fast alle Haushalte hier sind mit diesen Anlagen ausgestattet. Weil wir selbst einen Teil mitinvestieren, achten wir viel besser auf die Anlagen.«

So wird von Anfang an für eine umweltfreundliche und nachhaltige Stromversorgung sensibilisiert. Noch 1995 waren lediglich 18 Prozent der ländlichen Regionen Marokkos mit Strom versorgt. Durch das Programm zur Elektrifizierung des ländlichen Raumes von 1995 wurde bis 2011 eine Anschlussrate von 97,4 Prozent erreicht.

> »Die Entwicklung ländlicher und strukturschwacher Regionen ist enorm wichtig. Immer noch gibt es Regionen, die sehr benachteiligt sind. Die Dezentralisierung war ein wichtiges Instrument, diese sozioökonomische Asymmetrie abzubauen. Eine flächendeckende Elektrifizierung, den Anschluss an die Verkehrswege, Strukturen zur Schaffung von Arbeitsplätzen bereitzustellen, all das sind Ansatzpunkte einer erweiterten Energiepolitik als sozioökonomischer Entwicklungsfaktor. Durch den Ausbau des Energiesektors können wir zur Entwicklung der ländlichen Regionen beitragen und die Lebensqualität erhöhen. Und der Energiesektor macht nicht zuletzt rund 6 Prozent unseres BIP aus.«

Zurück am Meer. Essaouira. Das alte Mogador. Mit seiner trutzigen Wehranlage der Portugiesen. Mit seinen weiß und blau getünchten Gassen. Seinen Künstlerateliers. Die Stadt des Windes. Hier wurde – rund 15 Kilometer südlich entlang der Atlantikküste – 2007 der *Windpark Essaouira* in Betrieb genommen.

> »Über die Windkraft möchten wir bis 2020 eine zusätzliche Kapazität von zwei Gigawatt aufbauen.«

Deutschland ist ein wichtiger strategischer Partner: durch sein Know-how und die finanzielle Förderung mit einem Volumen von rund 80 Millionen Euro, allein durch Mittel des Bundesministeriums für Entwicklung und Zusammenarbeit. Im Bereich der Solar- und Windenergie gibt es gemeinsame Projekte. Marokko ist ein wichtiger Partner zur Umsetzung der *Desertec*-Initiative. Nicht zuletzt auch Dank seiner Vorreiterrolle im Bereich der erneuerbaren Energien und seiner strategisch günstigen Lage als »Energiehub« der Region, wie die Ministerin betont.

Energieeffizienz und Umweltschutz. Auch das ist ein zentrales Anliegen der Ministerin. Auch hier gibt es ein Gesetz aus ihrer Amtszeit, das Gesetz 47-09 zur Energieeffizienz.

> »Wir haben das Ziel, bis zum Jahr 2020 den Energieverbrauch um 12 Prozent und bis 2030 um 15 Prozent zu senken. Natürlich brauchen wir da ein Umdenken. Ein Umdenken jedes einzelnen Bürgers. Der schonende Umgang mit unseren Ressourcen und nachhaltiger Umweltschutz gehen uns alle an. Wir müssen ein Bewusstsein dafür schaffen. Hierzu haben wir viele Programme, Kampagnen und Initiativen zur Aufklärung ins Leben gerufen. Neue strukturelle Rahmenbedingungen geschaffen. So zum Beispiel in den Bereichen Abfallmanagement, Aufbereitung von Abwasser, Reduktion der CO_2-Emissionen durch die Industrie, energieeffizientes Bauen. Aber auch im Bereich des täglichen Lebens, zum Beispiel die Reduktion der Plastiktüten – hier in Marokko nach wie vor ein großes Umweltproblem. Im Transportwesen etwa der Einsatz effizienterer Fahrzeuge und der Ausbau des öffentlichen Verkehrs. Marokko ist übrigens das erste afrikanische Land und eines der ersten arabischen Länder, das flächendeckend bleifreies Benzin und Diesel 50 ppm (Parts per Million) eingeführt hat. Aber es ist noch ein langer Weg. Und all das muss auch mit einer sozio-ökonomischen Strategie verbunden sein. Denn was nützt Umweltbewusstsein, wenn die notwendigen Rahmenbedingungen nicht stimmen und die Armut nicht beseitigt wird.«

Aminas Kalender ist übervoll. Und dennoch engagiert sich die passionierte Klassik-Liebhaberin als Vorsitzende des marokkanischen Nationalchors.

»Vor allem das Jugendprojekt hat mich sehr begeistert. Hier singen junge Menschen ab zwanzig Jahren klassische europäische Chorwerke oder Opern sowie Stücke der arabo-andalusischen Musik. Diese Mischung ist faszinierend und bildet eine schöne Brücke zwischen Orient und Okzident. Und ich war sehr gerührt, als ich bei einem Konzert in Frankreich die begeisterte und auch etwas erstaunte Reaktion des europäischen Publikums sah, als sie unseren jungen Chor aus Marokko hörten, wie er eindrucksvoll Musik aus ihrer Kultur vortrug.«

Auch das ist irgendwie eine Form von Energie. Und Aminas Energiestrategie geht auf, im Job. Die ersten Erfolge sind messbar. So konnte die Abhängigkeit Marokkos von Energieimporten von noch 97 Prozent im Jahr 2007 auf 93 Prozent im Jahr 2011 gesenkt werden – während ihrer Amtszeit.

»Es ist ein langer Weg, und wir sind noch lange nicht am Ziel. Wir brauchen einen integrativen, interdisziplinären Ansatz, der alle Akteure an einem Strang ziehen lässt. Aber die Weichen sind gestellt.«

Als Kind wollte sie Anwältin werden. So wie fast alle in ihrer Familie. Nun ist sie die Anwältin für erneuerbare Energie und Umweltschutz geworden.

Januar 2012. Im neuen Kabinett des Premierministers Benkirane vom islamistischen *Parti de la Justice et du Développement* (PJD) ist sie nicht mehr vertreten. Für Amina hat sich eines allerdings nicht geändert: ihr enormes Arbeitspensum. Als Direktorin der ONHYM engagiert sie sich weiterhin für ihr Thema: Energiewende.

AZZA MAHFOUZ

Dr. Azza Mahfouz – Ägypten

♦♦♦

»Als Kind wollte ich immer Ingenieurin werden. Das war mein großer Traum. *Mohandessa*, Frau Ingenieurin, wie wir in Ägypten sagen. Immer wenn wir zufällig an der Fakultät vorbeikamen, sagte ich zu meiner Mutter: ›Das hier ist meine Fakultät.‹ Es ist ganz anders gekommen«, sie lacht, «aber das ist auch gut so.«

In der Tat. Aber alles der Reihe nach. Geboren wird Azza 1953 in Alexandria als zweites von vier Kindern. Die Familie ägyptischer Mittelstand. Ihre Mutter Hausfrau, der Vater Ingenieur. Auch daher ihr früher Berufswunsch. Sie beschreibt ihre Kindheit als unbeschwert. Sie wächst in einem liebevollen, liberalen Klima auf. In einer Stadt, wie sie sagt, die immer schon offen war. Für Bildung, für Menschen anderer Kulturen, für andere Religionen. So offen wie das Meer.

»Viele Freunde meiner Eltern waren Griechen. Gemeinsam gingen wir immer sehr gerne in das legendäre Café *Pastroudis*. Ein Ort, an dem sich Denker, Dichter, Intellektuelle trafen und diskutierten. Und ganz normale Leute, wie wir. In diesem bunten, weltoffenen Klima bin ich groß geworden.«

Als beste Schulabgängerin wird ihr ein Studienplatz für Medizin angeboten. Eine Auszeichnung. Die renommierteste Fakultät der Uni ist nur den Besten zugänglich. Aber das ist nicht ihr Traum.

»Mein Vater riet mir natürlich zum prestigereichen Medizinstudium. Seine Tochter, eine Ärztin. Er war so stolz. Aber ich wollte nicht. Es war meine Mutter, die vorschlug, ich solle Pharmazie studieren. Sie wusste, dass ich Chemie und Physik über alles liebte. Und es hatte ja auch etwas mit Medizin zu tun. Ein kluger Rat, gut für mich und unseren Haussegen!« Sie lacht. *Ya ummi,* Oh Mami – sie blickt liebevoll nach oben. »Meine Mutter hat mich immer voll und ganz unterstützt in allem, was ich gemacht habe. Sie hat an mich geglaubt und gesagt: ›So fleißig und zielstrebig, wie du bist, wirst du eines Tages deinen Weg machen!‹ Inzwischen bin ich selbst sogar vierfache Großmutter, und meine Mutter ist bereits verstorben«, sie macht eine kleine Pause, »aber immer noch begleitet sie mich jede Sekunde, in allem, was ich denke oder tue. Ich erwische mich manchmal sogar dabei, wie ich mit ihr spreche. Sie war eine wunderbare Frau! So voller Energie, Ideen und Großmut! Und so inspirierend!«

Nachdem sie 1976 ihr Pharmaziestudium mit Auszeichnung absolviert und ein Jahr lang als Dozentin an der Universität gearbeitet hat, beginnt Azza bei *Wyeth Pharmaceuticals*, einem multinationalen amerikanischen Pharmakonzern, als Pharmareferentin im Außendienst.

»Das war Ende der 1970er-Jahre etwas Besonderes. Ich war die einzige Frau, die für einen internationalen Pharmakonzern arbeitete, zumal noch im Außendienst. Denn das bedeutete ja, viele Kontakte mit Firmen, Krankenhäusern, Praxen und Apotheken zu haben. Und da saßen damals noch überwiegend Männer. Also nicht irgendwie ›geschützt‹ in einem Büro zu sein. Und mein Vater war auch zunächst nicht wirklich begeistert. ›Warum bleibst du nicht an der Uni und wirst Professorin‹, fragte er mich. ›Es ist ein sicherer Job und hoch angesehen. Und warum ausgerechnet Außendienst?‹ Er schlug die Hände über dem Kopf zusammen. Aber wir haben uns alle zusammengesetzt, Vor- und Nachteile abgewogen. Sogar seine Freunde hat mein Vater damals zu Rate gezogen!«, lacht sie. »Alle waren involviert. ›Soll Azza, oder soll sie nicht?‹ Und jeder hatte seine Meinung. Eine echte Kollektiventscheidung! Zum Glück war das Ergebnis positiv, es handelte sich ja um ein renommiertes Unternehmen. Mein Vater stimmte also zu unter der Bedingung, dass er mich zu dem Vorstellungsgespräch nach Kairo bringt. Alleine fahren, das kam nicht in Frage.«

Das Vorstellungsgespräch.

»Der General Manager fragte mich, warum ich mich bewerbe und ob ich wisse, was da auf mich zukomme. Und dann fragte er mich, ob ich verheiratet sei. Ich sagte ihm, ich sei verlobt und werde bald heiraten. Er erwiderte: ›Dann können Sie leider nicht bei uns als Pharmareferentin anfangen! Es ist wie bei den Airlines, eine Stewardess darf nicht verheiratet sein.‹ Ich sagte ihm, dann kämen wir leider nicht zusammen, so gerne ich den Job gemacht hätte. Er machte eine Pause. Blickte mich ernsthaft an und sagte dann nach einer Weile: ›Ok, dann sind Sie eben die erste verheiratete Referentin in der Geschichte unseres Unternehmens!‹«

Azza heiratet noch im gleichen Jahr, 1977, bekommt ihre beiden Kinder und arbeitet über zwanzig Jahre für das Unternehmen. Sie arbeitet sich nach oben und wird 1994 zum Regional Sales Manager befördert.

»In dieser Zeit habe ich sehr viel gelernt, mich weitergebildet, Erfahrung gesammelt. Ich habe gelernt, wie man neue Produkte auf dem ägyptischen Markt einführt und gut platziert, wie man Promotion macht, wie man ein Team führt. Das ganze Know-how eben. Und das war der Grundstein für mein jetziges Unternehmen. Ich glaube, ohne diese Zeit wäre ich nicht da, wo ich heute bin. 1999 bot man mir schließlich den Posten als Country Manager an. Aber zu der Zeit begann ich immer öfter darüber nachzudenken, wie es wäre, etwas Eigenes auf die Beine zu stellen.«

»Ich dachte, es ist nie zu spät, etwas Neues, Eigenes zu beginnen. Auch wenn ich ja wirklich eine gute Position hatte. Mein Traum war schon immer, eine eigene Apothekenkette in Ägypten aufzuziehen. Nicht eine Apotheke, nein, gleich eine ganze Kette. Mein Motto im Leben war schon immer: ›Think big!‹« Sie lacht. »Und ich dachte, wenn nicht jetzt, wann dann.«

Wieder tagt der Familienrat. Azza ist sich bewusst, welches Risiko sie eingeht. Und wieder findet sie, neben ihrem Ehemann und ihren Kindern, in ihrer Mutter ihre größte Fürsprecherin.

»Es war meine Mutter, die den Firmennamen *Alex Pharmacies* erfunden hat. Sie war ganz Feuer und Flamme. Wir saßen zusammen und aßen ihr weltbestes *umm Ali* (trad. ägyptischer Nachtisch aus Milch, Nüssen, Blätterteig und Honig). Mit einer ausladenden Geste, so als ob sie bereits alle Ladenlokale vor sich sähe, sprach sie langsam den Namen aus: ›*Alex Pharmacies*, ja, das ist es!‹«

Apotheken, ein riesiger Markt in Ägypten. Ein hart umkämpfter Markt. Hier ein neues »Produkt« zu platzieren, ist nicht einfach. Denn es gibt landesweit bereits geschätzte 25 000 Apotheken.

»Ich habe die Marktsituation genau analysiert, einen Businessplan erstellt und überlegt, was das Besondere an *Alex Pharmacies* sein könnte, wo der berühmte USP liegt. Ich habe mich informiert, den Rat von Experten eingeholt, auch von denjenigen, die schon erfolgreich im Apothekenbereich waren. Das hat sehr geholfen und mir eine realistische Einschätzung der Chancen und Risiken meines Projektes gegeben.«

Sie kündigt 1999 ihren Job und springt in das Haifischbecken. Fest entschlossen, ihren Traum zu realisieren. Die Familie legt zusammen, um das Projekt zu finanzieren. Aber das reicht nicht. Azza bemüht sich um einen Mikrokredit.

»Ohne diesen Mikrokredit, der mir gute Konditionen bot, hätten wir das Projekt nicht so einfach gestemmt bekommen. Für viele kleine und mittelständische Unternehmer wie mich, vor allem auch für Frauen, bietet diese Art der Finanzierung eine gute Starthilfe. Wichtig ist dabei, dass man ein Sicherheitsnetz hat, damit man, falls das Projekt scheitert, nicht in die Schuldenfalle gerät. Hierbei sind Netzwerke eine große Hilfe, wie zum Beispiel die *Alexandria Businesswomen's Association* (ABWA), bei der ich seit 2001 Mitglied bin. Sie haben mir sehr viel Unterstützung geboten. Beratung durch Experten, Austausch mit anderen Frauen, Weiterbildungsangebote. Ich habe viele Kurse besucht, um mich fit zu machen für mein Unternehmen, und habe viel von den Erfahrungen anderer gelernt.«

Seit 2007 ist Azza im Vorstand der ABWA, engagiert sich unter anderem im Bereich des Event Management, ist zudem Kontaktperson für *Global Project Partners,* aktiv bei der *Task Force* des *Egyptian Businesswomen's Partnership Program,* einer Austauschplattform, und ist im Organisationskomitee des *Businesswomen's Day of Alexandria*.

»Man kann die Bedeutung solcher Netzwerke nicht hoch genug einschätzen. Es ist so wichtig, eigene Erfahrung weiterzugeben, sich auszutauschen und gegenseitig zu unterstützen. Wir begleiten viele Start-ups. Wo finde ich eine geeignete Finanzierung, wer hilft mir beim Ladenlokal, welchen Antrag muss ich wofür ausfüllen? Wer gestaltet meine Webseite? It's all about network!«

Alexandria. Die Ikbal-Straße im bekannten El-Saraya-Viertel. Im Jahr 2000 eröffnet Azza hier ihre erste *Alex Pharmacy*. Frisch polierte holzvertäfelte Apothekenschränke, fein säuberlich drapierte Medikamente, Babynahrung, Sonnencreme. Lavendelduft hängt in der Luft. Außen prangt das Logo – ein Kreis, darin ein Halbmond, eine Schlange und ein Mörser. Denn eine besondere Dienstleistung ist die Herstellung von Medikamenten nach individuellen Rezepten. Azza arbeitet mit einem medizinischen Labor zusammen. Dort werden medizinische Texturen auf Verschreibung des Arztes eigens für die Patienten hergestellt.

In Ägypten ein nach wie vor sehr übliches Verfahren. *Alex Pharmacies* ist in diesem Bereich inzwischen Marktführer. Aber zurück zu der Eröffnung.

> »Das war ein unbeschreibliches Gefühl! Meine Mutter hatte sich ihr schönstes Kleid angezogen und saß, wie Queen Mum, aufrecht auf dem Stuhl. Sie und mein Vater waren so stolz. Mein Mann, meine Kinder, die ganze Familie, Freunde, alle waren dabei und haben sich gefreut! Zumal sie vorher alle kräftig mitgeholfen haben. Sie haben alle gesagt: ›Das ist jetzt unser Familienunternehmen!‹«

Und es ist erfolgreich. Die zweite Filiale wird 2008 eröffnet, die dritte ist in Arbeit. Das besondere Erfolgskonzept ist Service, die Nähe zum Kunden. »We care« (wir kümmern uns) und »Your extended family« (Ihre erweiterte Familie) sind nicht nur werbewirksame Claims, sie sind Unternehmensphilosophie.

> »Das medizinische Allgemeinwissen ist in unserer Gesellschaft nach wie vor nur sehr rudimentär. Für mich ist es daher wichtig, konkrete Unterstützung anzubieten. Wir beraten unsere Kunden, geben Tipps. Gerade auch in sensiblen, mit Tabus behafteten Themen, etwa Kinderlosigkeit, Verhütung, Potenzprobleme. Ich habe meine Mitarbeiter extra für diese Beratungen geschult. Und sie werden von den Kunden sehr gut angenommen. Oft kommen sie mit ihren Problemen lieber zu uns als zu Familienmitgliedern oder sogar zu ihrem Arzt. Wir ersetzen ihn nicht, aber wir sind oft die erste Anlaufstation.«

Auf ihrer Webseite gibt es zudem viele nützliche Informationen rund um das Thema Gesundheit und Internetlinks zu den besten internationalen Gesundheitsseiten.

> »Es ist wichtig, dass wir auch die neuen Medien mit einbeziehen. Das Internet ist für viele inzwischen Medium Nummer eins, um sich zu informieren. Aber die Fülle der Informationen ist oft zu groß, und so helfen wir bei der Auswahl.«

Mohammed sitzt auf einem metallic-rot glänzenden Motorrad. Der Apotheken-Lieferservice – rund um die Uhr. Die Lieferung ist für Madame Fifi, eine betagte, alleinstehende Dame, die nicht mehr laufen kann und deren Kinder im Ausland leben.

> »Wenn der *bawab* (in den meisten Wohnhäusern Hausmeister und Concierge in einem) oder die Nachbarn mal nicht können, sind wir da, um unsere Kunden schnell zu beliefern. Meine Mitarbeiter nehmen sich dann auch oft die Zeit für ein Gespräch mit den Kunden. Das schafft zusätzliche Kundenbindung.«

Azza sitzt in ihrem Büro. Im Ladenlokal ihrer ersten Filiale führt eine Treppe auf eine Empore, hier steht ihr Schreibtisch. Es gibt keine Tür. Ihr Büro ist offen für ihre rund fünfzig überwiegend weiblichen Mitarbeiter. Jederzeit. Ihr ist wichtig, insbesondere Frauen in ihrem Betrieb einzustellen und zu fördern.

> »Jeder einzelne Arbeitsplatz für Frauen in unserer Gesellschaft zählt, damit sie auch die Möglichkeit haben, ihre Kompetenz und Fähigkeit auf dem Arbeitsmarkt einzubringen. Was nützen gut ausgebildete Frauen, die keinen Arbeitsplatz finden? Also gilt es, Arbeitsplätze zu schaffen, vor allem in der Privatwirtschaft.«

Initiative und Innovation reißen nicht ab: Azza entwickelt gerade in Zusammenarbeit mit der *Alexandria University* und der *University of Cambridge* eine Kampagne zur Prävention von Herz-Kreislauf-Erkrankungen. Ab sofort können die Kunden kostenlos ihre Herzfunktion testen lassen. Einmal im Monat veranstaltet Azza einen Gesundheitstag: zu Übergewicht und gesunder Ernährung, Schlafstörungen oder Raucherentwöhnung. Das ist neu in Ägypten und sie ist eine der Ersten. Ihr Mann, ein Dermatologe, berät sie auch für den »Tag rund um die Haut«. Die Bandbreite ist groß und wird von den Kunden gut angenommen, wie auch der monatliche Newsletter und ihre Facebook-Gruppe.

»Gesundheitliche Aufklärung und Prävention sind so wichtig für unsere Gesellschaft. Ein Bewusstsein zu schaffen, verantwortungsvoll mit unserem Körper, dem höchsten Gut ›Gesundheit‹ umzugehen. Das erfordert oftmals ein Umdenken, Abschied von alten Gewohnheiten. Zum Beispiel Essgewohnheiten. Bei uns in Ägypten wird gerne viel und fettreich gegessen. Das ist Teil unserer Gastfreundschaft. Die soll ja auch bleiben, aber vielleicht mal mit einem anderen Speiseplan.« Sie lacht und zeigt auf den Salat, der vor ihr steht. »Es gibt noch so viele Ideen, die ich umsetzen möchte. Wir sind kein Supermarkt, der nur verkauft. Wir haben eine gesellschaftliche Verantwortung!«

»Das ist erst der Anfang«, sagt sie. Und dann fügt sie hinzu: »Think big, das ist schließlich mein Motto!«

© privat

Raja Al Gurg – Vereinigte Arabische Emirate

◆ ◆ ◆

Dubai. Am Creek in Deira. Alte, verwitterte Dhaus aus Holz schaukeln auf den Wellen. Türkis, weiß, grün gestrichen. Möwen kreischen. Fahnen knattern im Wind. Verschnürte Seesäcke, Kisten und Kartons stapeln sich am Quai. Gewürze aus Indien, Haushaltswaren aus China, Teppiche aus dem Iran. Hafenarbeiter laden auf, laden ab. Einige schlafen im Schatten. Hier, unweit der Industrie- und Handelskammer von Dubai, steht der *Al Gurg Tower.* Das Stammhaus des Großkonzerns *Easa Saleh Al Gurg Group*. Imposante Glasfassade, die das Sonnenlicht reflektiert. Am Eingang leuchtet das Firmenlogo: eine goldene Kalligrafie mit dem Namen des Firmengründers. Im 16. Stockwerk ist das Büro von Raja Al Gurg, Managing Director der Firma und eine der mächtigsten Frauen in Dubai:

> »Von hier oben habe ich alles im Blick. Besonders liebe ich den alten Dhau-Hafen. Ich bin froh, dass er nicht durch einen modernen Yacht-Hafen ersetzt worden ist. Denn das hier, das ist Ausdruck unserer langen, alten Handelstradition in Dubai.«

Dahinter die Skyline von Dubai. Altes und neues Wahrzeichen der Metropole am Golf. Die Emirates Tower, die ersten Wolkenkratzer in Dubai an der Shaikh Zayed Road. Der Burj al-Arab, seinerzeit das erste 7-Sterne-Hotel der Welt und lange das Wahrzeichen von Dubai. Der Burj Khalifa, das höchste Gebäude der Welt und das neue Wahrzeichen. Höher, weiter, besser. Dubai, das Übermorgenland. Überschüttet mit Superlativen. Überschüttet mit Häme nach der Finanzkrise.

> »Wir haben aus unseren Fehlern gelernt und tun es noch. Es ist ein Prozess, an dem wir wachsen. Und ich glaube, derzeit pendelt sich alles auf einem gesunden Level ein,« so die selbstkritische Analyse von Raja Al Gurg.

Dubai. Bis Ende des 19. Jahrhunderts bestimmte der Perlenhandel die lokale Wirtschaft. Bescheidene Palmhütten, Lehmziegelhäuser und die traditionellen Windturmhäuser prägten das Bild der Siedlung am Creek. Ab 1902 verlagerte sich der Indienhandel, der bislang die persischen Häfen des Golfes angesteuert hatte, nicht zuletzt auch infolge zu hoher Zölle, an den Creek. Seither steuerten die britischen Handelsschiffe Dubai an, zahlreiche Händler, darunter auch viele aus Indien, Pakistan und Persien folgten, und siedelten sich hier an. Attraktive Handelsbedingungen durch den damaligen Emir von Dubai, Shaikh Maktoum bin Hasher, förderten diese Entwicklung. Der Grundstein zur multinationalen Handelsmetropole Dubai, der größten Handelsstadt am Golf, war gelegt.

> »Aufgrund unserer langen Handelstradition herrschte hier immer schon ein offenes Klima, nicht nur ein Austausch von Waren, sondern auch von unterschiedlichsten Kulturen. Das hat uns geprägt. Einerseits sind wir tief in unserer althergebrachten, überlieferten Tradition verwurzelt, gleichzeitig sind wir Neuem und Anderem gegenüber sehr aufgeschlossen. Diese Offenheit ist Teil unserer Identität.«

Raja Al Gurg wird 1955 in Dubai geboren. Sie hat vier Geschwister, zwei Schwestern, zwei Brüder. 1955. Noch sind die Vereinigten Arabischen Emirate nicht gegründet, das geschieht erst 1971. Dubai ist noch Teil der *Trucial States*, der Vertragsstaaten. Shaikh Saeed bin Maktoum (1878–1958), der Großvater des heutigen Staatsoberhauptes, Shaikh Mohammed bin Rashid, regiert und führt das Emirat behutsam, aber zielstrebig in die Moderne. Er gilt als Begründer des modernen Dubai.

»Mein Vater war ein Selfmademan, wie er im Buche steht. Er kam aus keiner der großen Familien. Seine Vorfahren waren Perlenhändler. Er hat sich alles selbst erarbeitet. Stahl und Bauwesen, damit hat er klein angefangen und dann 1960 unser Unternehmen gegründet.«

Heute zählt der Al Gurg-Konzern zu den größten in den Vereinigten Arabischen Emiraten. Es ist eines der ältesten Familienunternehmen in Dubai. 23 Firmen, Generalvertretung von mehr als 300 internationalen Spitzenmarken, 130 Partner weltweit, zahlreiche Joint Ventures, ein hoch diversifiziertes Portfolio in den Sektoren Handel, Bau, Dienstleistung, rund 5000 Mitarbeiter. Umsätze in Milliardenhöhe. An der Spitze seit 1992: Raja Al Gurg.

»Zunächst haben meine Brüder die Firma geleitet, mein Vater war inzwischen Botschafter der VAE in Irland und St. James. Ich habe in Kuwait Englische Literatur studiert, 1977 abgeschlossen und danach im Ministerium für Erziehung gearbeitet. Dann habe ich meine Kinder bekommen. Es sind fünf, wie meine Geschwister und ich.« Sie lacht. »Ich habe meinen Job geliebt, er war spannend, und um 14 Uhr hatte ich Schluss und konnte mich dann ganz meinen Kindern und meiner Familie widmen. Ich war sehr zufrieden und wollte eigentlich gar nicht in das ›Big Business‹.«

Ein Schicksalsschlag verändert alles.

»Als meine beiden Brüder starben«, sie schluckt, macht eine Pause und senkt ihren Blick, »da hat mein Vater mich gefragt, ob ich übernehmen will. Ich war zwar seit 1989 mit im Vorstand der Firma. Aber Managing Director, die Leitung, das habe ich mir erst nicht zugetraut. Als ich zögerte, sagte er nur: ›Versuche es. Und dann sehen wir weiter.‹ Tja, und dann musste ich beweisen, dass ich erfolgreich sein konnte, nicht nur als Frau und als Tochter meines Vaters.«

Und sie versucht es.

> »Ich habe mir zunächst einen Bereich innerhalb des Konzerns ausgesucht, mit dem ich etwas anfangen konnte. Das waren die Möbel. Hier habe ich mir dann alles nach und nach zeigen und erklären lassen. Ich habe mit unserem Buchhalter Bilanzen geübt, Kalkulationen erstellt, Marketingkonzepte entwickelt. Von der Pike auf. Ich habe mir alles von klein auf erarbeitet, denn ich wollte wissen, wovon ich spreche, um ernst genommen zu werden. Dieses Büro hier, das habe ich erst seit drei Jahren. Ich wollte es mir erst verdienen!«

Inzwischen laufen alle Fäden des Milliardenkonzerns bei ihr zusammen. Ihr Vater, nach wie vor Chairman des Konzerns, trifft keine Entscheidung mehr ohne sie:

> »Wenn ich unterwegs bin, ruft er mich immer kurz an, auch wenn es nur um Kleinigkeiten geht. Wir vertrauen und schätzen einander sehr, und das macht mich sehr stolz. Er war und ist für mich Vorbild, er hat mich stark geprägt. Von ihm stammt auch der Satz: ›Ein Perlentaucher, der sich vor Haien fürchtet, wird niemals Perlen fischen.‹«

Und Khadija, die erste Frau des Propheten Mohammed, ist ihr Vorbild.

> »Khadija war eine wohlhabende, einflussreiche und selbstbestimmte Kauffrau. Sie war zunächst die Arbeitgeberin des Propheten, Friede sei mit ihm, dann seine Ehefrau – übrigens fünfzehn Jahre älter als er – und sie war die erste Muslima. Sie dient vielen muslimischen Frauen als Vorbild, sich aktiv in Gesellschaft, Politik und Wirtschaft zu engagieren. Das steht nicht im Widerspruch zum Islam. Ich kann als muslimische Geschäftsfrau sehr wohl meine religiösen Pflichten ausüben und gleichzeitig weltoffen und innovativ sein.« Sie rückt ihr Kopftuch zurecht. Ihre Stimme wird bestimmt. Und dann fügt sie hinzu: »Wir Frauen in der Golfregion haben traditionellerweise immer schon eine sehr aktive Rolle übernommen. Zu

der Zeit, als unsere Wirtschaft noch vom Perlenhandel geprägt war, waren die Männer oft monatelang unterwegs. Und wer hat zu Hause die Fäden in der Hand gehalten? Das waren die Frauen. Sie haben oftmals nebenher noch kleines und größeres Business gemacht, um ihre Familien zu ernähren und das Einkommen aufzustocken. Wir waren immer schon sehr selbstständig und geschäftstüchtig.«

Sie lacht spitzbübisch und zwinkert mit den Augen. Sie wirkt bescheiden, kein Prunk und Protz. Schlichte schwarze *abaya*, schwarzes Kopftuch, kaum Schmuck. Maria, ihre persönliche Assistentin aus Indien, kommt herein, legt ihr Unterlagen vor. Sie prüft und unterschreibt. Dann bedankt sie sich. Ihr Umgangston gegenüber ihren Mitarbeitern ist auffallend wertschätzend und freundlich. Keine Selbstverständlichkeit in einem nach wie vor von steilen Hierarchien und einem ausgeprägten Top-down-Managementstil bestimmten Geschäftsleben.

»Wir alle sind Teil eines Teams, das ein gemeinsames Ziel hat. Der Teamgeist sollte stets unser Miteinander prägen. Wir sind nicht nur ein Familienunternehmen, wir sind eine Familie. Das muss ich als Führungskraft auch entsprechend vorleben und kommunizieren. Emotionale Intelligenz ist dabei ganz wichtig und eines der Soft Skills von morgen. Und da haben wir Frauen einfach viel zu bieten.«

Die internationale Belegschaft ist nicht nur ein Spiegelbild der Gesellschaftsstruktur von Dubai, wo der Anteil der Nicht-Locals rund 80 bis 90 Prozent beträgt, sondern eines der zentralen Erfolgskonzepte des Familienkonzerns:

»Unser Controller beispielsweise ist Deutscher. Ohne zu sehr Stereotypen zu verfallen, aber Deutsche verstehen was von Struktur, Organisation und Kontrolle. Unser Marketingchef ein Engländer und so weiter ... Unterschiedliche Herkunft, Sichtweisen und Herangehensweisen bereichern ein Unternehmen ungemein. Leider wird dieses Potenzial oft unterschätzt. Man muss die interkulturellen Kompetenzen nutzen, um Synergien zu schaffen und in einer globalisierten Wirtschaft bestehen und wachsen zu können.«

Pünktlichkeit ist für die Managerin das A und O. »Es kommt oft vor, dass ich fünfzehn Minuten vor einem Termin vor Ort bin. Ich hasse Unpünktlichkeit, dafür bin ich berüchtigt.«

In Dubai hört man auf ihren Rat, schätzt ihre Kompetenz. Raja Al Gurg war die erste Frau im Vorstand der Industrie- und Handelskammer von Dubai, sie ist Mitglied im Wirtschaftsrat von Dubai, 2003 wurde sie zur »Frau des Jahres« gewählt. *Forbes Arabia* führt sie 2006 auf Platz 4 der 50 einflussreichsten arabischen Businessfrauen. Und auch 2012 rangiert sie wieder ganz oben auf der Liste von *Arabian Business*: Platz 5 der 100 einflussreichsten arabischen Frauen.

In der Glasvitrine stehen zahlreiche Auszeichnungen, darunter auch internationale, wie der *World of Difference Award* aus Kanada (2009), die Auszeichnung *Mother of Pearl* des *Al Waref Institute for Humanitarian Studies* aus Washington (2010) und der *Stevie Award for Women in Business* (2011).

Als Präsidentin des *Dubai Chamber of Commerce and Industry Business Women Committee* und des *Dubai Business Women's Council* setzt sie sich intensiv für die Förderung von Frauen in der Wirtschaft ein:

»Es genügt nicht, dass wir Vorbilder sind. Wir müssen auch die Rahmenbedingungen kontinuierlich verbessern, die es Frauen ermöglichen, in Führungspositionen zu gelangen. Gerade in Familienunternehmen wird oft zugunsten der männlichen Familienmitglieder entschieden, auch wenn die Frauen möglicherweise besser geeignet wären. Aber es geht nicht um einen Kampf der Geschlechter. Es geht um Chancengleichheit und darum, sachlich richtige Entscheidungen zu treffen. Man muss sich von Emotionen lösen und rationale Argumente abwägen. Ich kann nicht meinen Lieblingsneffen einstellen, nur weil ich ihn mag und er eben mein Neffe ist, wenn er für die Aufgabe nicht geeignet ist. Das tut bisweilen weh, gerade in einem Familienunternehmen wie unserem. Aber es ist aus Firmenraison notwendig, denn sonst schaufeln wir uns unser eigenes Grab. Es ist manchmal eine Gratwanderung, aber ich möchte, dass auch meine Urenkelinnen und Urenkel unser Erbe, das Familienunternehmen Al Gurg, erfolgreich weiterführen. Wir sind dem Wachstum verpflichtet.«

Dann zeigt sie auf ein Foto, das sie mit Kanzlerin Merkel zeigt, und erkundigt sich nach dem Stand der Debatte um die Frauenquote in Deutschland.

Dr. Iman Bugaighis – Libyen

◆◆◆

»Wie kann ich diesen 17. Februar 2011 vergessen? Das ist nicht nur der Tag, an dem ich Geburtstag habe. Meine Schwester rief mich an und sagte mir: ›Komm, vor dem Gerichtsgebäude wird demonstriert!‹ Ich habe nicht gezögert, sondern bin sofort zu ihr gegangen. Vor dem Gerichtsgebäude protestierten etwa hundert Männer und Frauen. Das Gerichtsgebäude war so etwas wie das Symbol der Ungerechtigkeit in unserem Land geworden. Zusammen skandierten wir Parolen für mehr Freiheit und Gerechtigkeit. Wir Frauen standen in der ersten Reihe. Erst nachher war mir bewusst, welcher Gefahr wir uns alle ausgesetzt hatten. Aber in diesem Moment zählte nur, unsere Stimme gegen Ungerechtigkeit und Willkürherrschaft zu erheben.«

Der 17. Februar 2011. Das ist der offizielle Beginn der libyschen Revolution. Bereits zwei Tage zuvor haben die Proteste in Benghazi begonnen. Imans Mann und Schwager sind unter den Protestierenden. Es sind vor allem Anwälte, Akademiker und Geschäftsleute, die am Beginn des Protestes in Benghazi stehen.

»Mein Bruder rief mich aus dem Ausland an, um mir zu gratulieren: ›Happy Birth…‹ Er brach ab und fragte, was das für ein Lärm im Hintergrund sei, und ich berichtete ihm von den Protesten. Er war sehr besorgt und sagte immer wieder nur: ›Pass auf! Pass auf!‹ Wir sahen all die Panzer, aber in diesem Moment ging es irgendwie nicht um uns, sondern um unser Land.«

Es ist der Beginn des blutigen Kampfes um den Niedergang des Regimes von Ghaddafi. Und die Frauen stehen an vorderster Front, zusammen mit den Männern. Sie demonstrieren, versorgen die Verwundeten, bereiten die Mahlzeiten für die Kämpfer zu. Reparieren Waffen. Sprechen Mut zu.

»Nach und nach kamen auch viele Frauen dazu, deren Männer ihnen zuvor verboten hatten, aus dem Haus zu gehen, geschweige denn zu demonstrieren. Denn unsere Gesellschaft ist in weiten Teilen noch sehr konservativ. Wir leben nach wie vor in einer vorwiegend patriarchalisch geprägten Gesellschaft. Auch wenn man andernorts gerne die ›Ninjas von Ghaddafi‹ als Beweis der Emanzipation der libyschen Frauen missinterpretiert hat. Aber es wurde schließlich eine Frage des Überlebens, und so waren immer mehr Frauen aktiv dabei. Ich habe übrigens von vielen Männern nachher gehört: ›Wir haben uns geschämt. Es waren die Frauen, die am Anfang in der ersten Reihe standen, nicht die Männer.‹ Und viele ausländische Beobachter waren erstaunt, so viele engagierte und gebildete Frauen in Benghazi zu sehen. Das Bild ist also sehr facettenreich!«

Iman wird 1960 in Benghazi – im Osten von Libyen – geboren. Libyen war zu der Zeit noch eine Monarchie unter der Herrschaft von König Idris I. Sie hat vier Brüder und eine Schwester. Ihre Familie ist wohlhabend, gebildet und bekannt.

»Mein Großvater eröffnete damals den ersten Buchladen in Benghazi. Und er war der Erste, der internationale Bücher, Zeitungen und Magazine anbot. Er eröffnete auch eine Zweigstelle im Fezzan, der südlichen Region von Libyen. Mein Vater half ihm im Buchladen, während seine Brüder im Ausland studieren durften. Er war ein wenig der Pechvogel, der hier bleiben musste. Aber er war sehr ambitioniert. Mit Kassetten lernte er fünf Sprachen. Er war ein Autodidakt. Später reiste er viel durch die Welt und wurde ein erfolgreicher Geschäftsmann. Im Alter von ungefähr sechzig Jahren ging er dann nach Amerika, um Geschichte zu studieren. Im vergangenen Jahr, dem Jahr der Revolution, hat er sogar noch seinen Doktor abgeschlossen! Er hat über die libysche Geschichte von 1911 bis 1944 gearbeitet. In diesen Tagen wenden sich viele an ihn. Er ist ein gefragter Gesprächspartner. Denn auch wir schreiben gerade unsere Geschichte neu.«

Stolz schwingt in ihrer Stimme, als sie das erzählt. »Ich glaube, diese Entschlossenheit habe ich von ihm. Und seine Bücher …«, fügt sie dann hinzu.

»Wir hatten zu Hause eine große Bibliothek. Zum Glück! Das war meine Welt. Ich las stundenlang. Es war fast wie eine Obsession. Überall, wo ich war, las ich. Oft zum Ärger meiner Familie, die mich meist nur hinter einem Buch verkrochen zu Gesicht bekam. Die Bücher eröffneten mir neue Horizonte. Die Auswahl war damals zwar begrenzt, aber ich las, was ich in die Finger bekam. Dostojewski, Gorki, Mahfouz. Denn als Mädchen durften wir damals nicht draußen spielen. Es gehörte sich nicht. Es blieb uns nur das Haus. Und unsere Tür nach draußen, das war die Literatur.«

Trotz des Wohlstands werden sie als Kinder nicht verwöhnt.

»Wenn wir in der Schule gut waren oder etwas geleistet hatten, gab es keine Belohnung. Meine Eltern sagten immer nur: ›Es ist deine Aufgabe uns etwas zu geben. Nicht umgekehrt.‹ Ich glaube, das hat mich dazu erzogen, hart zu arbeiten, Verantwortung zu übernehmen und nicht darauf zu hoffen, etwas in den Schoß gelegt zu bekommen.«

Viele Mitglieder der Familie Bugaighis leben im Ausland, einige auch als Reaktion auf die Machtübernahme von Oberst Ghaddafi 1969.

»Wir hatten das Glück, zu Ghaddafis Zeiten reisen zu können. Der Enge in unserem Land von Zeit zu Zeit entfliehen zu können. Der Austausch mit anderen Ländern und Kulturen hat mich sehr geprägt. Mein Vater war zunehmend Ziel von Überwachung und Repressionen. Oft wurde er von jetzt auf gleich vorgeladen und verhört. Es wurde immer risikoreicher für ihn unter Ghaddafi, und so ging er schließlich in die Vereinigten Arabischen Emirate und später dann in die USA. Mein Bruder, der sich als Student der Opposition angeschlossen hatte, ging nach Saudi-Arabien, es wurde für ihn zu gefährlich hier. Wir anderen blieben hier und arrangierten uns irgendwie im täglichen Leben.«

Iman studiert Kieferorthopädie an der *Garyounis University* von Benghazi. Sie bewirbt sich für ein staatliches Stipendium, wird aber abgelehnt. Ihr Name wird gestrichen, immer wieder. Zusammen mit ihrem Mann geht sie nach Ungarn und beendet dort ihr Studium. 1991 kehren sie nach Libyen zurück, sie mit dem Master in der Tasche. Sie möchte in den Lehrbetrieb der Universität einsteigen. Die Qualifikation dazu hat sie. Aber sie erhält keine Lehrerlaubnis, weil ihr Name auf der roten Liste steht. Noch immer.

»Sie machten kein Hehl daraus. ›Wir können Sie aus politischen Gründen nicht akzeptieren‹, hieß es knapp. Ich habe dann in einer Firma als Dentalspezialistin gearbeitet. Aber die Lehre war immer mein großer Wunsch. Erst mit der Politik unter Saif al-Islam, dem Sohn von Ghaddafi, änderte sich das, als man mit einer gewissen Kooptationsstrategie begann. Dann wurde ich endlich zugelassen.«

Seit 1997 lehrt sie nun an der Garyounis-Fakultät für Dentalmedizin in Benghazi.

»Ich wurde mehrmals für ein Stipendium vorgeschlagen, um ein Aufbaustudium zu machen. Meine Papiere wurden nach Sirte geschickt. Aber wieder einmal wurde mein Name von der Liste gestrichen. Zwölf Mal. Natürlich war ich frustriert, aber ich habe das Beste daraus gemacht. Schließlich konnte ich es ja nicht ändern! Und immerhin haben sie mich nicht ins Gefängnis geworfen oder sonst etwas mit mir angestellt. Also war das doch, verglichen mit andern Schicksalen, Klagen auf hohem Niveau.«

Durch die Hilfe eines Mentors erhält sie schlussendlich doch den begehrten Stipendienplatz und macht von 2005 bis 2009 ihren Doktor in New Castle, Großbritannien. Ihre Tochter begleitet sie, ihr Mann muss jedoch in Libyen bleiben.

»So froh ich über das Stipendium war, es war auch schwer, so weit von meinem Mann und meiner Familie weg zu sein. Und ein Wermutstropfen war auch, zu wissen, dass ich dieses Stipendium nur der Vermittlung meines Mentors zu verdanken hatte und nicht meiner fachlichen Qualifikation. Aber so lief es damals und läuft es auch noch heute. Beziehungen sind alles. Aber wir haben die Freiheit dort auch sehr genossen. Weg von allen gesellschaftlichen Zwängen und Normen.«

2010 – Iman ist wieder an der Garyounis-Fakultät. Der Hörsaal ist heillos überfüllt. Enggedrängt sitzen die Studenten auch auf dem Boden, dicht an dicht. Es ist stickig. Nur schwer kann sich die Dozentin den Weg durch die Menge bahnen.

»An einem Punkt hätte ich nur noch heulen können. Mir war vorgegeben worden, alle Studenten, die sich bewerben, auch anzunehmen. Qualifikation hin oder her. Die Devise lautete: ›Macht die Leute glücklich! Egal, was es kostet.‹ Es ging schon lange nicht mehr um Qualität, sondern nur noch darum, das Volk bei Laune zu halten. Koste es, was es wolle. Ich war am Boden zerstört. Es waren unhaltbare Zustände. Und es war mir klar, das ist die Agonie eines Regimes, das am Ende ist.«

Das Ende, es kommt. Das Ende Ghaddafis und seines Regimes. Am 20. Oktober 2011. Spät, blutig und blutrünstig. Es kostet unzählige Menschen das Leben und wird zur humanitären Katastrophe.

»Das koordinierte militärische Eingreifen der NATO und einer Reihe arabischer Staaten zur Durchsetzung der mit der UN-Resolution 1973 eingerichteten Flugverbotszone hat einen großen Beitrag hierzu geleistet. Das ist uns bewusst.«

Zusammen mit ihrer Schwester und Rechtsanwältin Salwa engagiert sich Iman im Libyschen Übergangsrat unter der Leitung des früheren libyschen Justizministers Mustafa Abdel Jalil. Sie wird Sprecherin des Übergangsrates.

»All die ausländischen Journalisten kamen ins Land. Und da ich als eine der wenigen Englisch spreche, bat man mich, den Posten als Sprecherin des Übergangsrates zu übernehmen. Und so sprach ich mit den Reportern, den Beobachtern, versuchte Unterstützung für unsere Sache zu bekommen.«

Sie reist ins Ausland, hält zahlreiche Reden, unter anderem vor der Europäischen Kommission, flackert über die Bildschirme der Welt, um für die libysche Sache zu werben. Ihre rote Jacke wird ihr Markenzeichen.

»Wir sind wieder am Nullpunkt. Alles ist zerstört. Wir haben weder Armee noch Polizei. Kaum Infrastruktur. Ghaddafi hat in seinen 42 Jahren Herrschaft die gesamte Zivilgesellschaft zerstört. Es gab nur eine Linie, eine Meinung: die von Ghaddafi und seinem Clan. Es gab keine gesellschaftlichen Debatten. Er hat alle zivilen, kulturellen und moralischen Strukturen zerschlagen. Die Armee wurde durch Milizen ersetzt, die von ihm und seinen Söhnen geführt wurden. Er hat alle Stämme gegeneinander aufgebracht und damit die gesellschaftliche Solidarität zerstört. Das heißt: Wir müssen wieder von vorne anfangen.«

Vor allem die Einheit des Landes liegt Iman am Herzen.

»Es gibt eine große Gefahr zur Spaltung des Landes. Aber unsere Einheit ist wichtig. Es gibt kein Ost- oder Westlibyen. Ich habe mich dafür eingesetzt, dass die anfänglichen Slogans der Revolution wie ›Benghazi is free‹ schnell in ›Libya is free‹ geändert wurden, um die Einheit zu demonstrieren und den Zerfall zu verhindern. Es muss um Libyen gehen. Nicht um Stämme oder Regionen. Wir müssen uns versöhnen! Und dann gibt es noch das große Problem der Waffen. Jeder hat eine Waffe, um seine Familie zu verteidigen. Wir haben einen völligen Zusammenbruch der öffentlichen Ordnung erlebt. In Somalia hat so etwas zum Bürgerkrieg geführt. Je schneller die Waffen eingesammelt werden, desto besser.«

Und wie sieht sie aus, die Rolle der Frau im neuen Libyen?

»Mustafa Abdel Jalil hat bei der offiziellen Siegesfeier in Benghazi Ende Oktober 2011 gesagt, die Gesetzgebung in Libyen müsse von nun an auf der Scharia basieren. Als gläubige und praktizierende Muslima bin ich dafür, dass wir einen zivilen Staat mit Gewaltenteilung haben und dass der Islam eine Quelle neben anderen für die zukünftige Verfassung sein soll. Gleichberechtigung und Teilhabe der Frauen müssen dabei wichtige Grundprinzipien sein. Wir Frauen werden für unsere Rechte kämpfen. Schließlich haben wir die Revolution maßgeblich getragen. Wir standen in der ersten Reihe. Da haben sie uns akzeptiert als Partner. Das müssen sie nun auch jetzt! Es kann nicht sein, dass der Anteil von Frauen im Übergangsrat derzeit nur 4 Prozent beträgt und sie in den Lokalräten gar nicht vertreten sind. Ich werde mich auch weiterhin für die Rechte der Frauen in einem neuen Libyen einsetzen.«

17. Februar 2012.

»Ganz Libyen hat diesen Geburtstag mit mir gefeiert«, lacht sie. »Unsere Revolution und meinen Geburtstag! Was für ein Gefühl! Das hat mich sehr glücklich gemacht!«

Ihre dunklen Augen sprühen vor Begeisterung. Seit Mai 2011 ist sie nicht mehr die Sprecherin des Übergangsrates. Sie arbeitet wieder in ihrem Job als Leiterin der Garyounis-Fakultät für Dentalmedizin in Benghazi und engagiert sich in der Zivilgesellschaft.

> »Ich bin nicht diplomatisch und auch keine Politikerin. Ich sehe meinen Platz künftig wieder in der Zivilgesellschaft. Und hier werde ich all mein Engagement einsetzen.«

Die Worte kommen energisch, und dann fügt sie nachdenklich hinzu.

> »Wir haben noch einen sehr, sehr langen und sehr, sehr steinigen Weg vor uns. Aber wir werden ihn entschlossen und mit Würde gehen. Das sind wir unserem Land schuldig.«

Maha Al-Ghunaim – Kuwait

◆◆◆

»Nach über 200 erfolgreichen Deals fragt keiner mehr, ob du eine Frau bist oder ein Mann.«

Maha Al-Ghunaim lacht selbstbewusst und streicht sich eine Strähne aus dem Gesicht. Das elegante Businesskostüm sitzt tadellos.

Juni 2008. Auf dem Höhepunkt ihres Erfolges. Maha feiert das zehnjährige Bestehen ihrer Firma. *Global Investment House*. Die größte Vermögensverwaltung in Kuwait, eine der größten im gesamten Nahen Osten. International erfolgreich und gefeiert. Was für eine Erfolgsgeschichte. Eine Investmentbank mit einem Startkapital von 50 Millionen US-Dollar. Zehn Jahre später, 2008, ein Börsenwert von über 5,4 Milliarden US-Dollar. Notiert an den Börsen von Kuwait, Bahrain, Dubai und London. Rund 6500 Stammkunden weltweit, das verwaltete Vermögen über 10 Milliarden US-Dollar. Darunter auch Staatsfonds. Erst im Mai 2008 bot *Global Investment House* der Londoner Börse GDRs *(Global Depository Receipts)* mit einem Vermögenswert von 1,15 Milliarden US Dollar an. Das war historisch. Es war das erste Angebot einer kuwaitischen Institution. Sie erntete viel Respekt und Anerkennung. Im Juni kürte *Euromoney Global* bereits zum vierten Mal zum *Best Equity House in Kuwait* und *Asiamoney* verlieh den Titel *Best Investment Bank in Kuwait*. Das Unternehmen konnte im ersten Halbjahr 2008 zudem 76 Prozent Gewinnsteigerung gegenüber dem Vorjahr verzeichnen. *Global*, der Name ist Programm – gegründet von einer Frau.

»Ich bin Mathematikerin, ich liebe Zahlen.«

Geboren wird Maha 1959 in Kuwait. Sie kommt aus einer alteingesessenen, wohlhabenden und bekannten Familie. Die Al-Ghunaim gehören zu den ersten Stämmen, die sich in Kuwait niederließen und vom Perlenhandel und Handel lebten. Ihr Vater war kuwaitischer Parlamentspräsident. Ihre Mutter ist eine gebildete Frau, spricht mehrere Sprachen und nahm ihr Studium an der Universität Kuwait wieder auf, als ihre vier Kinder älter waren.

»Ich erinnere mich noch gut daran, wie wir meiner Mutter am Morgen vor einer wichtigen Prüfung frischen Orangensaft brachten, damit sie sich gut konzentrieren konnte. Ich bin in einer sehr liberalen und gebildeten Umgebung aufgewachsen. Unsere Familie war übrigens damals, was die Offenheit betrifft, keine Ausnahme. In Kuwait herrschte ein tolerantes, offenes Klima.«

Sie besucht eine Genfer Privatschule. Als Beste ihrer Klasse beendet Maha die Schule bereits mit 16 und entschließt sich für ein Mathematikstudium an der *San Fransisco State University* in Kalifornien.

»Wie gesagt, Zahlen haben mich immer schon fasziniert. Die sind unbestechlich. Und ich war ein ruhiges, fast schüchternes Mädchen. Ich glaube, keiner hat gedacht, dass ich mal so weit kommen würde. Und die erste Zeit in San Fransisco – es waren ja die wilden Siebziger mit Sex, Drugs and Rock'n' Roll – waren schon eine echte Umstellung! So aus der behüteten Umgebung von zu Hause, dann nach der Privatschule, mitten hinein … Aber hier habe ich sehr viel für das Leben gelernt. Vor allem, klar und unabhängig zu denken. Aber am Anfang war es schon ein Schock.«

Zurück in Kuwait führt sie ihre Leidenschaft für Zahlen in den Finanzsektor.

»Das war für mich natürlich naheliegend. Im Übrigen aber auch für viele berufstätige Frauen in Kuwait die erste Wahl. Der Finanzsektor war lange

Zeit der Bereich in der Privatwirtschaft, in dem Frauen gesellschaftlich akzeptiert arbeiten konnten. Auch deshalb arbeiten in der arabischen Welt überdurchschnittlich viel Frauen im Finanzsektor.« Sie macht eine Pause und fügt dann süffisant hinzu: »Vielleicht liegt es aber auch daran, dass Frauen in der arabischen Gesellschaft immer schon gut mit Geld umgehen konnten. Schließlich waren es die Frauen, die traditionellerweise das Haushaltsgeld verwaltet haben. Im Islam sind sie übrigens berechtigt, eigenes Eigentum zu haben und zu mehren. Die finanzielle Unabhängigkeit der Frauen wurde auch durch die *mahr,* die Morgengabe zur Hochzeit, garantiert. Sie ist Eigentum der Frau, auch im Falle einer Scheidung. Kein Wunder also, dass wir Frauen uns mit Geld auskennen!«

Sie fängt 1982 bei der *Kuwait Foreign Trading Contracting & Investment Co.* (KFTCIC), einem Zweig der staatlichen Investmentgesellschaft, als Portfolio-Managerin an.

»Ich war außer den Sekretärinnen die einzige Frau. Für meine männlichen Kollegen war ich nur das hübsche, junge Mädchen. Keiner hat mich ernst genommen. Ich war keine potenzielle Konkurrenz. Und das war gut so, denn es hat mir viel Spielraum gegeben, um mich zu behaupten und zu beweisen. Man hat mich machen lassen, nach dem Motto: Na, sobald die Kinder bekommt, hört sie sowieso wieder auf.«

Maha nutzt die Spielräume, wird mit 26 Jahren Abteilungsleiterin. Verwaltet 1 Milliarde US-Dollar. Eine Sensation. Und sie bekommt Kinder.

»Erst eins, dann ein zweites. Spätestens da haben sie gedacht: ›Nun wird sie sich zurückziehen. Jetzt hört sie auf.‹ Aber dem war nicht so. Und dann kamen Nummer drei und vier. Und ich war immer noch da. Spätestens da haben sie gemerkt: ›Oh Gott, die bleibt!‹« Sie lacht schallend und zwinkert mir zu.

August 1990. Der Ausbruch des zweiten Golf-Krieges. Die vierfache Mutter bleibt im Büro. Trotz der anrollenden Panzer und dem wachsenden Chaos auf den Straßen. Behält einen klaren Kopf und transferiert Geld in die Schweizer Filiale, nimmt alle wichtigen Dokumente mit nach Hause.

> »Danach bin ich zusammen mit anderen Frauen auf die Straße gegangen und habe gegen die anrollenden irakischen Panzer demonstriert. Mir wurde erst im Nachhinein bewusst, in welche Gefahr ich mich damals begeben habe.«

Ihr Einsatz wird honoriert, nach der Zusammenlegung der KFTCIC mit anderen Gesellschaften, wird Maha zur obersten Vermögensverwalterin berufen. Ein riesiger Karrieresprung. Erstmals in der Geschichte Kuwaits besetzt eine Frau eine solche Schlüsselposition.

> »In den Gremien und Ausschüssen mussten sich die Herren erst einmal an mich gewöhnen. Manchmal saß ich diesen Männern gegenüber und wusste genau, dass sie innerlich fast explodieren, weil ich ihnen gegenüber saß und sie mich *qua* Position auch ernst nehmen mussten, obwohl ich eine Frau bin.«

1998 erfüllt sie sich ihren großen Traum von der eigenen Firma. Zusammen mit weiteren Partnern gründet sie *Global Investment House*. Sie stößt damit in eine Marktlücke.

> »Es gab damals keine Private Equity, keine Aktienfonds, keine Indizes, keine Geldmarktfonds. All das haben wir hier als Erste auf den Markt gebracht. Inzwischen hatte ich schon einen guten Ruf in der Finanzwelt, und so hat es keine zwei Wochen gedauert, bis ich das Startkapital beisammen hatte. Das war für mich mehr als Geld, es war eine große Anerkennung und gleichzeitig auch Verantwortung.«

Zunächst fungiert sie als Vice Chairman bei *Global*, überlässt einem Partner den Posten als Vorstandsvorsitz.

> »Nicht nur, dass er einen hervorragenden Job gemacht hat und ich sehr viel von ihm gelernt habe. Gerade in der Aufbauphase war es in manchen Situationen schlichtweg zielführender, einen Mann auf dieser Position zu haben. Als Frau hatte ich nicht zu allen Zirkeln der finanzkräftigen Eliten Zugang, aber hier spielte die Musik. Das war reiner Pragmatismus.«

Ein kluger Schachzug, der sich auszahlt. Er erinnert ein wenig an Whoopie Goldberg in »Wer ist Mr. Cutty?«, nur dass Maha sich nicht als Mann verkleidet. *Global* etabliert sich schnell auf dem Markt. Maha entwickelt innovative Finanzprodukte, die fast im Wochentakt auf den Markt kommen.

> »Schon während meiner Zeit bei der KFTCIC war ich kreativ und habe damals die ersten islamischen Fonds, also scharia-konforme Finanzprodukte entwickelt. Damals haben sie mir gesagt, das habe keine Zukunft, das würde sich nicht auf dem Markt etablieren. Sie haben sich gründlich geirrt.«

Für ihre äußerst erfolgreichen scharia-konformen Finanzprodukte erhält sie unter anderem den renommierten *World Islamic Funds Excellence Award* 2007. Wie schafft die engagierte Bankerin den Spagat zwischen Familie und Beruf?

> »Ehrlich gesagt ist es eine riesige Herausforderung. Natürlich haben wir hier in Kuwait im Vergleich zu vielen westlichen Frauen sehr viel Unterstützung. Wenn ich nach Hause komme, dann muss ich nicht noch kochen, spülen, putzen. Ich kann mich voll auf die Kinder konzentrieren, mit ihnen spielen oder Hausaufgaben kontrollieren. Und ich habe einen wunderbaren Mann, der mich sehr unterstützt. Und dennoch. Es wäre gelogen, wenn ich nicht zugeben würde, dass ich immer auch ein schlechtes Gewissen habe, wenn ich nicht bei meinen Kindern sein kann. Ich habe sie, als sie bereits groß waren, einmal gefragt, was sie vermisst haben. Ihre Antwort

war zwar: ›Eigentlich nichts, denn wir kannten es ja nicht anders.‹ Aber das schlechte Gewissen bleibt. Andererseits freut es mich auch, wenn mir meine Kinder anerkennend auf die Schulter klopfen und sagen: ›Toll gemacht, Mama, wir sind stolz auf dich!‹ Es gibt kein schöneres Lob!«

Seit 2007 ist Maha nun auch offiziell die Chefin bei *Global*.

»Inzwischen war ich so etabliert und hatte mir einen Namen gemacht, dass die Zeit reif war für Maha Al-Ghunaim als Chairman und Managing Director von *Global*.«

Etabliert. In der Tat. Endlos die Liste der Auszeichnungen, die ›MG‹, wie sie von ihren Mitarbeitern genannt wird, erhalten hat. 2004 wird sie von *Forbes Arabia* zu einer der 50 einflussreichsten Businessfrauen bestimmt, in der Ausgabe von 2006 rangiert sie auf Platz 2. *Forbes* kürt sie seit 2005 gleich mehrfach zu den 100 mächtigsten Frauen weltweit, erst 2010 auf Platz 94. Ausgezeichnet von *Arabian Business* als *Business Woman of the Year 2005*, auch hier in der Liste der 100 einflussreichsten arabischen Frauen auf Platz 13 (2011) und Platz 43 (2012). 2007 *Business Woman of the Year* der Leaders in Dubai. Ihre Fonds mehrfach unter den weltbesten, ausgezeichnet von der *Barclay Group, Lipper-Reuters* oder *EurekaHedge*. Alles große Namen in der Finanzwelt. 2008 erhält sie den *Banker Middle East Industry Award*. Engagiert sich bei den *Young Arab Leaders*. Und, und, und …

Damit ist sie eine der wenigen arabischen Frauen mit einem derartigen internationalen Renommee. In der Bank- und Finanzwelt ist sie einer der ganz großen Namen. In Dubai berät sie die Börse. Deren ehemaliger Aufsichtsratschef, Henry Azzam, sagt über sie, voll des Lobes:

»Wenn sie spricht, muss man sie einfach ernst nehmen. Man kann nicht anders, als sie zu respektieren. Sie ist ›die Grande Dame des Investmentbanking‹ schlechthin.«

September 2008. Weltweite Finanzkrise. Die Finanzwelt wird erschüttert. In ihren Grundfesten. Einige sprechen von einem Zusammenbruch, wie es ihn seit dem Schwarzen September von 1929 nicht mehr gab.

»Es war wie ein Tsunami. Eigentlich ein schrecklicher Vergleich. Aber die Finanzkrise hat uns alle weggefegt. Auch *Global*. Unser Geschäft ist hochspekulativ von Natur aus, also waren wir besonders betroffen. Wir hatten langfristige Investments, die wir wiederum jeweils mit kurzfristigen Krediten stützen. Dieses Konstrukt ist zusammengebrochen.«

Sie macht eine lange Pause. Ihre Stimme wird ernst.

»Ich habe nächtelang nicht geschlafen. Ich habe Verantwortung übernommen. Jeder einzelne Dollar, der mir anvertraut wird, ist wie mein eigener. Wie nun den großen Verlust erklären?«

Häme wird über die so hoch gelobte Investmentbankerin ausgeschüttet. »Die hat sich verzockt«, »Hochmut kommt vor dem Fall«. Aufrecht stellt sie sich der Verantwortung, wälzt sie nicht ab.

»Natürlich habe ich Fehler gemacht. Davon gibt es auch keinen Freispruch. Ich stelle mich voll und ganz meiner Verantwortung. *Global* – das bin ich, keine Frage. Jetzt ging es darum, den Schaden zu begrenzen. Umzustrukturieren, neue Strategien zu entwickeln. Das war und ist für mich ein enormer Lernprozess. Auch rein menschlich. Ich bin immer eine Optimistin gewesen, das muss man auch sein, wenn man Risiken eingeht. Geld zu vermehren, bedeutet immer auch, ein Risiko einzugehen. Hohe Renditen kommen nicht von ungefähr. Aber eben auch nicht um jeden Preis. Da ist ein Umdenken gefordert. Jetzt galt es, die Krise zu verwalten. Das bedeutete, weniger Risiko, mehr Sicherheit, aber auch weniger Gewinn. Wir mussten Gehälter kürzen, Boni streichen und uns aus einigen unrentablen Projekten zurückziehen. All das war sehr schmerzhaft. Wir mussten neue, rentable Konzepte entwickeln. Und ich habe sehr viel dazu gelernt. Wieder einmal waren Durchhaltevermögen und Kreativität gefragt. Und aus Fehlern zu lernen. Dafür sind sie schließlich da.« Ganz Mathematikerin, fügt sie hinzu: »In meinem Business sind Erfolg oder Misserfolg in Zahlen messbar. Ganz einfach. Da gibt es nichts zu deuten. Im Negativen wie im Positiven.«

Global nimmt die Herausforderung der Krise an, ist auf dem Weg. Dank des umsichtigen und visionären Krisenmanagements von ›MG‹.

Reem Badran – Jordanien

◆◆◆

Es ist Wahlkampf. Ein Monat vor den Parlamentswahlen am 9. November 2010 in Jordanien. Überall Slogans. Überall Wahlplakate. Auf einem lächelt Reem Badran. Ihr Slogan: »Ohne Slogans«.

»Ich bin eine Pragmatikerin, dafür bin ich bekannt. Für mich zählen Inhalte, Fakten, Details. Solide Arbeit. Weniger die großen Entwürfe, die wie Luftblasen zerplatzen. Das wollte ich mit meiner Kampagne in den Mittelpunkt stellen. Wir müssen hart an den Fakten, an gesetzlichen Rahmenbedingungen arbeiten, den Details, um unsere Gesellschaft, unser Land weiter nach vorne zu bringen. Wir brauchen konkrete Vorschläge für Reformen und Strategien, die in der Praxis auch umgesetzt werden können, und da helfen große Gesten und leere Worthülsen wenig.«

Reem Badran kandidiert für den dritten Bezirk in Amman (*Third Circle*). Sie kandidiert unabhängig und außerhalb der Quotenliste für Frauen, die mindestens zwölf Sitze für Frauen im jordanischen Parlament vorsieht.

»Mir war es wichtig, nicht wegen einer Quote in das Parlament gewählt zu werden. Sondern aufgrund meiner Kompetenz und meines Programms. Ich wollte damit nicht zuletzt ein Zeichen setzen, dass Frauen es auch ohne Quote schaffen können. Ich bin nicht gegen eine Quote, aber besser

> ist es doch, wenn Frauen es auch ohne eine solche in Spitzenpositionen von Politik und Wirtschaft schaffen.«

Der dritte Bezirk in Amman ist hart umkämpft. Es ist ein wichtiger Bezirk. Jede Stimme zählt.

> »Es war ein ausgesprochen harter Wahlkampf, und ich war Neuling. Meine erste Wahl für ein politisches Amt. Auch wenn ich viel Unterstützung hatte. Ich habe sprichwörtlich an jede Tür in Amman geklopft. Wir haben zusammen gesessen, diskutiert. Die Nähe zu meinen Wählerinnen und Wählern war mir wichtig. Ihnen zuzuhören, ihre Sorgen und Ängste ernst zu nehmen. Wir stehen in Jordanien vor großen Herausforderungen, vor allem im Wirtschaftsbereich. Soziale Konflikte, die wachsende Kluft zwischen Arm und Reich, die hohe Arbeitslosigkeit. Es ist wichtig, nah dran zu sein, zuzuhören.«

Das klingt nicht nach abgedroschenen Wahlparolen. Sondern nach aufrichtigem Engagement, etwas bewegen zu wollen, Einfluss zu nehmen, zu gestalten.

Politik. Damit ist Reem aufgewachsen. Sie wird 1963 als zweitälteste Tochter von Mudar Badran geboren, dem langjährigen Premierminister Jordaniens. Der Jurist und enge Vertraute von König Hussein bekleidet dieses höchste Amt unter anderem insgesamt mehr als neun Jahre im Zeitraum von 1976 bis 1984 (mit Unterbrechung von 1979 bis 1980) und 1989 bis 1991. Sie hat vier Geschwister.

> »Ich bin in einem durch und durch politischen Haushalt groß geworden. Es verging kein Tag, an dem wir zu Hause nicht über politische Themen gesprochen haben. Das hat mich natürlich sehr geprägt. Aber Politik spielt für uns in Jordanien grundsätzlich eine große Rolle, sie ist Teil der Kultur, würde ich sagen. Überall wird debattiert, diskutiert, politisiert. Alles ist Politik. Allerdings: Von Wahlkampf hatte unsere Familie keine Ahnung! Das war auch für sie etwas ganz Neues.«

Aber Reems Weg führt sie zunächst nicht in die Politik, sondern in die Finanzwelt. Sie studiert Englische Literatur und Business Administration an der *University of Jordan*, macht dann ihren MA in International Economics und Middle East Studies an der *Johns Hopkins University* in Washington. Nach ihrem erfolgreichen Abschluss entwickelt sie für die Weltbank eine Strategie zur Wirtschafts- und Finanzpolitik Jordaniens. Rahmenbedingungen von internationalen Investitionen sind einer ihrer Schwerpunkte. Sie arbeitet für die *Commercial Bank* in Washington, wird hier Direktorin für internationale Beziehungen.

> »Hier habe ich sehr viel darüber gelernt, wie Projekte im internationalen Kontext in der Praxis umgesetzt werden. Vom Entwurf bis zur Umsetzung. Schritt für Schritt. Und vor allem, dass man seine ›Hausaufgaben‹ machen muss, wenn man erfolgreich sein will.«

Zurück in Jordanien arbeitet sie ab 1999 beim *Jordan Investment Board*, der staatlichen Investmentbehörde, wird schließlich Generaldirektorin. Einer ihrer wichtigsten Erfolge: die Dauer eines Start-ups in Jordanien von 98 auf 34 Tage zu reduzieren. »Alles andere ist ineffektiv und macht wirtschaftlich keinen Sinn.«

Die versierte und international erfahrene Finanzexpertin ist in der Kommission, die das Freihandelsabkommen zwischen Jordanien und den USA aushandelt.

> »Hier habe ich vor allem gelernt, geduldig und diplomatisch zu sein. Die Politik der kleinen, aber sehr effektiven Schritte. Und: stets sehr gut vorbereitet zu sein. Um ein gutes Ergebnis auch nachhaltig zu erzielen, sollte es immer eine Win-win-Situation geben, ein ›give and take‹. Sonst bricht der Konsens irgendwann, und keiner hat etwas davon.«

2005 wechselt sie in die Privatwirtschaft, wird CEO bei der *Kuwaiti Jordanian Holding Company*. Ein privates Investmentunternehmen, das von dem kuwaitischen Unternehmer Nasser Al-Kharafi gegründet wurde. 2008 baut sie für *Kuwait Finance House*, die erste islamische Bank in Kuwait, eine Investmentfirma in Jordanien auf. Sie verwaltet ein Investitionsvolumen von rund 50 Millionen US-Dollar, entwickelt Investitionsprojekte, zum Beispiel im Tourismussektor am Toten Meer.

> »Wir haben im Bereich Tourismus enormes Potenzial – vor allem am Toten Meer –, das noch nicht ausreichend ausgeschöpft ist. Das Volumen wird in den kommenden Jahren wachsen und für die jordanische Wirtschaft ein wichtiger Stützpfeiler sein.«

Als erste Frau in Jordanien wird sie 2009 sowohl in die Handelskammer von Amman als auch in die Jordanische Handelskammer gewählt. Sie erhält die höchste Stimmzahl. Inzwischen ist sie die zweite Vizepräsidentin beider Kammern. Wieder als erste Frau.

> »Es war schon eine echte Herausforderung zwischen all den Männern zu kandidieren«, lacht sie. »Wir haben damals als Team kandidiert, und ich bin nach jeder gemeinsamen Veranstaltung dann in Abstimmung noch einmal alleine hingegangen. Ich habe praktisch das doppelte Pensum absolviert!«

Bald merkt sie, dass dieser Posten ihr nicht den nötigen Einfluss erlaubt, den sie sich wünscht, um gestalten zu können.

> »Ich war frustriert. Die Regierung hatte Regelungen zur Einkommenssteuer beschlossen, ohne die Kammer zu konsultieren, ohne eine Expertise einzuholen, obwohl wir gewählte Vertreter waren. Aber wichtige gesetzliche Regelungen mit weitreichenden Folgen für die Bevölkerung müssen diskutiert werden, bevor sie in Kraft treten. Zumal wir zu der Zeit übergangsweise kein Parlament hatten, das war aufgelöst worden. Ich merkte, dass ich in der Kammer an meine Grenzen kam, weniger Gestaltungsmöglichkeit hatte, als ich wollte. Das war letztlich der ausschlaggebende Faktor, in die Politik zu gehen. Da zu gestalten, wo gestaltet wird. Und das ist die Politik.«

Die Finanzexpertin entschließt sich, in die Politik zu gehen. Bei den Parlamentswahlen 2010 anzutreten. Schwerpunkte ihres Programms: Wirtschafts- und Finanzpolitik, davon versteht sie was. Mitgestaltung gesetzlicher Regelungen in diesen Bereichen ist ihr Ziel. Stets mit Blick auf soziale Fragen. Zum Beispiel den Mieterschutz.

> »Ich kämpfe gegen das sogenannten *Landlords and Tenants Law* (Vermieter-Mieter Gesetz), das vom vorherigen Parlament eingebracht wurde. Sollte es tatsächlich umgesetzt werden, hätte das enorme soziale Folgen. Mieter müssen demnach zwischen 2011 und 2015 nach Auslaufen ihrer Mietverträge ihre gemieteten Wohnungen verlassen, diejenigen mit einem Vertrag vor 1970 sogar schon bis Ende 2010, sofern sie keine neuen Mietverträge abgeschlossen haben. In der Praxis könnte das mit enormen Mieterhöhungen verbunden sein. Vor allem die vorgesehenen Zwangsräumungen müssen verhindert werden.«

Andere Prioritäten ihres Programms sind die Revision des Staatshaushaltes, des Arbeitsrechts sowie des Staatsbürgerrechts. Von Letzterem sind insbesondere Frauen betroffen.

> »Noch dürfen Frauen in Jordanien ihre Nationalität nicht an ihre Kinder weitergeben. Das ist bislang das alleinige Recht des Mannes. Das ist vor allem dann relevant, wenn der Mann der Frau keine jordanische Staatsangehörigkeit hat. Da die Nationalität des Mannes automatisch auf die Kinder übergeht, hat die Frau dabei das Nachsehen, gerade im Fall einer Scheidung.«

Die zweifache Mutter ist 2009 zur jordanischen Businessfrau des Jahres gewählt worden, sie ist Präsidentin der *Young Arab Leaders*-Sektion in Jordanien, sitzt in unzähligen Komitees, Aufsichtsräten und Vorständen, etwa der Zentralbank von Jordanien, dem *Supreme Council for Investment* sowie im *Investment Committee of the Economic Advisory Division* des *Royal Hashemite Court*. Sie berät das Wirtschaftsministerium, sitzt im Aufsichtsrat des *Supreme Council for Tourism*.

Die Liste ist lang. Sie hat unzählige Preise für ihr bisheriges Engagement erhalten. Vor allem für ihre Verdienste zu den jordanisch-amerikanischen Beziehungen, die ihr sehr am Herzen liegen.

> »Meine Zeit in den USA hat mich sehr geprägt, und natürlich freue ich mich, wenn ich mich diesbezüglich auch engagieren kann.«

In ihrem Büro stehen zahlreiche Fotos, die sie mit herausragenden Persönlichkeiten zeigen: dem jordanischen König Abdullah II. oder Amr Musa, Generalsekretär der Arabischen Liga, in der sie Vorsitzende des *Committee for the Development of Investment and the Economic Unity Council* ist. Gleich daneben Bilder ihrer Familie, ihrer beiden Kinder. Ihre Tochter bei der Uni-Abschlussfeier in den USA. Die stolzen Eltern und der jüngere Sohn lachen in die Kamera.

> »Die größte Herausforderung ist für mich immer noch die Vereinbarkeit von Beruf und Familie. Auch wenn meine Kinder jetzt schon groß sind. Bei all dem beruflichen Engagement die gleiche Zuwendung für meine Familie, meine Kinder aufzubringen, das war oft ein Drahtseilakt. Und ich will auch nicht verhehlen, dass mich das schlechte Gewissen oft geplagt hat, wenn ich nicht bei meinen Kindern sein konnte. Es ist ein ständiger Begleiter, auch wenn meine Kinder mir nie das Gefühl gegeben haben.«

Ihr Büro hat sie im obersten Stockwerk eines ganz normalen Bürohauses in Amman. Schlichte braune Holzvertäfelung, schwarze Sitzecke, unzählige Dossiers, Unterschriftenmappen, Papierstapel, die sich auf dem Schreibtisch türmen. Hier wird gearbeitet. Ernsthaft, ohne Schnörkel und Prunk. Aber mit Schokolade. »Wenn ich richtig wütend bin, hilft nur Schokolade!«, sagt sie mit ihrer tiefen, ruhigen und besonnenen Stimme.
Zurück zum Wahlkampf. Nicht überall wird sie mit offenen Armen empfangen. Sie ist eine Frau. Und eine Privilegierte noch dazu.

> »Auch wenn mich einige vielleicht durch mein Engagement in der Kammer kannten oder auch den Namen meines Vaters, so hörte ich oft: ›Reem

wer?‹ Ja, es gab auch Vorbehalte. Ich hatte keine politische ›Vergangenheit‹. ›Wie kann sie uns vertreten, sie ist keine von uns. Sie ist eine Frau, sie ist dies, sie ist das …‹ Wir haben in Amman viele unterschiedliche gesellschaftliche Gruppen. Beduinen, Palästinenser, Syrer, Kaukasier, Muslime, Christen, Städter, solche mit ländlichem Hintergrund, sehr reiche Menschen, sehr arme und so weiter. Alle direkt nebeneinander. Viele unterschiedliche Interessenlagen. Jeden da abzuholen, wo er ist, war und ist eine echte Herausforderung. Und ich hatte ein vergleichsweise moderates Budget. Aber ich habe harte Überzeugungsarbeit geleistet und mich über jeden Einzelnen, den ich gewinnen konnte, gefreut. Und mit vielen bin ich immer noch in Kontakt.«

Reem gewinnt. Sie erhält die meisten Stimmen in ihrem Wahlkreis. Damit ist sie die erste Frau in Jordanien, die jemals direkt in das Parlament gewählt wurde – ohne Quote. Im 16. jordanischen Parlament sitzen nun 13 Frauen von insgesamt 120 Abgeordneten.

»Das ist ein Anfang, aber ich möchte, dass noch mehr Frauen in politischen Ämtern vertreten sind. Noch sind es viel zu wenige. Wir haben also noch einen langen Weg vor uns.«

Als Gründerin und Präsidentin der jordanischen Sektion des *International Women's Forum* engagiert sie sich für den Ausbau internationaler Frauennetzwerke.

»Internationale Vernetzung ist wichtig, wir können viel voneinander lernen, wenn wir über unseren Tellerrand blicken und unsere Ziele in einen größeren Kontext stellen.«

Nach ihrer Wahl in das jordanische Parlament wird Reem von König Abdullah II. in das sechzigköpfige Repräsentantenhaus berufen. Hier sind es nun neun Frauen.

8 Uhr morgens. In ihrem Büro. Bis tief in die Nacht gab es eine wichtige Sitzung zur geplanten Verfassungsreform. Es wurde viel debattiert, gestritten, diskutiert. Die bis dahin parteipolitisch unabhängige Reem hat sich entschlossen, ihre politischen Kräfte mit anderen unabhängigen Parlamentariern zu bündeln. Fünf der zwölf Mitglieder des Bündnisses sind Frauen. Morgen, am 14. September 2011, wird die Gründung des politischen Bündnisses »Wandel und Gerechtigkeit« verkündet. Ein spannender Tag also. Dennoch kommt sie pünktlich, ist voller Energie. Nur ein kleiner Schatten unter ihren Augen verrät das enorme Arbeitspensum, den wenigen Schlaf. Es sind hektische Zeiten.

> »Morgen haben wir im Parlament eine wichtige Debatte zur Verfassungsänderung. Ein wesentlicher Punkt darin, die Schaffung eines Staatsgerichtshofes. Vor ein paar Jahren wäre das noch undenkbar gewesen. Ich habe dieses Thema vor vielen Jahren einmal mit einem hochrangigen Politiker diskutiert, er sagte mir damals: ›Das wird es hier nie geben. Don't cross the red line.‹ Und nun diskutieren wir darüber. Es tut sich was. Vieles ist in Bewegung, und ich bin sehr dankbar, dass ich diesen Wandel, diesen Prozess mit gestalten kann. Ich erinnere mich, als ich noch Studentin war, wurde ich einmal gefragt, was ich werden möchte. Ich habe damals gesagt: ›Ich möchte etwas bewegen, das ist eigentlich alles.‹«

Für einen kurzen Moment lehnt sie sich im Sessel zurück. Doch schon klingelt erneut ihr Telefon. Die »Details« rufen.

© privat

Assilah Al Harthy – Oman

♦ ♦ ♦

Wir sitzen im Salon und trinken Kaffee aus feinstem hauchdünnem Porzellan. Die Initialen der Familie in Goldbuchstaben aufgeprägt. Der indische Butler bringt lautlos Gebäck. Assilah studiert den Bildschirm ihres iPads. Gerade hat *Arabian Business* sie veröffentlicht, die Liste der 100 einflussreichsten Frauen aus der arabischen Welt für das Jahr 2012.

> »Wow, Platz 45! Sogar noch vor Haifa Wehbe, dem libanesischen Popstar, na, wenn das mal kein Erfolg ist!« Sie lacht augenzwinkernd zu mir herüber. »Dann kann ich ja bislang nicht so viel falsch gemacht haben.«

Es ist nicht die erste Auszeichnung für die erfolgreiche Geschäftsfrau aus Oman. Bereits 2006 führte sie *Forbes Arabia* in der Liste der 50 einflussreichsten Frauen in der arabischen Welt, seit 2001 ist sie Mitglied der *Young Global Leaders* und kooperiert mit dem *World Economic Forum* in Davos. Mehr als 20 Jahre ist sie nun schon erfolgreich im Business.

> »Das war so eigentlich gar nicht geplant. Als älteste Tochter in der Familie war für mich eine Karriere als Hausfrau und Mutter vorgesehen. Schlechte Voraussetzungen, wenn man, so wie ich, gerne Wirtschaft studieren wollte, und das am besten im Ausland. Aber das kam für meinen Vater nicht in Frage. Keine Diskussion. Stattdessen musste ich an der *Sultan Qaboos Uni-*

> *versity* Hauswirtschaft studieren. Haus-wirt-schaft. Sie betont jede Silbe. »Na immerhin, das Wort ›Wirtschaft‹ war drin.« Sie verdreht die Augen. »Meine Fächer waren Sticken und Häkeln«. Sie macht eine Pause und wiederholt gedehnt: »Sticken und Häkeln. Nach Abschluss dieses Studiums sollte ich dann junge Frauen darin unterrichten, wie sie gute Hausfrauen werden. Ausgerechnet ich! Ich habe es gehasst und drei Jahre lang jeden Tag geweint. Es war schrecklich, und ich war eine lausige Studentin. Mich hat gerettet, dass ich ganz gut stricken konnte. Und so habe ich für alle gestrickt, während sie für mich gestickt haben. Sehr aufregend! Die Hausaufgaben – meist eine Stickerei – habe ich unserem Schneider gegeben. Und damit es nicht auffällt, habe ich ihn Fehler einbauen lassen. Denn eine perfekte Arbeit hätte man mir nicht abgenommen. Das war meine Art des Protests. Ich erinnere mich noch genau an unsere Lehrerin. Sie kam aus Ägypten, war alt, ziemlich korpulent und ist während des Unterrichts meistens eingeschlafen. Zum Glück hatten wir auch das Fach Statistik, das hat mich interessiert.«

Assilah wird 1970 in eine der bekanntesten Familien Omans geboren. Im gleichen Jahr übernimmt Sultan Qaboos die Macht und führt das bis dahin verschlossene Land behutsam in die Moderne. Noch dominieren traditionelle, von tribalen Zugehörigkeiten geprägte Lebenszusammenhänge. Auch in der Familie Al Harthy werden Tradition und Ehre hochgehalten. Es ziemt sich nicht für die höhere Tochter, aus dem Haus zu gehen. Aber auf Bildung wird Wert gelegt, auch das die ersten Früchte der Öffnung und Modernisierung des Landes:

> »Mein Glück war es, dass die einzige private Grundschule hier damals Koedukation vorsah. Eigentlich ein Unding, dass Mädchen gemeinsam mit Jungen zur Schule gehen. Und mein Vater bekam auch ganz schön Druck von der Familie: ›Wie kannst du deine Tochter nur in diesen Hort der Unzucht geben?‹ Diesen Satz hörte er immer wieder. ›Nicht, dass meine Tochter das jetzt auch möchte!‹ Aber meine Mutter bestand darauf, dass ich in diese Schule gehe.«

»Man sollte«, so fügt sie bestimmt hinzu, »die traditionelle Rolle der Frauen in unserer Gesellschaft nicht unterschätzen. Sie hatten mehr Macht, als man gemeinhin denkt. Ein Mann hatte seine Tochter in der Grundschule angemeldet. Als er merkte, dass es eine koedukative Schule war, meldete er sie kurzerhand wieder ab. Die Frauen in der gesamten Familie haben ihn daraufhin aus Protest komplett isoliert. Kein Essen, keine Beachtung, kein einziges Wort. Und von anderen Dingen ganz zu schweigen.« Sie schmunzelt. »Als er eine Woche später seine Tochter wieder anmeldete, sagte er dem verdutzten Direktor: ›Reine Überlebensmaßnahme!‹«

Der Al Harthy-Stamm, einer der größten und einflussreichsten Stämme in Oman, ursprünglich aus dem Osten des Landes, der Sharqiyah. Ihre Familie stammt aus al-Mudhayrib. Noch heute kann man hier die gut erhaltenen, trutzigen Lehmburgen sehen.

»Vielleicht habe ich ja das Rebellen-Gen meiner Vorfahren geerbt. Sie haben sich zunächst gegen den damaligen Sultan und später gegen die Briten erhoben. So auch mein Vater. Diese Zeiten sind natürlich vorbei. Inzwischen gibt es sogar verwandtschaftliche Beziehungen zu Sultan Qaboos. Und mein Vater wurde der persönliche Gesandte Seiner Majestät. Ein bisschen ist das so wie in England die weiße und die rote Rose – das Haus Lancaster und das Haus York.«

Der rebellische Familienspross besteht darauf, im Familienunternehmen mitzuarbeiten. Die *Al Harthy Group*, in den 1970er-Jahren von ihrem Vater gegründet, zählt zu den größten Familienkonzernen in Oman, tätig in den Sektoren Immobilien, Bauwesen, Technologie und Dienstleistung. Jeden Tag nach der Uni steht sie wieder auf der Matte. Die Einwände des zunehmend genervten Vaters – »Du wirst dich hier nur langweilen« oder »Das gehört sich nicht« – ignoriert sie beharrlich.

»Wie sagt man so schön, steter Tropfen höhlt den Stein, und schließlich konnte ich nun neben Häkeln nach der Uni am Nachmittag auch noch etwas Sinnvolles lernen. Zum Glück hatte ich in dem General Manager einen Mentor. Er war Deutsch-Kanadier und sagte nur: ›Mir ist egal, wer du bist. Du wirst hier wie alle anderen behandelt und musst dich an meine Anweisungen halten.‹ Nachdem das geklärt war, habe ich mich richtig ins Zeug gelegt und verliebte mich regelrecht in das Business.«

Nach ihrem Studienabschluss 1991 übernimmt sie die Assistenz der Geschäftsführung des *Al Harthy Complex*, eine der ersten Shoppingmalls in Oman. Sie ist damals die erste Frau in Oman, die in einem privatwirtschaftlichen Familienunternehmen arbeitet.

»Keine der Töchter wurde damals in ein Familienunternehmen integriert. Es waren immer nur die Söhne. Wenn schon Beruf, dann wurden die Frauen Lehrerinnen. Das war das höchste der Gefühle. Aber keinesfalls Business. Und nun hatte ich sogar eine gewisse Gestaltungsfreiheit. Wir haben alles in Eigenregie aufgebaut, konzipiert und verwaltet. Die Anordnung der Läden, welche Marken und Produkte wir anbieten wollen. Das war damals komplettes Neuland. Ich habe die gesamte Entwicklung von Beginn an begleitet und alle Verhandlungen mitgeführt. Aber ich hatte immer auch das Gefühl, noch besser sein zu müssen als meine Brüder. Noch härter arbeiten zu müssen, um Anerkennung zu erhalten.«

Die erhält sie 1996. Sie wird CEO der Shoppingmall, eine Anerkennung ihrer Leistung. Sie optimiert, expandiert und diversifiziert das Angebot.

»Viele der ausländischen Partner waren übrigens erstaunt, bei den Verhandlungen einer Frau gegenüberzusitzen!« Und dann, als der Laden richtig gut läuft, wie sie sagt, sucht sie sich eine neue Herausforderung. Von 1998 bis 2001 übernimmt sie den Posten des Managing Director der hauseigenen Immobilienfirma, kümmert sich hier vor allem um die technologische Weiterentwicklung, Innovation und Training. Und 1999 ist es dann endlich soweit: Sie nimmt an dem *President Management Program* der *Harvard Business School* teil.

»Ich habe mich einfach beworben, und als die Zusage kam, habe ich meinen Vater vor vollendete Tatsachen gestellt. Er konnte nicht anders, als mich gehen lassen. Zumal ich inzwischen wohl bewiesen hatte, dass ich es tatsächlich ernst meine und mir in der Firma auch einen bescheidenen Namen gemacht habe. Endlich konnte ich weitere Erfahrungen im Ausland sammeln. Das war für mich und meine Weiterentwicklung sehr wichtig. Ich bin mir aber auch meiner Grenzen bewusst. Ich würde auch im Ausland nie etwas tun, was mein Vater nicht akzeptiert. Es ist wie eine Zensur im Kopf, er reist immer irgendwie mit.«

Sie wird als erste omanische Frau Mitglied im *Harvard Kennedy School Dean's Council*. Im gleichen Jahr wird sie, ebenfalls als erste Frau, in den Vorstand der omanischen Industrie- und Handelskammer berufen. Eine kleine Revolution in dem Sultanat.

»Die Herren haben zunächst sehr irritiert geschaut, als sie mich dort sahen. Sie dachten, ich sei die neue Sekretärin.« Sie macht eine Pause. »Meine Redebeiträge wurden am Anfang nicht weiter beachtet, aber mit der Zeit haben sie sich an die *abaya* in ihren Reihen gewöhnt und ihr auch zugehört. Aber für mich war es schon eine Umstellung von der vergleichsweise behüteten Welt des Familienunternehmens zu dieser doch sehr exponierten Stellung einer öffentlichen und damit repräsentativen Kammer. In meiner Funktion habe ich die Messen der Handelskammer organisiert und sowohl mit den Vertretern der alten Stämme gesprochen – und da waren harte Knochen darunter, die eine Frau als Gesprächspartner nicht akzeptierten – als auch mit internationalen Partnern.«

Immer wieder muss sie gegen tradierte Geschlechterrollen bestehen. Gegen patriarchalische Vorstellungen antreten.

»Unsere Gesellschaft ist in weiten Teilen noch sehr konservativ. Das bedeutet auch, dass man einer Frau in solchen Positionen nicht wirklich etwas zutraut. Und viele finden das auch immer noch nicht erstrebenswert für ihre Töchter. Nach dem Motto: Lass ›die Al Harthy‹ das machen, aber bitte nicht meine Tochter. Erst langsam wandelt sich das Bewusstsein.«

So ist es auch ein Novum in Oman, dass sie als Frau in den Ölsektor berufen wird. Ein Schlüsselressort der omanischen Wirtschaft und nach wie vor eine Männerdomäne. 2001 wird sie Head of Corporate Affairs der staatlichen *Oman Oil Company* SAOC. In ihrer Funktion verpasst sie der staatlichen Behörde erst einmal einen »modernen« Auftritt, ein »zeitgemäßes« Image.

»Ich bin sehr stolz auf das neue Logo, das wir gemeinsam entwickelt haben. Es ist jung, dynamisch und spiegelt unsere omanische Gesellschaft wider. Rund ein Drittel unserer Bevölkerung ist unter fünfzehn Jahren. Der Ölsektor ist ein wichtiger Faktor unserer nationalen Wirtschaft, und eine weibliche Handschrift beim Marketing kann da nicht schaden. Schließlich waren Vertrieb und Marketing des Weihrauchs, früher der wichtigste Rohstoff unseres Landes, traditionellerweise immer schon in weiblichen Händen.«

Sie bleibt länger als geplant und wird von 2009 bis 2010 Head of Economic and Business Research. Parallel macht sie ihren MBA an der *London Business School.*

»Endlich! Es war eine sehr spannende und lehrreiche Zeit bei *Oman Oil,* und ich bin froh, dass ich so viel bewegen und gestalten konnte. Aber dann hat es mich wieder zurück in die Privatwirtschaft gezogen. Ich hasse Stillstand. Es muss immer weitergehen.«

Sie geht zurück in das Familienunternehmen, wird im Januar 2011 CEO der gesamten *Al Harthy Group.* Auch das ist wieder ein absolutes Novum: die erste Frau in Oman, die eine derartige Schlüsselposition in einem privatwirtschaftlichen Familienunternehmen übernimmt. Im Juni 2011 gründet sie zusammen mit ihren Geschwistern zudem die erste private Vermögensverwaltung in Oman, *Group 6 LLC.*

Inzwischen ist sie eine der renommiertesten weiblichen Führungskräfte in Oman. Sie hat als eine der wenigen Frauen in ihrem Land das berühmte Glasdach einer nach wie vor stark von Männern dominierten Wirtschaft durchbrochen. Sowohl im staatlichen Ölsektor als auch in der Privatwirtschaft. Durch Fleiß, Leistung und Beharrlichkeit.

Sie ist Mitglied in zahlreichen nationalen und internationalen Wirtschaftsausschüssen und Aufsichtsgremien. Als Gründungsmitglied des *Arab International Women's Forum* in London engagiert sie sich besonders für die Verbesserung der Rahmenbedingungen für Frauen in der Wirtschaft. Für viele Frauen in Oman ist sie inzwischen Vorbild.

> »Zu meiner Zeit gab es keine weiblichen Vorbilder in unserer Gesellschaft. Ich habe das alles aus eigenem Antrieb, mit eigener Kraft und viel Starrsinn erreicht. Einige der grauen Haare meines Vaters habe ich zu verantworten. Wenn ich heute an Schulen Vorträge halte, um junge Mädchen zu motivieren, ihrem eigenen Weg zu folgen, dann freue ich mich, wenn sie sagen: ›Wenn sie das kann, kann ich das auch!‹«

Und dann streicht sie über den Ärmel ihrer aufwändig bestickten *abaya* und sagt augenzwinkernd: »Schöne Stickerei, nicht wahr?«

© privat

Ines Boujbel – Tunesien

◆ ◆ ◆

Datteln, soweit das Auge reicht. In Kartons, in Kisten, auf Bildern. In edlen stoffbezogenen Kartonagen, trendiges Dunkelbraun und Pink. Das Büro von Ines Boujbel in Charguia, dem Industriegebiet von Tunis, gleicht eher einer Lagerhalle als einem Büro. Von hier aus kann sie durch ein großes Fenster direkt in die Produktionshalle ihrer Firma *Deyma* schauen. Hier verarbeiten Frauen Datteln. Sie werden geputzt, sortiert, verpackt. Naturbelassen am Stengel oder als Konfekt gefüllt mit Mandeln oder Walnüssen. Daneben die Versuchsküche. Hier werden neue Rezepte ausprobiert. Heute eine neue Variante des traditionellen *rfissa*, einem Gebäck aus Datteln, Weizengries, Honig und Butter.

> »Ich bin mit Datteln aufgewachsen. Das hat Tradition in unserer Familie. Mein Großvater Haj Slimane hat 1957 begonnen, Datteln nach Europa zu exportieren. Eigentlich war unsere Familie in der Landwirtschaft tätig, wir haben Zitrusfrüchte exportiert. Aber als von einem unserer Partner aus Marseille der Wunsch nach Datteln aufkam, begann mein Großvater mit dem Export von Datteln.«

Heute ist die Firma *Boujbel* einer der drei größten Dattelexporteure Tunesiens. Die Dattel, Nationalsymbol Tunesiens, kam mit den Phöniziern in das nordafrikanische Land. Sie wird auch »das süße Brot der Wüste« genannt. Es gibt etwa 200 Dattelsorten. Die bekannteste in Tunesien ist die Sorte *Deglet Nour,* Finger des Lichts. Lange, goldgelbe, dünnschalige Früchte. Mit rund 90 000 Tonnen exportierten Datteln positioniert sich Tunesien seit Langem als weltweit führender Exporteur von Datteln. Etwa 70 Prozent der tunesischen Gesamtproduktion werden im Anbaugebiet bei Kébili, einer der ältesten Oasenstädte und gleichnamiges Gouvernement in Zentraltunesien, erzeugt.

Der Showroom von *Deyma* in Charguia: edles Weiß, klare Formen, gläserne Vitrinen. Dazu Naturtöne. Die Silhouette einer stilisierten Dattelpalme mitten im Raum. Die Datteln wie kostbare Kunstobjekte präsentiert: als Dattelkonfekt, Dattelsirup, Dattelmarmelade. Eine Kosmetiklinie, Schmuck aus Dattelkernen, Tischläufer mit Dattelkernen bestickt. Alles, was die Dattel hergibt. Der Fantasie sind keine Grenzen gesetzt. Hier wird die Dattel zum Erlebnis, zum modernen Lifestyle-Produkt. Ines Boujbel hat die Dattel neu erfunden, setzt sie stilsicher in Szene:

> »Mir geht es darum, die Dattel aufzuwerten. Sie ist eines unserer wichtigsten Kulturgüter, aber fristet ein freudloses Dasein. Ich wollte ihr ein modernes, zeitgemäßes Bild geben. Eine Brücke zwischen Tradition und Moderne, zwischen kulturellem Erbe und Lifestyle schlagen. Leider werden unsere Kulturgüter allzu oft verramscht, verkitscht. Das wird ihnen nicht gerecht. Hier, diese scheußliche Kette habe ich bewusst im Regal stehen, damit sie mich immer daran erinnert, nicht selbst in die ›Kitsch‹-Falle zu tappen«, erklärt sie mit einem spitzbübischen Lachen.

Es geht ihr um Authentizität. Darum, dass das kulturelle Erbe Tunesiens nicht dem Kitsch verfällt oder aber vergessen wird. Sondern dass es seinen Platz in der Moderne, im Lifestyle von heute findet. Aufgewertet. »Das hat die Dattel verdient.«. Mit diesem Konzept setzt die Jungunternehmerin Trends. Auch der Name *Deyma* ist Programm. Er bedeutet auf Arabisch wörtlich: Fortbestand, Dauer. *Sufra daima*, das ist eine typische Redewendung, wenn man den Gast zu Tisch bittet. »Möge der Tisch immer gedeckt sein«, so die Bedeutung. *Deyma* steht als Symbol für modern interpretierte Tradition, Gastfreundschaft, Begegnung.

»Eigentlich ist alles, was ich umsetze, das Resultat von Begegnungen. Es sind die Begegnungen mit den Menschen, die mein kreatives Potenzial entfalten und mich wieder auf neue Ideen bringen. Oft fügen sich die Dinge wie ein Puzzle zusammen, und ich treffe auf Menschen, die das Gleiche antreibt wie mich.«

Begonnen hat alles 2003: die Idee, etwas Neues, Zeitgemäßes aus dem traditionellen Dattelbusiness zu machen.

»Die ersten Dattelprodukte habe ich zu Hause in unserer Küche gefertigt und konfektioniert. Überall standen die Schachteln. Als wir dann mehr Platz brauchten, haben wir unser Lager in die Garage meiner Schwiegereltern verlegt.« Sie lacht. »Ich habe die Bestellungen entgegengenommen, die Datteln verarbeitet, die Kartons entworfen und gepackt und dann zu den Kunden ausgeliefert. Das war ein 24-Stunden-Job. Wir sind dann aus allen Nähten geplatzt, die Nachfrage stieg enorm. Ich habe die ganze Familie eingespannt.«

Von Beginn an legt Ines Boujbel auf die Präsentation ihrer Produkte großen Wert. Die kunstvolle Inszenierung ist Teil des Konzeptes und ihre Art der Wertschätzung. Das gesamte Design der Stores, der Produktlinien und Verpackungen hat sie zusammen mit Memia und Azza Taktak von der Agentur *Dzeta* konzipiert. Und jede Verpackung ist anders, passt sich dem Produkt an.

»Wir sind ein junges Team und probieren viel aus. Ich habe mir viele Gedanken über die Verpackung gemacht. So habe ich zum Beispiel als Erste durchsichtige Deckel verwendet, damit man das Produkt auch sehen kann. Das schafft nicht nur Vertrauen, sondern setzt das Produkt richtig in Szene. Wir sind ein kreativer Thinktank und überlegen immer, welche Präsentationsform und Verpackung zu welchem Produkt passt.«

Ihr Konzept geht auf, 2006 erhält sie den nationalen Preis für die beste Verpackung. Und immer sucht sie die Herausforderung, geht neue Wege: Schmuck aus Dattelkernen. Die Kerne, die normalerweise trostlos als Viehfutter enden. Ja, warum nicht:

> »Für mich gibt es keine Grenzen, alles ist denkbar. Warum dann also nicht auch Schmuck aus den Dattelkernen machen? Die Idee kam mir, als ich mit einer befreundeten Schmuckdesignerin beim Kaffee zusammensaß. Wir aßen dabei auch Dattelkonfekt. In meiner Hand drehte ich einen Dattelkern und dachte, das wäre doch ein schönes Schmuckstück. Ich fragte meine Freundin, ob wir daraus nicht Schmuck machen könnten? Sie antwortete, ja, wenn wir es schaffen, den Kern zu durchstoßen, dann ist es machbar. Und so entstand die erste Schmuckkollektion.«

Im Oktober 2010 eröffnet Ines Boujbel in Sidi Bou Said ihren ersten Konzeptstore: Kunstraum und Begegnungsstätte rund um die Dattel. Es gibt eine Patisserie, ein kleines Café, ständig wechselnde Ausstellungen junger Künstler. Den Ort Sidi Bou Said hat sie bewusst gewählt. Ein magischer Ort. Hoch über dem Meer am Felsen von Karthago. Ein heiliger Ort, ein Ort der Marabouts, die sich hierhin zurückzogen, um Gott näher zu sein. Benannt nach dem Sufi-Mystiker Abu Said Ibn Khalaf Ibn Yahia at-Tamimi al-Beji, der sich 1207 hier niederließ und seither dort verehrt wird.

Hier treffen sich Himmel und Meer. Blau und Weiß. Kubische Häuser in Weiß, Holztüren in Blau. Die Türen kunstvoll mit Nägeln beschlagen. Die Sonne malt Schattenornamente auf weißgetünchte Wände. Kunstvoll verzierte Fenstergitter, *mashrabiyas*, spenden Schatten. Üppige Bougainvilleas setzen Farbakzente in Pink. »Die Sonne von einer finsteren Kraft. Die farbige Klarheit am Lande verheißungsvoll. Macke spürt das auch. Wir wissen beide, dass wir hier gut arbeiten werden«, notierte Paul Klee 1914. Sidi Bou Said – immer schon Anziehungspunkt der Künstler, der Bohème – ist ein Ort, der sich seine Authentizität bewahrt hat. Trotz der Touristenströme, die den Ort regelrecht heimsuchen. Beturnschuhte Tausendfüßler, die sich durch die schmalen Gassen schlängeln. Tag für Tag. Dennoch. Es duftet nach Jasmin und Orangenblüten, dem Duft ihrer Kindheit, sagt Ines Boujbel. Und nach *bambalounis*, ausgebackenen Teigkringeln, die in Zucker gewendet werden. »Ausnahmsweise mal ohne Datteln«, sie lacht. Ein Ort der Inspiration. Auch für Ines Boujbel.

Zusammen mit Hayet Larnaout von der Buchhandlung *Fahrenheit 451*, Samia Chérif von *ecomevent*, Habiba Bennani, der Eventköchin, der Galeristin Aicha Gorgi und den Künstlern Mohammed Ali Bel Kadhi, Mohammed Ben Soltane und Laurence Touitou hat sie hier im Oktober 2010 etwas ganz Neues ausprobiert: das Happening *FoodArt et Littérature*. Event-Cooking rund um die Dattel, Literatur rund um das Thema Essen und Genuss. Ein DJ mit Hip-Hop und Oriental Mix, eine Performance-Künstlerin, die Rezepte vorliest, Kunst. Und all das mitten auf dem Marktplatz, zwischen den Gemüsehändlern, in Sidi Bou Said, an einem Sonntag um 11 Uhr:

»Mir ging es darum, alle Leute mit einzubeziehen. Ich bin also zum Bürgermeister von Sidi Bou Said gegangen, habe ihm mein Konzept vorgestellt und ihm gesagt, dass wir das auf dem lokalen Marktplatz machen möchten. Das Konzept hat ihn überzeugt, und so haben wir losgelegt. Wir haben mit einer Degustation im *Deyma* angefangen, mit Bildern und Installationen junger Künstler zu dem Thema. Dann sind wir zusammen weitergezogen auf den Marktplatz von Sidi Bou Said. Die Touristen, die Leute aus Sidi Bou Said, die Gemüsehändler – alle haben sie erst erstaunt geschaut, was denn da passiert. Aber die Begeisterung ist schnell übergesprungen, und es hat viele wunderbare, unerwartete Begegnungen gegeben. Es war ein buntes, sinnliches und lebendiges Happening, mitten in Sidi Bou Said. Das ist es, was ich will: Leute zusammenbringen, die gemeinsam Schönes erleben und Sinn für Schönheit genießen.«

Schon als kleines Mädchen waren es die Begegnungen, die ihr neue Horizonte eröffneten. 1973 wird sie in Tunis als älteste von drei Geschwistern geboren. Die Wochenenden verbringt sie bei der Großfamilie, im Hause ihrer Großmutter in Beni Khalled, einem kleinen Dorf am Cap Bon.

»Diese Treffen im Dorf meiner Familie waren legendär, denn das Leben dort hatte nichts mit dem in Tunis zu tun. Für mich waren das zwei Wel-

> ten, oft sehr widersprüchlich. Es war eine konservative Familie, auch wenn meine Eltern mich sehr liberal erzogen haben. Und so saß ich als kleines Mädchen, die ›kleine Städterin aus Tunis‹ mit ihren Flausen im Kopf, bei den Frauen im Dorf. Die Männer saßen von uns getrennt und diskutierten über Politik, die Geschäfte, das Business. Ich bekam solche Ohren und hörte ganz genau zu. Denn das waren die Themen, die mich interessierten.«

Nach der französischen Nonnenschule in Tunis studiert sie Wirtschaft und Verwaltung mit Schwerpunkt Personalwesen in Paris, arbeitet erst im Vertrieb, leitet dann das Personalbüro im Unternehmen ihres Vaters unter einer Bedingung: keine Sonderregelung, morgens als Erste kommen, abends als Letzte gehen. Hier sammelt sie viel Erfahrung. Aber bald reicht ihr das nicht mehr. Sie hat ihre eigenen Ideen, die sie verwirklichen möchte. Einen eigenen, neuen Weg zur Dattel. In einem dreistündigen Gespräch teilt sie ihrem Vater mit, dass sie bei ihm kündigt, um ihr eigenes »Dattel-Business« zu starten. Und das war eben 2003:

> »Er hat mir ruhig zugehört und mir dann viel Glück gewünscht. Das Startkapital habe ich dann allerdings von meiner Mutter bekommen. Mit ihr bespreche ich viel, sie ist die Erste, die meine neuen Kreationen ausprobiert.« Sie schüttelt sich und lacht. »Wir probieren Rezepte, tauschen Ideen für Design aus. Meine Mutter hatte als junge Frau ein Atelier für Kindermode, sie hat die Modelle selbst entworfen und ihre Kreationen Geschäften zum Verkauf angeboten. Als sie uns Kinder bekam – wir sind drei Geschwister – hat sie damit aufgehört. Aber sie hat eine sehr kreative Ader, die ich wohl von ihr geerbt habe, und berät mich in vielen Dingen. Aber letztlich muss ich dann die Entscheidungen treffen und für sie geradestehen.«

Das tut sie. Ines hat *Deyma* zur renommierten Lifestyle-Marke gemacht. Inzwischen hat sie mehrere Filialen, nur an den besten Standorten: Avenue de France in Tunis, Sidi Bou Said, La Goulette und Gammarth. *Deyma* macht einen Jahresumsatz von rund 4,46 Millionen Euro. Sie beschäftigt mittlerweile allein in der Produktion rund siebzig Angestellte, davon 90 Prozent Frauen.

> »Ich trage ihnen gegenüber auch eine große Verantwortung. Sie kommen zum Teil aus sozial schwachen Verhältnissen und sind auf das zusätzliche Einkommen angewiesen. Als wir einmal wegen einer großen Bestellung abends länger gearbeitet haben, bekamen einige Frauen vonseiten ihrer Familien Ärger, weil sie erst so spätabends nach Hause gekommen sind. Natürlich mache ich mir über so etwas Gedanken.«

Seit November 2011 ist sie im Vorstand des *Centre des Jeunes Dirigeants d'Entreprise* (CJD), der Vereinigung junger Unternehmer in Tunesien.

> »Es ist mir wichtig, mein Know-how an junge Menschen, vor allem Frauen, weiterzugeben. Sie zu ermutigen, ihren eigenen Weg zu gehen. Aber dafür brauchen sie Unterstützung und vor allem die Erfahrung, wie man sein Business erfolgreich aufzieht.«

Kreativität durch Begegnungen, Verbindung von Tradition und Moderne, das ist das Motto der erfolgreichen Jungunternehmerin und zweifachen Mutter. Sie will mehr als nur »verkaufen«. »Ich möchte, dass meine Kinder die Tradition ihres Landes zeitgemäß erleben.« Daher unterstützt sie auch das traditionelle Handwerk der Dattelpalmenflechter auf der Insel Kerkenah. Eine Tradition, die vom Aussterben bedroht ist. Zusammen mit Hajj Mohammed, einem Meister in seinem Fach, bildet sie nun Nachwuchskräfte aus und verkauft die Produkte in ihren Läden. Und sie möchte expandieren. Die Pläne für eine Franchise-Kette sind in der Schublade, das Konzept steht.

> »Für mich gibt es kein Limit. Es ist nie fertig, alles ist im Prozess, und das macht das Spannende aus. Ich habe immer wieder neue Ideen. Und: Ich wohne im schönsten Land der Welt. Dieses Potenzial muss man doch ausschöpfen und richtig zur Geltung bringen, oder?« Sagt sie und beißt genussvoll in eine Dattel.

Maysoon Zoubi – Jordanien

◆◆◆

Amman. Das jordanische Ministerium für Wasser und Bewässerung. Auf dem Schreibtisch von Maysoon Zoubi, der Generalsekretärin des Ministeriums, stehen zwei Gläser Wasser. Das Wasser funkelt kristallklar, leichte Bläschen steigen auf. Wasser, das ist ihr Thema. Maysoon ist die erste Frau in Jordanien auf dem Posten der Generalsekretärin in einem Schlüsselministerium.

> »Wasser ist ein Thema, vor dem die meisten am liebsten davonlaufen würden. Dabei können wir uns das nicht leisten. Wir haben weniger als 160 Millimeter Niederschlag. Die Wasserarmutsgrenze liegt bei 1000 Kubikmetern pro Kopf und Jahr. Wir Jordanier müssen uns mit 145 Kubikmetern begnügen.«

Jordanien rangiert auf Platz vier der wasserärmsten Länder der Welt. Das ist nicht nur in der Wüste Wadi Rum im Süden des Landes sichtbar. Trockenheit zerklüftet die rissige, braune Erde. Oder in den staubigen, strukturschwachen, ländlichen Regionen, außerhalb der städtischen Ballungszentren. Auch in der Hauptstadt Amman mit seiner wachsenden Bevölkerung von rund 2 Millionen Einwohnern bestimmt Wasserknappheit das tägliche Leben.

> »Eine sichere Wasserversorgung ist einer der zentralen Pfeiler für die Stabilität unseres Landes und der gesamten Region. Das Thema ›Wasser‹ ist

> mit einem enormen Druck und viel Stress belegt. Denn es wird auch über den Frieden in dieser Region mit entscheiden.«

Das Wassermanagement ist eine der größten Herausforderungen Jordaniens. Und an vorderster Front steht eine Frau. Sie setzt sich unermüdlich ein für die Sicherung der Wasserversorgung, die Erschließung zusätzlicher Ressourcen mittels Meerwasserentsalzung, gerechte und effiziente Verteilung, Nachfragesteuerung oder die (dezentrale) Aufbereitung und Wiederverwendung von Abwasser. Das sind nur einige der vielen Themen, mit denen sie sich tagtäglich befasst.

Geboren wird Maysoon in Irbid, der drittgrößten Stadt Jordaniens im Norden des Landes. Ihr Vater ist Richter und stammt aus der Nähe von Amman. Sie studiert an der *University of Jordan* in Amman Bauingenieurwesen, macht 1987 ihren Bachelor und schließt später, 2007, noch einen Master an der *Jordan University of Science and Technology* in Irbid an. Ihre Spezialisierung ist Wassermanagement. Nach ihrem Bachelor arbeitet sie zunächst für kurze Zeit in einem Ingenieurberatungsbüro, bevor sie im Dezember 1986 im Ministerium für Bauwesen in der Abteilung für Recherche und Studien beginnt. Im Februar 1987 wechselt sie in die staatliche Wasserbehörde. Hier beginnt ihre Karriere, ihr Leben für das Thema »Wasser«.

> »Ich fand mich in diesem Thema richtig zu Hause. Und ich glaube, jeder, der sich mit Wasser auseinandersetzt, wird es irgendwann lieben! Und dann kommt man davon einfach nicht mehr los. Es wird zu einer Lebensaufgabe.«

Sie steigt immer weiter auf, bekommt mehr und mehr Kompetenzen übertragen. Im Jahr 1999 wechselt sie in das Ministerium für Wasser und Bewässerung, wird zunächst Leiterin der Finanz- und Controllingabteilung. Sie entwirft neue strategische Konzepte für den Wassersektor. Auch hier überzeugt sie durch ihre Kompetenz.

»Jeden Bericht, jede Studie habe ich immer und immer wieder überarbeitet, bis ins letzte Detail. Ich habe mich mit ausländischen Experten ausgetauscht, ihre Expertise und Meinungen eingeholt. Für mich war und ist es sehr wichtig, immer wieder dazuzulernen. So habe ich viele Konferenzen, Workshops und Weiterbildungen besucht, um meinen Horizont zu erweitern, von anderen zu lernen. Zum Beispiel habe ich Kurse an der *Harvard University* besucht, in Deutschland, Frankreich, den USA. Es ist ein lebenslanger Lernprozess. Und wenn man dann einen guten Posten erhält, dann kann man ihn auch wirklich fachgerecht und kompetent ausfüllen! Vor allem als Frau steht man da unter besonderer Beobachtung.« Sie zwinkert spitzbübisch.

Von 2005 bis 2007 arbeitet sie im Auftrag des Premierministers an der Entwicklung einer nationalen Agenda zur Verbesserung der Infrastruktur des Landes. In den Jahren 2007 bis 2009 wird sie in den *Royal Hashemite Court* berufen. In der Wirtschaftsabteilung ist sie für den Bereich Wasser und Energie zuständig.

»Um die Relevanz dieser beiden so wichtigen Themen zu unterstreichen, wurden zwei königliche Komitees unter der Leitung von S.K.H. Prinz Hamza (Energie) und S.K.H. Prinz Faisal (Wasser) durch S.M. König Abdullah II. ins Leben gerufen. Hierdurch wurde nicht nur eine wegweisende strategische Ausrichtung dokumentiert, sondern gleichzeitig ein Signal in die Bevölkerung gegeben, dass diese Themen höchste Priorität haben.«

Seit 2009 nun ist sie Generalsekretärin im Ministerium. Sie ist fast ganz oben, nur der Ministerposten steht noch über ihr.

»Ich habe oft Aufgaben übernommen, die keiner machen wollte. Aber das hat mir einen gewissen Spielraum verschafft, und man hat sie mir auch nicht streitig gemacht. Und ich hatte auch Glück, dass meine Förderer immer gesehen haben, was ich leiste.«

Ein kleines Dorf im Norden Jordaniens. In dieser Region, al-Mafraq, herrscht besonders hohe Wasserknappheit. In flachen Schuhen, Jeans und langärmeligem T-Shirt diskutiert Maysoon mit den Bauern des Dorfes, die Grundwasser aus illegalen Brunnen pumpen – ein großes Problem in Jordanien. Dessen Bekämpfung ist Teil des Programms *Highland Water Forum*. Maysoon erklärt den Bauern die negativen Folgen, gemeinsam diskutieren sie Alternativen. Am Anfang begegnet man der blonden Vertreterin des Ministeriums aus dem entfernten Amman mit Skepsis. Die Bauern zu überzeugen, ist harte Arbeit. Doch Maysoon packt die heißen Eisen an. Und überzeugt.

> »Wir sitzen zusammen, tauschen Meinungen aus, diskutieren. Es ist wichtig, den Leuten zuzuhören, ihre Bedürfnisse ernst zu nehmen. Um das Wassermanagement nachhaltig zu verbessern, muss zunächst ein Bewusstsein geschaffen werden. Umdenken ist gefragt und nachhaltige Strategien zur ganz konkreten Umsetzung. Unsere Erfahrung hat gezeigt, dass es von entscheidender Bedeutung ist, die Bevölkerung vor Ort mit einbeziehen. Die Stakeholder zu integrieren, ihnen zuzuhören, gemeinsam die Projekte zu entwickeln und ihnen Verantwortung zu übertragen. Sie investieren ihr eigenes Geld, sind Teilhaber, fühlen sich verantwortlich und partizipieren auch am Gewinn. Es klingt paradox, aber wäre es umsonst, dann würden sie sich nicht auf die gleiche Weise kümmern. Mitbestimmung, Integration der Stakeholder, Eigenverantwortung sowie Dezentralisierung, das sind die Schlüssel zur Nachhaltigkeit.«

Umm al-Quttain. Ein anderes Dorf in dieser ländlichen, strukturschwachen und wasserarmen Region im Norden. Dr. Maha Halalshe vom Zentrum für Wasser, Energie und Umwelt (WEEC) der *University of Jordan* in Amman begleitet hier eines von vielen Projekten für ein den lokalen Bedingungen angepasstes Abwassermanagement. In Zusammenarbeit mit der Fachhochschule Köln wurde ein ebenso einfaches wie wirksames System zur dezentralen Aufbereitung von Grauwasser untersucht.

»Wir bereiten Brauchwasser der Privathaushalte zur Nutzung in der Landwirtschaft auf. Vorher kam der Wassertankwagen alle sechs Wochen, heute kommt er nur noch alle sechs Monate. Man kann nun ohne Pumpen bewässern und verbraucht weniger Wasser. Das ist umweltfreundlicher«, erklärt Maha. »Mit diesem Wasser können die Landwirte jetzt zum Beispiel ihre Gemüsebeete oder Olivenbäume bewässern, sind unabhängiger und sparen 50 Dinar, das ist rund ein Viertel ihres Monatseinkommens.«

Einer der Dorfbewohner, Abu Hassan, ein Olivenbauer und Mitglied im Steering Committee des Projektes, sitzt vor einer Tasse dampfendem Tee. Er nickt zustimmend. Dann zeigt er stolz auf das neue Bewässerungssystem in seinem Olivengarten.

»Das Projekt war ein voller Erfolg. Das System ist sehr kostengünstig, und es ist einfach zu handhaben. Damit hat es schon die wesentlichen Erfolgskriterien erfüllt. Das erklärt sicherlich auch, warum hier im Dorf alle mitmachen. Wir haben eine Kooperative gegründet, in der jeder einen gewissen Betrag eingezahlt hat. Jeder im Dorf, der das System einrichten möchte, erhält von der Kooperative einen rotierenden Mikrokredit. Sobald dieser durch die Einsparungen abbezahlt ist, erhält der nächste Dorfbewohner auf der Liste den Kredit. Und am Gewinn werden alle beteiligt. So haben alle etwas davon.«

Die verschiedenen Akteure anzusprechen, zielorientierte Konzepte für die unterschiedlichen Bedürfnisse von Industrie, Landwirtschaft, dem sehr wasserintensiven Tourismussektor oder Privathaushalten mit Blick auf eine effiziente Wassernutzung zu entwickeln – das gleicht oftmals einer Quadratur des Kreises. Und immer wieder gilt es, Tabuthemen anzusprechen.

»Wir bauen derzeit eine Datenbank auf, um nachweisen zu können, welcher Grenznachbar wie viel Wasser aus Flüssen abzweigt, bevor sie Jordanien erreichen. Das ist ein äußerst unpopuläres, unbequemes Thema hier bei uns! Aber ich fürchte mich nicht. Vielleicht schickt man mich ja auch deshalb zu derartigen schwierigen und unangenehmen Treffen. Und oft hat man sich auch schon über mich bei meinem Chef beschwert. Aber zum Glück steht er voll und ganz hinter mir!«

Sie lacht energisch und streicht sich eine blonde Strähne aus dem Gesicht.

»Das Umdenken fängt im Kleinen an. Wie oft habe ich meinen Kindern gesagt: ›Dreht den Wasserhahn beim Zähneputzen zu!‹« Sie lacht. »Ich glaube, ich habe sie ganz schön genervt am Anfang, aber inzwischen sind sie Meister im Wassersparen, und ich bin stolz, dass wir unseren privaten Wasserverbrauch derart senken konnten, dass unsere Rechnung für drei Monate nur noch 10 Jordanische Dinar (rund 10 Euro) beträgt. Das ist doch was!«

Auf ihrem Schreibtisch liegen Entwürfe für einen Vortrag auf dem Weltwasserforum in Marseille im März 2012.

»Der Austausch mit internationalen Experten ist sehr wichtig, um neue Impulse zu bekommen, sich weiterzuentwickeln, von den Erfahrungen anderer zu lernen.«

In ihrem Ministerium arbeiten überproportional viele Frauen. Sie lacht, als sie sagt:

»Ich glaube sehr fest an uns Frauen. Wir können hart arbeiten, sind fokussiert und wollen uns beweisen. Das ist sehr produktiv! Gleichzeitig haben wir in Jordanien noch zu wenige Frauen in Führungspositionen. Sie erreichen ein gewisses Level, und dann ist Schluss. Dann übernehmen die Männer wieder. Hier haben wir noch Entwicklungsbedarf. Im Übrigen hat es auch bei mir eine ganze Weile gedauert, bis ich diesen Posten hier bekam. Am Anfang gab es sehr viel Gegenwind, man traute mir als Frau den Job nicht zu. Immer wieder kamen Argumente von der Art: wie soll sie als Frau dies oder jenes machen, geschweige denn sich durchsetzen? Wie soll sie vor allem auf dem Land mit älteren, noch sehr traditionellen und konservativen Männern verhandeln? Gerade mein Bereich ist nach wie vor eine Männerdomäne.«

Sie macht eine Pause, lehnt sich zurück.

»Aber ich habe es schlussendlich geschafft, und die Ironie ist, dass ich insbesondere von diesen Männern inzwischen sehr respektiert werde. Und jetzt versuche ich, meine Erfahrungen an die Frauen in meinem Umfeld weiterzugeben. Sie zu unterstützen, ebenfalls weiterzukommen. Weiterbildung spielt dabei eine zentrale Rolle. Und ich möchte noch hinzufügen, und das ist mir jetzt sehr wichtig, dass wir in I.M. Königin Rania eine große Fürsprecherin und Förderin der Frauen haben. In ihren zahlreichen Projekten setzt sie sich für das Weiterkommen von Frauen auf allen Ebenen ein.«

Irgendwie klingt es nicht nach abgedroschener oder Karriere fördernder Lobhudelei, als sie das sagt, sondern nach aufrichtiger Anerkennung. Sie ist Mitglied in vielen Vereinigungen, so auch in der *Jordan Engineers Association* und im *Committee on Transfer of Technology*.

Maysoon ist ein Fan von Facebook. Sie postet Bilder von ihrer Familie, von Konferenzen, aus dem Urlaub. Ein Bild zeigt sie als junges Mädchen bei einem Picknick mit ihrer Mutter und ihren Geschwistern. Sie sitzen gemütlich unter einem Baum. Ihre Tochter Farah postet: »I am proud of you, Mama«, dahinter ein Herz. Sie antwortet: »*habeebti (*Mein Liebling), I am proud of you too!« Sie hat zwei Töchter und einen Sohn. Von ihrem Mann, einem Professor für englische Literatur an der *University of Jordan* in Amman, erfährt sie viel Unterstützung für ihre berufliche Karriere.

»Vielleicht ist das unser Erfolgsrezept! Dass wir aus völlig unterschiedlichen Bereichen kommen!« Sie lacht laut auf. »Aber im Ernst, meine Familie ist mein Ein und Alles. Hier erhole ich mich, lade meine Batterien wieder auf. Und zum Glück erfahre ich durch sie sehr viel Unterstützung.

Aber es war nicht immer einfach, beides miteinander zu vereinbaren. Unsere gemeinsame Zeit war oft knapp bemessen, aber ich habe mich bemüht, diese Zeit dann auch ganz intensiv mit ihnen zu verbringen. Wie heißt es so schön: Qualität statt Quantität. Aber natürlich war das oft auch ziemlich anstrengend und das schlechte Gewissen oft da, keine Frage. Denn ich habe nicht nur einen aufreibenden und zeitintensiven Job. Wasser ist wie ein Baby für mich. Es muss gehegt und gepflegt werden.« Nach einer kurzen Pause fügt sie hinzu: »Ich nehme meine Aufgabe sehr ernst. Es ist nicht nur ein Job, sondern ich trage eine große Verantwortung. Wir können ohne Wasser nicht leben.« Und dann nimmt sie einen großen Schluck Wasser.

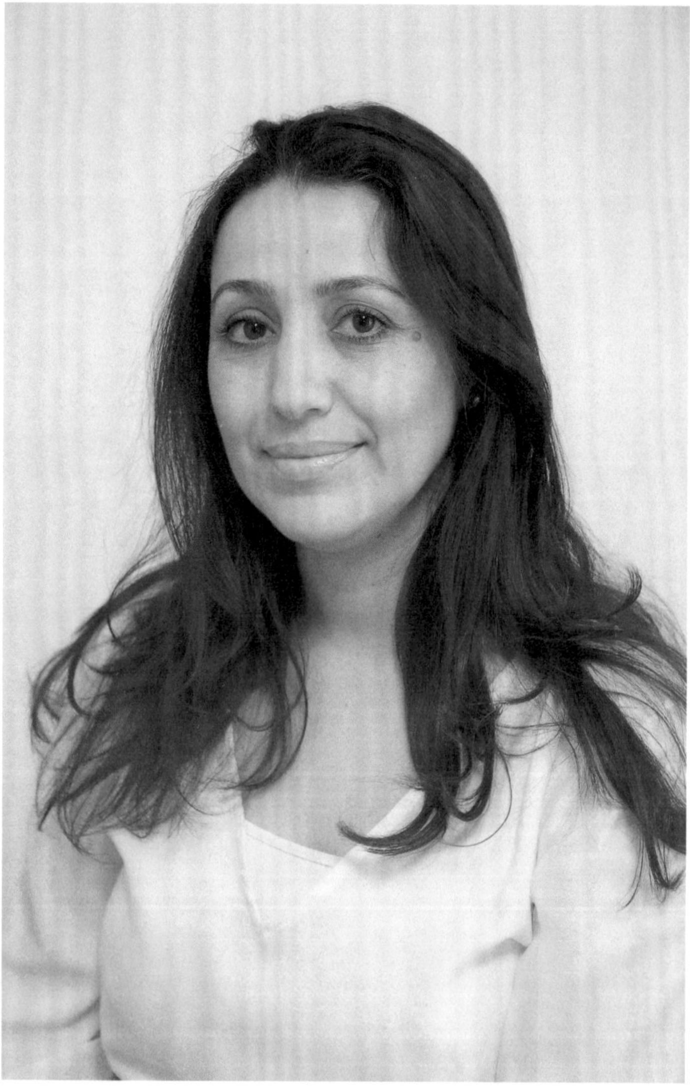

Loubna Lahmici – Algerien

◆ ◆ ◆

> »Ich war immer schon sehr neugierig und wollte gewisse Phänomene und Mysterien des Lebens untersuchen und verstehen, aber auf eine sehr rationelle Art und Weise. Ich habe es stets bewundert, wissenschaftliche Antworten und technische Lösungen auf diese Rätsel zu finden.«

Loubna Lahmici hat ihre Leidenschaft für Technik zum Beruf gemacht. Neue Technologien, neue Medien, das ist ihr Metier. Und so ist es nur natürlich, dass wir skypen. Sie in Algier, ich in Köln. Die Kamera ist eingestellt, vom Bildschirm flackert mir ihr fröhliches Lachen entgegen.

> »Ist das nicht fantastisch!? Wir können wunderbar kommunizieren, obwohl wir meilenweit voneinander entfernt sind. Die Technik bringt uns alle auf dieser Welt näher, egal, wo wir sitzen. Das ist einfach genial, eine Revolution.«

Revolution. In der Tat. »Revolution 2.0.«, so wurde der Arabische Frühling von vielen bezeichnet. Facebook, Twitter und Co. wurde eine zentrale Rolle zugeschrieben. Die Aktivisten in der arabischen Welt bloggten, informierten sich gegenseitig in Echtzeit über Aktionen oder auch darüber, welche Plätze gerade zu meiden waren. Auf dem Tahrir-Platz organisierten sie per Handy die Versorgung der Verletzten. Sie luden die Bilder auf Youtube hoch. Der Ägypter Wael

Ghonim schaffte mit seiner Facebook-Seite *Kullena Khaled Said – wir alle sind Khaled Said* eine der vielen internetbasierten Plattformen des Arabischen Frühlings. In Tunesien wurde die unsichtbare Zensur ausgetrickst, man gab ihr den Namen *Ammar 404*. *Ammar*, ein unverfänglicher arabischer Vorname. *Error 404 – page not found.*

> »Das Internet hat vieles transparenter gemacht. Das Monopol der staatlichen Medien auf Meinung ist durchbrochen worden mit einem Mausklick.«

Geboren wird Loubna in Algier 1972 als jüngstes von sieben Kindern einer arabo-berberischen Familie. Ihre Eltern stammen aus dem Aurès-Gebirge. Sie kommen 1959 nach Algier. Hier tobt der Unabhängigkeitskrieg gegen die Franzosen. Nach der Unabhängigkeit 1962 baut ihr Vater eine Firma für Plastikverpackungen auf. Er wird zum Selfmademan in einem von Planwirtschaft und Staatssozialismus geprägten postkolonialen Algerien.

> »Ich glaube, wir alle in der Familie haben von ihm diesen Unternehmergeist geerbt. Etwas Eigenes aufzubauen, kreativ zu sein, eigene Ideen zu verwirklichen und sich dabei nicht nur auf den Staat zu verlassen.«

Loubna besucht das *Lycée Technique d'Alger*, Mathematik und Physik sind ihre Lieblingsfächer.

> »Die Schule war für mich als junges Mädchen das Tor zu Welt. Unsere Familie war zwar, verglichen mit anderen, weniger konservativ, aber auch ich konnte nicht, wie die Jungs in unserer Familie, einfach draußen spielen. Erst mit dem Besuch der Schule öffneten sich ganz neue Welten außerhalb des Hauses. Ursprünglich war dieses Lycée nur für Jungen offen, wir waren der vierte Jahrgang, bei dem auch Mädchen zugelassen wurden. Ich habe hier sehr viel gelernt, aber es waren auch sehr harte Jahre. Es herrschte ein großer Konkurrenzkampf, und es wurde sehr viel Disziplin verlangt. Das war kein Zuckerschlecken.«

Von 1990 bis 1995 studiert sie an der *Université des Sciences et de la Technologie* in Algier Ingenieurwesen für Telekommunikation, ihr Spezialgebiet: Elektrotechnik. Es sind schwere Jahre in Algerien. Nachdem sich bei den Parlamentswahlen 1991/92 ein Sieg des *Front Islamique du Salut* (FIS) abzeichnet, werden die Wahlen annulliert, der FIS aufgelöst. Teile des FIS greifen zu den Waffen. Das Land zerfleischt sich im Bürgerkrieg. Islamisten gegen Militär. Und irgendwann alle gegen alle. Der algerische Schriftsteller Yasmina Khadra schildert in seiner Algier-Trilogie aus Sicht des unbeugsamen Kommissars Brahim Llob eindrucksvoll die Spirale von Gewalt, Hass und Ausweglosigkeit in einem von Bombenhagel, Korruption und Perspektivlosigkeit gezeichneten algerischen Alltag. Die blutigen Auseinandersetzungen fordern unzählige Todesopfer. Es gibt kaum eine Familie, die keinen Verlust zu beklagen hat.

> »Die Spannung war überall greifbar, unerträglich. Jeden Tag hörten wir von Anschlägen, von Gewalt und Terror. Überall in den Straßen Militär, bewaffnete Gruppen. Wir hatten Angst, sind oft nicht aus dem Haus gegangen. Denn es konnte jeden überall treffen. Diese Zeit hat uns einen Teil der Jugend geraubt. Wir hatten Glück, dass meine Familie und meine Freunde unbeschadet blieben.« Sie macht eine Pause.

Die Studienzeit ist trotz allem gekennzeichnet von viel Freiheit, Austausch und Selbstbestimmung auf dem Universitätscampus.

> »Das kannte ich nicht, und ich habe die Freiheit an der Uni sehr genossen. In den ersten zwei Monaten habe ich keinen Fuß in einen Hörsaal gesetzt! Wir haben viel diskutiert, zusammen getüftelt und auch viel Spaß gehabt. Dann habe ich mich schon sehr in mein Studium gekniet, aber freiwillig. Selbst für mich verantwortlich zu sein und meinem eigenen Rhythmus zu folgen, war wunderbar. Es herrschte eine entspannte Atmosphäre. Und ich glaube, so ein Klima ist gut, um sich entwickeln und voll entfalten zu können.«

1995. Das Diplom in der Tasche. Den Kopf voller Ideen und Pläne. Die Aussichten bescheiden.

»Der Arbeitsmarkt zu der Zeit war nicht einfach. Hohe Arbeitslosigkeit, die Konkurrenz groß. Es gab nur wenige internationale Firmen, und ich sah mich nicht in einem der staatlichen Unternehmen. Die Arbeitsweise dort war mir zu archaisch, zu wenig innovativ. Ich wollte etwas bewegen, mich weiterentwickeln. Also habe ich zunächst bei einem kleinen privaten Softwareentwickler angefangen. Aber die Idee, mich selbstständig zu machen, ließ mich nicht los, und auch mein Vater unterstützte die Idee. Und dann haben wir das Abenteuer begonnen!«

1999 gründet Loubna zusammen mit ihrer Schwester Nadia, einer Informatikerin, ihre erste Firma *Alcoserv*. Sie entwickeln Software für Unternehmen. Leisten auf dem Gebiet Pionierarbeit in Algerien.

»Wir hatten ein kleines ›Zweifrauen-Unternehmen‹. Kleines Büro und alles selbst gemacht. Das war natürlich viel Arbeit, aber es war ein wunderbares Gefühl, alles selbst bestimmen zu können. Wir haben spezielle Programme für Unternehmen entwickelt, zum Beispiel Warenwirtschaftssysteme, Prozessoptimierungs- oder Controlling-Software. Aber die Nachfrage war damals sehr gering. Kaum ein Unternehmen hat derartige Software benutzt. Wir waren unserer Zeit leider voraus.«

Die Auftragslage ist schlecht. Im Jahr 2000 stellen sie ihr Angebot um. Bieten nun Werbung und Kommunikation an.

»Es waren in Algerien die Boomjahre der Werbung. Die Wirtschaft zog an, die Vorläufer der Privatisierungspolitik waren zu spüren. Der Markt für Werbung wuchs, zum Beispiel in der Telekommunikationsbranche, der Automobilindustrie, und so haben wir flexibel auf die Nachfrage des Marktes reagiert und waren vorne mit dabei.«

Das Unternehmen floriert und wächst. Sie stellen neue Mitarbeiter ein.

»Unsere Mitarbeiter waren zu 80 Prozent Frauen. Ich sage Ihnen auch warum. Sie sind einfach besser, engagierter und zeigen viel mehr Eigeninitiative. Sie sind zuverlässiger und belastbarer. Das sind unsere Erfahrungen. Und als kleines privates Unternehmen kann man sich einfach keine ineffizienten Mitarbeiter leisten!« Sie lacht und klopft mit der Hand auf den Schreibtisch. Der Bildschirm flackert.

Bei allem geschäftlichen Erfolg – die Technik lässt Loubna nicht los. Vor allem die neuen Medien.

»Ich war immer schon fasziniert von neuen Technologien. Ich möchte immer auf dem neuesten technologischen Stand sein. Und so hat es mich wieder dorthin gezogen. Was lag da näher, als sich professionell mit dem Internet und all seinen Möglichkeiten, zum Beispiel E-Learning, zu befassen? Ich habe da ein großes Potenzial gesehen. Und ich bin zu meiner ersten Liebe zurückgekehrt.«

2008 gründet sie ihr Unternehmen *Ideatic*, einer der ersten Anbieter von E-Learning und Softwarelösungen in Algerien.

»E-Learning ist für mich eine der wichtigsten Fortbildungsmethoden in einer globalisierten Welt. Natürlich ersetzt es den persönlichen Kontakt nicht, aber Firmen profitieren enorm von dieser Form der Weiterbildung. Derzeit nutzen lediglich die großen Firmen E-Learning, aber ich sehe ein großes Potenzial zum Ausbau. Wir stehen am Anfang der Entwicklung.«

Aber technisches Know-how alleine genügt nicht, um ein erfolgreiches Unternehmen in eigener Regie zu führen.

»Ich glaube, ich bin ein richtiger Computerfreak.« Sie lacht lauthals. »Doch, im Ernst. Ich musste erst lernen, wie man ein Unternehmen alleine führt, wie man seine Mitarbeiter motiviert, wie man kommuniziert und all diese Soft Skills. Ich bin mehr für das Tüfteln, Konzepteentwickeln, das Lösen kniffeliger technischer Herausforderungen.«

Webdialna. Zu Deutsch: Unser Web. So heißt die Studie, die Loubna zusammen mit *Med&Com* 2009 durchgeführt hat. Es ist die erste Studie in Algerien, die statistisches Material zu dem Thema »Internet und seine User« erhoben hat. Rund 6000 Internetuser wurden zu ihrem Umgang mit dem Internet befragt. Das Ergebnis: 12,8 % der algerischen Bevölkerung nutzen regelmäßig das Internet. 75 % davon bezeichnen das Internet als unverzichtbares Instrument. 90 % geben an, mindestens einmal pro Tag für mindestens zwei Stunden online zu gehen. Der »typische« algerische Internetuser ist männlich (72,2 %), zwischen 20 und 29 Jahren (29,2 %), mit Abitur (66,2 %) und lebt in Algier (29,28 %). Frauen machen mit 25,8 % der algerischen Internetuser den deutlich geringeren Teil aus, Tendenz ist aber durchaus steigend. Die Studie zeigt zudem, dass das Internet vorwiegend als soziales Kommunikationsmedium genutzt wird: 82,6 % kommunizieren per E-Mail, 42,5 % nutzen MSN oder Yahoo Messenger, 33,8 % nutzen Chatforen, 33 % nutzen Skype und 9,9 % nutzen das Medium für Videokonferenzen. 57,9 % frequentieren regelmäßig soziale Netzwerke wie Facebook (44 %). Das Web wird zudem als Informationsquelle genutzt. 80,8 % lesen inzwischen die Onlineversion der Zeitungen. Angebote wie Youtube werden mit 82,2 % intensiv genutzt. Die Studie zeigt auch Problemfelder: 72,1 % der User sind mit der Übertragungsgeschwindigkeit unzufrieden, für 43,8 % sind die Kosten zu hoch. Der Wandel aber ist nicht mehr aufzuhalten. Das Internet verändert die Gesellschaft.

»Auch wenn sich die algerische Internetszene stark auf die städtischen Zentren, wie Algier oder Oran, zentriert und der Anteil an der Gesamtbevölkerung mit 12,8 Prozent noch vergleichsweise gering ist, so ist der Wandel durch die neuen Medien spürbar. Es gibt kaum einen Haushalt oder zumindest in der Nachbarschaft einen Ort, wo nicht ein Computer steht. Und der weckt die Neugier. Söhne zeigen ihren Müttern, wie sie surfen oder skypen können. ›Wohlbehütete Töchter‹ haben Zugang zu

Informationen. Da eröffnen sich ganz neue Dimensionen, vor allem für Frauen.«

E-Commerce. Das neueste Projekt der Internetpionierin. Im Oktober 2011 hat sie mit der Internetseite *dzreduc.com* das erste Schnäppchen-Webportal in Algerien gegründet. *Dz* steht für das Internetkürzel »Algerien«, *reduc* für »reduziert«.

»Die Idee ist, dass sich Mitglieder im Portal Gutscheine herunterladen und ausdrucken können, die sie dann bei den teilnehmenden Geschäften einlösen. Das ist eine erste Annäherung an das Thema Kaufen/Verkaufen im Internet. Noch haben viele Verbraucher Vorbehalte, etwas im Netz zu bestellen. Man möchte doch lieber beim Händler seines Vertrauens um die Ecke kaufen. Und vielen ist die Bezahlung via Internet noch nicht geheuer, nicht sicher genug. Aber so werden sie nach und nach an dieses neue Medium herangeführt. Behutsam. Und wir können bereits die 39,5 Prozent der User nutzen, die schon einmal etwas im Internet bestellt haben. Wir sind erst am Anfang. Und was für andere das Limit ist, ist für mich erst der Anfang.«

Innovativ und kreativ sein. Sich weiterbilden. Neue Wege gehen. 2011 hat Loubna an dem amerikanischen Programm *TechWomen* teilgenommen. Eine Initiative zur Weiterbildung und Vernetzung der weiblichen 2.0-Elite:

»Internationale Vernetzung ist sehr wichtig für mich. Hier lerne ich neue Technologien kennen, bekomme neue Ideen und kann mich mit Gleichgesinnten austauschen. Und wer weiß, was sich daraus wieder für ein tolles neues Projekt entwickelt?«

Und sie möchte ihr Know-how weitergeben und andere Frauen ermutigen, ihren eigenen Weg zu gehen. Als Vorstandsmitglied der Vereinigung für Jungunternehmer *(Centre des Jeunes Dirigeants)* organisiert sie in diesem Rahmen Weiterbildungsangebote.

»Ich bin sicher, die neuen Technologien und Medien bieten uns künftig ernorme Potenziale, wir dürfen als Gesellschaft diesen Zug nicht verpassen! Ich möchte meinen Teil dazu beitragen, eine freie Informationsgesellschaft aufzubauen und auch mithilfe dieser neuen Technologien die Lebensbedingungen in Algerien zu verbessern.« Sagt es und verabschiedet sich mit einem saftigen *blub blub* vom Bildschirm.

Hanan Saab – Libanon

◆◆◆

»Die Bomben schlugen direkt hier ein. Keine drei Meter von unserem Haus entfernt. Da, wo wir jetzt sitzen. Von diesem Fenster aus konnte ich den Helikopter sehen, von dem noch mehr Beschuss ausging. Ich dachte, ich bin in einem schlechten Film. Wir hatten an dem Tag eine wichtige Lieferung von Medikamenten an ein Krankenhaus. Es war überfüllt, sie brauchten dringend Nachschub. Ich habe nicht lange überlegt, meine Sachen zusammengepackt und bin sofort in die Firma gefahren, um alles in die Wege zu leiten. Mir war klar, wir müssen liefern. In dem Moment war meine Angst nebensächlich. Es herrschte Chaos, wir waren alle sehr angespannt. Telefone, Handys klingelten. Vor lauter Hektik habe ich die Computermaus an mein Ohr gehalten, ich dachte es sei das Handy.« Hanan lacht und klopft auf den Tisch. »Aber zum Glück hat alles geklappt. Die Dankbarkeit des Krankenhauses werde ich nie vergessen. An dem Abend spitzte sich die Lage noch mehr zu. Kurzerhand haben wir alle, meine Mitarbeiter und ich, in der Firma übernachtet. Ich wusste, ich trage eine große Verantwortung für meine Mitarbeiter.«

Das war 2006. Wieder ist Krieg im Libanon. Hanan Saab ist, wie sie stolz betont, Apothekerin in der dritten Generation. Ihr Großvater war einer der ersten sieben Libanesen mit einem Abschluss der renommierten *American University of Beirut* (AUB) im Jahr 1905. Er eröffnete im Stadtzentrum eine der bekanntesten

Apotheken des Libanon. Sie wurde 1976 im Bürgerkrieg komplett zerstört. 2006 haben sie »Glück«.

»Die Basis, auch die ökonomische, unserer Familie war damals mit einem Mal zerstört. Nicht nur die Apotheke lag in Schutt und Asche, unser ganzes Land stand – was wir damals noch nicht wussten – am Beginn eines verheerenden Bürgerkrieges, der unser ganzes Leben bis heute prägen sollte. Und 2006 fielen wieder die Bomben.«

Als älteste Tochter von vier Kindern wird sie 1955 in Choueifat, im Chouf-Gebirge, geboren. Ihre Eltern sind Drusen, eine der 18 Religionsgemeinschaften im Libanon. Ihr Vater, der die inzwischen stadtbekannte Apotheke übernommen hatte, stirbt früh. Hanan ist zu dem Zeitpunkt 15 Jahre alt, Schülerin an der *International School of Choueifat.* Als eine der besten Schulabgängerinnen steht ihr ein Pharmaziestudium an der AUB offen.

»Für mich war es klar, dass ich in die Fußstapfen meines Großvaters und meines Vaters treten wollte.«

Es ist Bürgerkrieg, der das Land zerfetzt, aber nicht zerstört. Es geht weiter. Irgendwie.

»Wir studierten, mitten im Krieg. Zwischen Bomben, Zerstörung, unglaublichem Lärm. Ich erinnere mich noch gut an folgende Situation: Wir hatten eine wichtige Prüfung an diesem Tag. Meine Mutter und ich standen vor der Tür und überlegten, wie ich am besten zur Uni käme. Die Straßen waren menschenleer. Es war gespenstisch. Zufällig fuhr ein Lehrer in seinem Auto an uns vorbei und nahm mich mit. Während der Fahrt hörten wir, wie die Bomben einschlugen, Sirenen aufheulten. Ein paar Gestalten huschten vorüber, um irgendwo Schutz zu suchen. Natürlich hatte ich große Angst, aber meine Prüfung war mir so wichtig, dass ich mich zusammennahm, obwohl ich die Nacht zuvor kein Auge zugemacht hatte. Zu laut waren die Bomben gewesen. Zu groß die Angst. An der Uni angekommen, fragte mich mein Professor, ob ich in der Lage sei, die Prüfung abzulegen. Ich glaube, ich sah entsetzlich blass aus.« Sie macht eine Pause. »Ich habe nur ›Ja, geben Sie mir zehn Minuten‹ gesagt und dann die Prüfung als Beste bestanden.«

Viele ihrer Freunde verlassen das Land. So, wie rund 15 Millionen Libanesen. Sie ermutigen sie, es ihnen gleich zu tun. »Was hält euch noch hier?«, diesen Satz hört sie oft. »Seid ihr verrückt?«, fragt man sie. Hanan bleibt, und mit ihr ihre Familie. 1983, sie ist gerade mit ihrer zweiten Tochter schwanger, fliehen sie insgesamt achtmal vor dem Bombenhagel, der Zerstörung, dem Tod in die Berge. Hier, im schwer zugänglichen Chouf-Gebirge, ist es etwas sicherer als in Beirut.

Trotz der Umstände beendet sie ihr Studium mit Auszeichnung, erhält sogar den renommierten *Penrose Award* der Universität. 1985 beginnt sie in der Krankenhausapotheke des *American University Hospital* (AUH) in Beirut zu arbeiten. Der Bürgerkrieg tobt.

»Mein Mann sagte mir eines Tages nicht ohne Vorwurf in der Stimme: ›Wollen wir nicht doch ins Ausland gehen? Du hast eine Verantwortung gegenüber deinen Kindern!‹ Ich habe geantwortet: ›Ja, das habe ich, und die nehme ich auch ernst. Aber ich habe auch eine Verantwortung meinem Land und den vielen Patienten gegenüber, die medikamentös völlig unterversorgt sind. Gerade jetzt, gerade hier werde ich mehr denn je gebraucht.‹«

Da ist kein Pathos in der Stimme, nur aufrichtige Entschlossenheit. Kurz nach ihrer Entscheidung zu bleiben, versorgt sie im Krankenhaus ein weiteres Bombenopfer. Es ist die Nichte ihres Mannes.

»Es fehlte an allen Ecken und Enden. Wir hatten kaum Medizin, geschweige denn genug medizinisches Material, Kanülen, Spritzen, alles Mangelware. Ganz zu schweigen von speziellen medizinischen Geräten. Vor allem Schmerzpatienten, Krebskranken hatten wir so gut wie nichts zu bieten. Es

> war entsetzlich, all dieses Leid zu sehen und nicht die Mittel zu haben, helfen zu können. Diese Zeit hat mich sehr geprägt.«

Inzwischen arbeitet sie im AUH für den Einkauf medizinischer Produkte.

> »Wir entwickelten ungeahnte Kreativität, um mehr medizinisches Gerät und bessere Medikamente in den Libanon zu holen. Ich konnte den Satz nicht mehr hören: ›Leider können wir hier nichts mehr für Sie tun, gehen Sie nach Hause‹«. Sie macht eine Pause und beendet den Satz: »›Und ertragen Sie weiterhin diese unmenschlichen Schmerzen‹. Dieser untragbare Zustand hat mich sehr motiviert, das Unmögliche zu versuchen. In dieser Zeit habe ich sehr viel praktische Erfahrung sammeln können.«

Ihr wird an der AUH die Leitung des Einkaufs angeboten. Dennoch entschließt sich die inzwischen dreifache Mutter 1990, sich selbstständig zu machen. Eine eigene Firma zu gründen für medizinische Produkte und Medikamente, die noch nicht auf dem libanesischen Markt zu haben sind. Ihr Schwerpunkt ist zunächst Schmerz- und Krebstherapie. Der Krieg ist vorbei, das Land liegt in Schutt und Asche. Zerbombte Häuser, keine Infrastruktur. Fragiler Frieden. Es geht um Aufbau. Wieder einmal.

> »Alle haben mich für verrückt erklärt. ›Wie kannst du nur in einen derart unsicheren Markt gehen, ein so hohes finanzielles Risiko eingehen bei deinem sicheren Job, zumal noch in diesem instabilen Umfeld? Krankenversicherung, Absicherung durch die Uni, all das willst du aufgeben?‹ Ich bin nächtelang durch das Zimmer getigert und habe überlegt, ob das die richtige Entscheidung ist. Ob ich meiner Familie das zumuten kann. Ob ich diese Verantwortung wirklich übernehmen kann, gerade in diesen unsicheren Zeiten. Mein sicheres Einkommen war damals wichtig für unsere Familie. Es war die Hölle, aber ich war gleichzeitig auch sehr entschlossen. Ich wollte nicht am Ende meiner Tage dastehen und bereuen, dass ich es nicht wenigstens versucht habe. Mein Mann sah mich an und sagte nur: ›Wenn das für dich das Richtige ist, dann tu es. Ich werde dich unterstützen.‹«

Morphium. Das erste Produkt, das sie mit ihrem Ein-Frau-Unternehmen aus Australien in den Libanon importiert. Sie hat ein kleines Büro in der Nähe der AUH.

»Ich habe gleich mit dem Unmöglichen begonnen: Morphium!« Sie lacht und spielt mit ihrer Perlenkette. »Es gab so viele Hürden am Anfang. Die Infrastruktur war eine Katastrophe. Wir haben Telefonkabel aus Zypern besorgt, um Telefonleitungen legen zu können. Die ersten Leitungen gingen noch über Zypern. Von der ganzen Bürokratie ganz zu schweigen. Keiner der ausländischen Partner wollte in den Libanon kommen. Zu unsicher. Geschweige denn investieren in ein völlig kaputtes, zerrissenes Land. Also musste ich reisen. Und viel Überzeugungsarbeit leisten. Manches haben wir auch über Zypern abgewickelt. Wir mussten damals einen Kredit aufnehmen, die Konditionen waren himmelschreiend, aber wir haben es riskiert. Mein Mann hat mich unterstützt, wo es nur ging. Und das war auch gut so, denn damals musste der Mann noch seine schriftliche Zustimmung geben, wenn die Frau ein Unternehmen gründen wollte. Ohne Unterschrift keine Lizenz! Und ohne Erlaubnis des Mannes durfte man als Frau auch nicht reisen.« Sie schüttelt den Kopf. »Das erste Gesetz ist 1994 abgeschafft worden. Das zweite erst 2009. Das muss man sich mal vorstellen!«

Ein eiserner Wille, Improvisationsvermögen und gutes Krisenmanagement sowie die Unterstützung der Familie sind das Startkapital.

»Im Krieg haben wir eines gelernt: durchhalten, nie aufgeben, improvisieren. Wenn gerade mal wieder eine Blockade war, dann mussten wir eben einen anderen Weg finden, um die Waren in das Land zu bringen. Wenn wieder mal Bomben fallen. Irgendwie gibt es immer einen Weg. Wenn wir in einem gut sind, dann ist es Krisenmanagement. Schnell entscheiden, den Überblick behalten, flexibel sein. Sich auf das Wesentliche konzentrieren.«

Heute gehört ihre Firma *Pharmamed* im Libanon zu den Großen in ihrem Segment. Mit internationalen Zertifikaten ausgestattet. Im Jahr 2000 expandiert sie nach Jordanien, Ägypten, in die Vereinigten Arabischen Emirate, nach Saudi-Arabien und Katar. Sie hat rund 50 Angestellte, etwa 80 Prozent davon sind Frauen, darauf legt sie Wert. Und schafft entsprechende Rahmenbedingungen.

> »Mir war es immer wichtig, Frauen eine Chance zu geben, sich beruflich zu entwickeln. Ihnen einen Arbeitsplatz zu geben. Im gehobenen Management und den leitenden Positionen unserer Firma sind überwiegend Frauen. Für die Mütter unter ihnen haben wir flexible Arbeitszeiten eingerichtet, damit sie sich um ihre Kinder kümmern können. Wir gewähren überdurchschnittlich lange Mutterschutzzeiten und haben auch einen Betreuungsraum für Kinder eingerichtet, falls es mal eng wird. Ich möchte Arbeitsbedingungen schaffen, in denen Frauen Beruf und Familie harmonisch verbinden können.«

Hanan Saab ist Gründungsmitglied und Präsidentin der 2006 ins Leben gerufenen *Lebanese League for Women in Business* und Gründungsmitglied des *MENA Businesswomen's Network* (2008). Sie ist unter anderem aktiv in der *Alumni Association of the AUB*. Die *Grande Dame* aus dem Libanon ist gern gesehene Sprecherin auf nationalen und internationalen Konferenzen rund um das Thema Unternehmerinnen. Mehrfach von der Weltbank eingeladen, um über die Situation der Unternehmerinnen der MENA-Region zu diskutieren und Strategien für ihre Förderung zu entwickeln. Empowerment – ihr Thema. Denn dazu kann sie nun wirklich aus eigener Erfahrung viel beitragen: wie man auch unter schwierigsten Rahmenbedingungen als Frau ein erfolgreiches Unternehmen aufbaut und damit vor allem Arbeitsplätze für Frauen schafft und sichert – ohne staatliche Hilfe. Denn die gab es damals nicht. Die *Financial Times* kürte Hanan im Juli 2007 zur führenden arabischen Unternehmerin. Auf einer Businessfrauenkonferenz in Oman 2010 erhält sie während ihres Vortrags stehende Ovationen. Begeisterung im Saal. Sie dient vielen Frauen als Vorbild. Oft wird sie gefragt, wie sie all das geschafft hat.

»Ich war immer optimistisch. Ich habe immer an mich und meine Mitarbeiter geglaubt. Das Herz eines jeden Unternehmens sind seine Menschen. In sie zu investieren, sie weiterzubilden, sie zu fördern ist das Erfolgsrezept eines jeden erfolgreichen Unternehmens.« Und dann fügt sie noch verschmitzt hinzu: »Und außerdem: Wir sind unverwüstlich!«

Hana Hajjar – Saudi-Arabien

◆ ◆ ◆

Mit schwungvollem, präzisem Strich zeichnet Hana Hajjar die Umrisse einer Figur auf ein Blatt Papier. Erst eine auffallend knubbelige Stupsnase, einen großen Mund mit roten Lippen, dann die Silhouette einer Frau, die eine Weltkugel in beiden Händen hält. Hier entsteht eine Karikatur. Hana ist die erste Frau in Saudi-Arabien, die politische und sozialkritische Karikaturen mit viel Witz, Selbstironie und einem gekonnt pointierten Strich zeichnet und veröffentlicht.

> »Ich habe schon als Kind begonnen, meine Umgebung zu zeichnen. Egal, wo ich war, habe ich die Situationen und die Menschen um mich herum skizziert, gezeichnet. Bei uns zu Hause flog überall bemaltes Papier herum. Alles, was ich sehe und erlebe, verarbeite ich automatisch in Karikaturen. Sie sind in mir, ich bringe sie nur auf das Papier.«

Sie lacht und spitzt den Stift.

Geboren wird Hana 1979 in Medina. *Madina al-munawarra,* der »erleuchteten Stadt«. Sie ist die jüngste Tochter von neun Kindern. Ihr Vater ist Kaufmann, ihre Mutter Hausfrau.

Neben Mekka ist Medina, das früher Yathrib hieß, die wichtigste Stadt des Islam. Dorthin wanderte der Prophet Mohammed im Jahr 622 n. Chr. mit seinen Gefährten aus und begründete nicht nur eine neue islamische Zeitrechnung, sondern eine Weltreligion. Medina ist heute eine Stadt mit rund 1,7 Millionen Einwohnern.

> »Mein Vater hat mich stets ermutigt, meinen Weg zu gehen. Er brachte früher immer viele Zeitungen mit nach Hause, die wir dann gemeinsam regelrecht durchforstet haben. Das hat mich schon als Kind sehr geprägt, und ich habe es geliebt, mir die Karikaturen anzuschauen. Auch wenn ich oft den Inhalt oder die Botschaft überhaupt nicht verstanden habe, so haben mich die Zeichnungen fasziniert. Mein Vater war ein sehr aufgeschlossener und kritisch denkender Mensch, er hat selbst auch viele Artikel verfasst, die jedoch nie veröffentlicht wurden. Aber diese offene, kritische Atmosphäre zu Hause hat mich sehr beeinflusst.«

Hana ist begabt, ihr Talent fällt auf. In der Schule gewinnt sie einen Zeichenwettbewerb zum Thema »Wasserverschwendung«. Und so wird sie von ihrer Familie und ihren Lehrern gefördert. Zunächst zeichnet und malt sie kleine Kunstwerke. Und immer wieder auch Karikaturen. Als Hobby. Dann als Profession. Sie studiert am *Saudi Center for Fine Arts* in Jeddah, später an der *American University* in London.

> »Ich kann nicht anders. Wenn ich jemanden sehe oder eine Situation beobachte, habe ich gleich dazu die Karikatur im Kopf. So auch jetzt.« Sie lacht. »Gabi und Hana unterhalten sich. Da entsteht bei mir gleich ein Bild im Kopf dazu.« Spricht es aus und zeichnet.

Ihre ersten politischen Karikaturen, die sie bereits mit vierzehn Jahren zeichnet, befassen sich mit der Situation in Palästina. Es folgen soziopolitische Themen, wie Arbeitslosigkeit oder Klientelismus. Und immer wieder die Situation der Frauen in ihrer Gesellschaft. Mutig zeichnet sie gegen Polygamie, Geschlechtertrennung oder Doppelmoral an. Bringt die sensiblen Themen der saudischen Gesellschaft pointiert und mit feinem Strich auf das Papier.

»Wir Frauen in Saudi-Arabien leben unter besonderen Umständen, und auch wenn sich in den letzten Jahren viel verbessert hat, so möchte ich mein Ausdrucksmittel, die Kunst, dazu nutzen, unsere Situation sichtbar zu machen und die Rechte der Frauen zu stärken.«

Immer wieder greift Hana Alltagssituationen von Frauen auf, zeigt sie in ihrer Absurdität, demaskiert sie mit humorvollem Pinselstrich. Eine Karikatur zeigt zwei Frauen in einem Auto auf der Rückbank. Ein Mann fährt. Natürlich. Denn bislang dürfen Frauen in Saudi-Arabien kein Auto fahren. Flankiert wird ihr Auto von zwei weiteren Autos. Darin sitzen wild mit ihren Handynummern fuchtelnde, geifernde Männer.

»Da sitzen Frauen zum Teil mit wildfremden Fahrern in einem Auto und werden aus anderen Autos heraus derartig angemacht. Das ist doch absurd!«

Eine andere Karikatur thematisiert die Geschlechtertrennung in Restaurants. Hinter einem überproportionalen Vorhang sitzt ein Ehepaar, während der fremde Mann vom Nebentisch zum Verdruss des Ehemannes versucht, einen Blick auf seine Frau zu erhaschen. Auf einem anderen Bild geht es um Polygamie: eine Frau mit zerzausten Haaren, schluchzend. Ihr Herz hält sie flammend in der Hand, als ihr Mann sich eine zweite Frau nimmt. Wieder eine andere Zeichnung zeigt eine Gruppe von Frauen in *abaya* und Handtasche, die vor dem Eingang zu einer Modenschau steht. Sichtlich erstaunt. Denn ein grimmiger Mann hält ein Schild vor dem mit Brettern vernagelten Eingang hoch: *»Closed! It's against our culture.«*

Hana ist die erste und bislang einzige Frau in Saudi-Arabien, die ihre Karikaturen öffentlich präsentiert. In Ausstellungen, in Zeitungen und im Internet. Von 2005 bis 2009 arbeitet sie für die englischsprachige saudische Zeitung *Arab News*. Ein Novum in Saudi-Arabien.

»Karikaturen, das ist ein Bereich, der bislang den Männern vorbehalten war. Es waren die Männer, die ihre Meinung öffentlich ausgedrückt haben, nicht wir Frauen. Das gehörte sich nicht. Viele Frauen scheuen vielleicht auch die Konfrontation. Lange Zeit haben männliche Karikaturisten sich über Frauen lustig gemacht. Jetzt sind wir Frauen am Zug! Wir drücken uns aus, und man könnte sagen, es ist an der Zeit, es den Herren der Schöpfung zurückzugeben!« Sie grinst verschmitzt. »Wir Frauen stehen in Saudi-Arabien viel zu sehr im Fokus, wir sind unter ständiger Beobachtung. Was tun sie, was tun sie nicht. Was sollen sie, was sollen sie nicht. Was dürfen sie, was dürfen sie nicht. Das ist eher hinderlich. Ziel wäre es, dass wir endlich in unserer Gesellschaft als gleichwertige und ›normale‹ Partner akzeptiert würden. Das wäre schon ein großer Schritt.«

Auch diesen Gedanken hat sie in eine Karikatur gegossen: Überproportional große Lupen, von Männerhänden gehalten, sind auf eine verschüchtert dreinblickende und mit hochgezogenen Schultern stehende Frau gerichtet. Unter der *abaya* kommt eine Zündschnur hervor. Eine Hand hält ein brennendes Zündholz.

Ihr Stilmittel ist, unverkennbar: Humor. Oft auch sehr schwarzer Humor.

»Humor ist ein wunderbares Mittel, um Botschaften direkt in die Herzen der Menschen zu tragen. Ein Bild sagt mehr als tausend Worte. Und Humor öffnet die Herzen, statt sie zu verschließen. Und eh man sichs versieht und noch lacht, weil das Bild lustig ist, ist die Botschaft ›durchgerutscht‹. Ich liebe besonders schwarzen Humor. Er ist sehr effektiv. Man weiß nicht, soll man lachen oder lieber weinen.«

Im Juli 2007 hat sie ihre erste Ausstellung im *Al-Tahlia Center* in Jeddah, einer Shoppingmall.

»Ich habe mich bewusst gegen eine Galerie entschieden. Denn wer würde dort meine Werke sehen? Es wäre nur ein kleiner Teil der Gesellschaft. Mir geht es aber darum, möglichst viele, möglichst ›normale‹ Leute der Gesellschaft mit meiner Arbeit zu erreichen. Und so habe ich mich ganz bewusst für eine Shoppingmall entschieden. Ich wollte meine Bilder mitten im Alltag, im prallen Leben zeigen. Denn das ist es ja auch, was ich in meinen Karikaturen zeige.«

Die Ausstellung wird ein großer Erfolg. Die Besucher sind begeistert, und sie erhält durchweg positive Besprechungen in den saudischen Medien.

»Ich habe mich sehr über diese so positive Resonanz gefreut. Es gab erstaunlicherweise wenig negative Reaktionen. Im Gegenteil, sehr viel Zuspruch. Und das durch alle Gesellschafts- und Altersstufen hindurch. Viele Frauen kamen zu mir und sagten, ich hätte in meinen Karikaturen genau ihre Gefühle getroffen und ausgedrückt, was sie bewegt. Das ist das schönste Kompliment!«

Sie trifft den Nerv vieler in der saudischen Gesellschaft, die sich mehr Öffnung und mehr Teilhabe wünschen. Ihr Themenspektrum ist groß. Sie lässt sich nicht einengen, in Schubladen zwängen. Und sie erobert selbstbewusst öffentliche Räume. Wird sichtbar mit ihren Karikaturen. Sie möchte aufrütteln, nachdenklich stimmen, provozieren.

Wie weit aber würde sie gehen, kann sie gehen? Wo ist die rote Linie?

»Ich möchte mit meinen Karikaturen zum Nachdenken anregen, ich möchte, dass wir in einen gesellschaftlichen Dialog treten. Ich versuche dabei, auf der roten Linie zu tanzen. Ja, ich tanze auf der roten Linie. Einen Schritt darüber, einen Schritt zurück. Allerdings gibt es gewisse Themen, die für mich tabu sind. Zum Beispiel, wenn meine Religion in ihren Grundfesten kritisiert wird. Oder auch die Person des Propheten, Friede sei mit ihm. Das bedeutet aber nicht, dass ich gewisse religiöse Praktiken nicht thematisiere. Zum Beispiel, wenn sich im Fastenmonat Ramadan ironischerweise alles nur noch ums Essen dreht. Ich muss sagen, bislang habe ich keine Zensur oder irgendwelche Repressionen durch den Staat erlebt.«

Was abgelehnt, nicht veröffentlicht wird, kommt auf ihre Webseite oder wird auf Facebook gestellt. Sie twittert, bloggt und postet mit großer Begeisterung. Sie reist gerne und tauscht sich mit Kollegen aus der ganzen Welt aus.

»Dieser Austausch ist für mich sehr wichtig und inspirierend. Voneinander zu lernen, einander zuzuhören und gemeinsam zu ›sehen‹. Viele ausländische Kollegen sind übrigens erstaunt zu hören, dass es in der arabischen Welt überhaupt Karikaturen gibt. Und dann bin ich ganz stolz, ihnen sagen zu können, dass Karikaturen in der arabischen Welt, und so auch bei uns in Saudi-Arabien, eine lange Tradition haben. Viele Karikaturisten in der arabischen Welt sind bekannter als Künstler oder Schriftsteller! Und vielleicht wird diese Tradition ja bald auch etwas weiblicher.« Sie zwinkert mir zu und lacht.

Hana ist Mitbegründerin der *Association of Saudi Cartoonists and Caricaturists,* die 2010 ins Leben gerufen wurde.

»Unser Ziel ist es, neben Austausch und Vernetzung auch konkrete Hilfe bei gerichtlichen Streitverfahren zu geben, etwa wenn ein Karikaturist angeklagt wird.«

Die Frauenzeitschrift *Sayidaty* hat Hana zu den 20 wichtigsten Frauen der arabischen Welt gekürt. Im April 2012 wird Hana auf dem *Innovation Forum on Women Leaders* in Jeddah mit einem Preis ausgezeichnet. Das Forum ist Teil der Initiative *Women Appreciation Month*. Ein Monat zu Ehren der Frauen. Sie lacht bescheiden, als sie den Preis entgegennimmt. Sie wirkt fast ein wenig scheu in der Öffentlichkeit.

»Mein Atelier ist mein Rückzugsgebiet, meine Oase. Hier inmitten meiner Pinsel, Stifte und Bilder fühle ich mich am wohlsten. Ich habe hier hunderte von Bildern aufgehängt, jedes ein Teil, ein Baby von mir. Zeichnen ist mein Leben. Es ist kein Job. Daher verkaufe ich meine Bilder auch nicht. Das würde sie töten.«

Und dann streicht sie Ibrahim, ihrem zehnjährigen Sohn, liebevoll über den Kopf. Er wird ihre Bilder nie sehen. Er ist blind, kann nicht sprechen.

»Ibrahim ist mein Ein und Alles. Er gibt mir unglaublich viel Energie, er ist wie Sauerstoff für mich. Und ich bin so stolz auf ihn.«

Und dann sprechen wir darüber, was im Leben wichtig ist und vielleicht sogar universelle Gültigkeit hat. Und viele ihrer Arbeiten haben universelle Gültigkeit.

© privat

Aurida Ouchenir – Algerien

◆◆◆

»Mein Vater kam in den 50er-Jahren als Gastarbeiter nach Paris. In Algerien tobte damals der Unabhängigkeitskrieg.«

Aurida Ouchenir wird 1974 als jüngstes von acht Kindern in Paris geboren. Ihre Eltern stammen aus der Kleinen Kabylei. Sie sind Kabylen. Aus dieser Region, die sich aus der Kleinen und Großen Kabylei zusammensetzt, stammen viele Exilanten in Frankreich. Die Kleine Kabylei mit ihrem urbanen Zentrum Béjaïa, die Große Kabylei, eine Bergregion mit dem Djurdjura-Massiv und der Hauptstadt Tizi-Ouzou. Beide Regionen seit jeher arm, strukturschwach. Zentren der Migration. Nach Algier, nach Paris. Schon Albert Camus beschreibt in seinen algerischen Chroniken von 1958 die Misere vor allem in der Großen Kabylei. Hier wurde während der französischen Kolonialherrschaft viel in Bildung investiert. Im französischen Lycée von Ben Aknoun beispielsweise, wo eine kabylische Elite ausgebildet wurde. Ganz nach dem Prinzip des *divide et impera* wurde im Zuge der französischen »Berberpolitik« die Dichotomie »Araber« und »Berber« zur Herrschaftssicherung hochstilisiert und instrumentalisiert.

»Mein Vater ist mit der französischen Sprache und Kultur aufgewachsen, da war es naheliegend, sein Glück in Frankreich zu versuchen. Wie so viele aus der Kabylei hat er sich dort niedergelassen, wo schon andere aus sei-

> nem Dorf waren. Sie haben praktisch ihr Dorf und seine Strukturen in einen Vorort von Paris verlegt. Eine Kleine Kabylei bei Paris.«

Kabylen sind keine Araber. Sie sind Berber, Imazighen, wörtlich: freie Menschen, wie sie sich selbst nennen. Seit vielen Jahren gibt es in Algerien eine Berberbewegung, die sich für die Anerkennung ihrer eigenen Sprache und Kultur in Algerien einsetzt. 2001 wurde die eigene Sprache (*tamazight*) neben Arabisch als offizielle Nationalsprache anerkannt. Aber es geht vor allem um symbolische Aufwertung. Galten die Kabylen doch lange als die etwas verschrobenen, ungehobelten Bergbewohner, als die »Barbaren«, was die Bezeichnung Berber auch tatsächlich impliziert. Dem steht ein ausgeprägter kabylischer Stolz entgegen. »Entre narcissme et haine de soi«, fasst der algerische Historiker Omar Carlier treffend zusammen.

> »Es war vor allem meine Mutter, die uns Kinder sehr in der kabylischen Tradition erzogen hat. Das bedeutet nicht nur, dass sie mit uns Kabylisch (*taqbaylit*) gesprochen hat, sondern dass sie uns auch die Werte und Normen der kabylischen Gesellschaft vermittelt hat. Zum Beispiel der starke Familienzusammenhalt oder die Ehre.«

Nif – das bedeutet wörtlich »Nase« – bezeichnet den kabylischen Ehrenkodex. Er umfasst ein ganzes moralisches Verhaltensregelwerk, das von Generation zu Generation überliefert wird. Attribute wie stolz, aufrichtig und ausdauernd werden genannt. Ein strenger Sittenkodex, der die Ehre von Mann und Frau genau definiert: Die Ehre des Mannes ist, die Ehre der Frau zu bewachen. Die Frau ist dem inneren Bereich, dem Haus und der Familie, zugeordnet. Der Mann dem äußeren Bereich. In seinem Film »Machaho« (Es war einmal) zeichnet der kabylische Regisseur Belkacem Hadjadj das kabylische Prinzip der Ehre in seiner tragischen Dimension: Um die Ehre seiner Tochter vermeintlich zu schützen, zerstört der Vater ihr Glück, indem er den Mann tötet, den sie liebt und dem er zuvor tragischerweise das Leben gerettet hat.

> »In der kabylischen Tradition, vor allem in den Dörfern, war es undenkbar, dass ein Mädchen alleine ausgeht. Oder etwa alleine nach Algier zur weiterführenden Schule geht oder studiert. Auch wenn sich die Traditionen etwas gelockert haben, vor allem in den kabylischen Städten, so sind die Restriktionen immer noch spürbar. Und meine Mutter, die aus einer sehr traditionellen kabylischen Familie aus Aït Idir stammte, hielt diesen Ehrenkodex in der Fremde natürlich besonders hoch.« Sie lacht. »Sie war deutlich strenger als mein Vater, der ihr immer wieder sagte, hier ist es eben anders, hier ist nicht die Kabylei. Aber ich hatte Glück. Als Nesthäkchen der Familie habe ich viel mehr Freiheiten genossen als meine Geschwister, vor allem meine Schwestern. Die haben ziemlich hart gekämpft.«

Das Thema Exil – *lgherba* – ist ein immer wiederkehrender Topos der kabylischen Kultur. Zahlreiche Gedichte verarbeiten das Trauma der Entwurzelung, des Nicht-hier-nicht-dort-Seins. Es prägt auch Auridas Familie:

> »Ich habe das Dorf meiner Mutter zum ersten Mal besucht, als ich zehn Jahre alt war. Vorher existierte es nur aus Erzählungen und Bildern. Als wir dann meine Tante besuchten, war das schon seltsam. Ein Teil von mir, ja, aber doch so fremd. Leider habe ich keine Großeltern mehr. Sie sind im Krieg umgekommen.« Sie macht eine Pause. »Aït Idir. Wirklich ein sehr entlegener Ort auf der Bergkuppe im Hinterland von Béjaïa. Das war für mich ein richtiger Kulturschock, und ich merkte, dass das zwar Teil meiner Kultur, meiner Wurzeln ist, ich aber immer die Fremde, die ›Französin‹ bin. Und in Frankreich bin ich die ›Algerierin‹. Dieses Gefühl zieht sich durch mein Leben. Inzwischen empfinde ich das ›Dazwischen‹ oder auch das ›Sowohl-als-auch‹ allerdings als große Bereicherung.«

Ausbildung ist für Auridas Eltern wichtig und auch, danach einen guten Job zu finden. Nach dem Abitur macht sie ihren MBA an der *Reims Management School* in Internationalem Business und beginnt dann 1998 bei *Henkel* in Boulogne im Bereich Finance & Controlling:

> »Als ich meinem Vater sagte, dass ich nun eine Arbeit bei *Henkel* gefunden habe, schaute er mich an, schluckte, schwieg. Nach einer Pause sagte er dann: ›Aber warum denn ausgerechnet Bier?‹ – ›Bier?‹, erwiderte ich. ›Ja, Heineken ist doch Bier!‹ Er war dann schon sehr erleichtert, dass ich für eine Firma arbeite, die u. a. Reinigungsmittel herstellt und kein Bier.« Sie lacht.

Sie arbeitet viel in internationalen Kontexten, vor allem im Bereich Prozessmanagement und Finanzcontrolling, geht für zwei Jahre in die Zentrale des Konzerns nach Düsseldorf und übernimmt im September 2010 dann den leitenden Posten des Chief Financial Officer bei *Henkel Algérie* in Algier:

> »Das war für mich etwas ganz Besonderes, nach Algerien zu gehen und dort diesen Posten zu übernehmen. Es war am Anfang schon eine große Umstellung und Herausforderung. Zum einen haben mich die algerischen Kollegen eher als ›Expat‹ wahrgenommen denn als Algerierin. Aber anders zu sein ist für mich normal. Zum anderen gab es im Management und Führungsstil viele interkulturelle Unterschiede. Aber dafür bin ich ja *qua persona* bestens ausgerüstet! Zum Beispiel bin ich sehr daran interessiert, von meinen Mitarbeitern ein direktes Feedback zu bekommen. Aber viele meiner Mitarbeiter trauen sich einfach nicht, ihre Chefin zu kritisieren. Das tut man in Algerien nicht. Es ist also ein langer Prozess, diese Verhaltensmuster langsam zu verändern. In Algerien haben wir ein ausgeprägtes Top-down-Management. Das bedeutet, der Chef oder die Chefin sagt klipp und klar, wer was wann wie macht und kontrolliert am besten den gesamten Vorgang. Mikro-Management vom Feinsten! Daran musste ich mich erst einmal gewöhnen. Ich ermutige meine Mitarbeiter immer, Eigeninitiative zu ergreifen, einfach etwas auszuprobieren, auch wenn es falsch ist. Denn nur so können wir uns weiterentwickeln.«

Als Leiterin des Bereichs der Prozessentwicklung für die gesamte MENA-Region liegt ihr besonders die Förderung von Frauen in Führungspositionen am Herzen:

»Wir haben im Management immer noch viel zu wenige Frauen in Führungspositionen. Hier stoßen wir Frauen immer noch an die berühmte Glasdecke. Strukturelle Rahmenbedingungen, aber auch die Haltung vieler Frauen selbst sind dafür verantwortlich. Ich erlebe in meinem Bereich immer wieder, dass sehr begabte Frauen, richtige High Potenzials, sich eine Führungsrolle nicht zutrauen, dass sie keine Verantwortung übernehmen wollen. Viele algerische Frauen beenden ihre berufliche Karriere außerdem nach der Heirat und steigen dann nicht mehr wieder ins Berufsleben ein. Es ist auch diese Selbstbeschränkung, die den Aufstieg verhindert.«

Die junge Mutter lebt ihren Mitarbeiterinnen selbst vor, wie Vereinbarkeit von Beruf und Familie gestaltet werden kann:

»Natürlich ist es eine Herausforderung, Familie und Beruf unter einen Hut zu bringen. Aber ich versuche, selbst ein Beispiel zu sein, und sage: ›Schaut her, ich habe auch eine Tochter, einen Mann und arbeite. Es geht.‹ Natürlich müssen Rahmenbedingungen geschaffen werden, und man braucht Unterstützung. Aber das ist ja nicht wirklich überraschend. Was uns Frauen in Algerien fehlt, sind Vorbilder. Weibliche Vorbilder.«

Ein zentraler Schlüssel liegt in der Aus- und Weiterbildung:

»Wir haben in Algerien eine sehr junge Bevölkerung, knapp 25 Prozent der Bevölkerung sind unter 15 Jahren. Das ist nicht nur eine Last und Herausforderung, das ist auch eine Chance! Unser Potenzial für die Zukunft. Entscheidend wird dabei die Qualität der Ausbildung sein. Das heißt auch, die Ausbildung an die Bedürfnisse des Arbeitsmarktes anzupassen und natürlich den Zugang zum Arbeitsmarkt zu verbessern. Denn sonst produzieren wir nur arbeitslose Akademiker, die irgendwann auswandern. Ich setze mich sehr dafür ein, lokale Führungskräfte auszubilden und weiterzuqualifizieren, um nicht mehr allein auf ausländische Experten angewiesen zu sein. Und umso besser, wenn diese lokalen Führungskräfte dann auch noch weiblich sind!«

Wenn sie sich etwas von ihrer kabylischen Tradition bewahren möchte, dann sind es Zuverlässigkeit und Gradlinigkeit. »Das wird uns Kabylen nachgesagt. Wir gelten als sehr gradlinig und korrekt«, sagt sie, und es schwingt bescheidener Stolz mit. »Ja, diese Soft Skills möchte ich wirklich nutzen. Privat und im Business.«

Honey Thaljieh – Westbank/Palästinensische Autonomiegebiete

♦ ♦ ♦

»Go, Honey, go! Go, Honey, go!«, schallt es durch die engen Gassen von Bethlehem. Um die Ecke der Geburtskirche von Jesus Christus. Die siebenjährige Honey Thaljieh nimmt den Pass von Ahmed elegant an, dribbelt den Ball, vorbei an Michel, dem Verteidiger. Und schießt. »Toooooor! Tooooooor!«, schallt es nun noch lauter. Die schwarzen Locken von Honey hüpfen lustig vor Freude. Eine ältere Frau dreht sich um, die Hände in die Hüften gestemmt, und schüttelt den Kopf. ›Was macht dieses Mädchen da auf der Straße! Spielt wie ein Straßenbengel Fußball mit den Jungs. Als einziges Mädchen weit und breit!‹ Das Team von Honey stört das nicht. Nicht im Geringsten. Denn sie haben gewonnen. Siegessicher schnellen die Hände in die Höhe. Und Honey, die ist einfach die Beste. Sagen alle aus dem Team.

> »Fußball war schon immer meine Leidenschaft. Schon als ganz kleines Mädchen saß ich ganz aufgeregt bei den Männern in unserer Familie, die gebannt vor dem Fernseher saßen und zusammen ein Fußballspiel anschauten. Diese Emotionen, dieser Nervenkitzel, das hat mich begeistert. Und ich wollte selbst auch so spielen können.«

Geboren wird Honey – das ist übrigens ihr richtiger Name – 1984 als zweites von fünf Kindern in der Nativity Street in Bethlehem. Gleich bei der Geburtskirche, in der Westbank. Ihr Vater ist Fliesenleger. Ihre Mutter hat ihn bereits mit 16 geheiratet und ist Hausfrau und Kindermädchen. Sie sind Christen.

> »Wir sind eine einfache Familie. Wir haben ein normales, bescheidenes Leben geführt. Großen Luxus konnten wir uns nicht leisten. Ich hatte immer getragene Schuhe. Fußballmarkenschuhe? Das gab es nicht. Aber für unsere Erziehung haben meine Eltern den letzten Penny zusammen gekratzt. Das hatte absolute Priorität, und sie, die sie keine große Schulbildung hatten, sagten immer: ›Lernt etwas, damit ihr es besser habt als wir‹. Ich liebe meine Eltern sehr!«

Ihre Kindheit ist geprägt von der ersten Intifada, die 1987 beginnt: »Krieg der Steine«. Da ist sie drei Jahre alt.

> »Diese Zeit hat mich als Person sehr geprägt und tut es natürlich noch heute. Denn unsere Situation als Palästinenser hat sich nicht verbessert. Wir leben unter Besatzung, sind inzwischen von einer acht Meter hohen Mauer umgeben und dürfen uns nicht frei bewegen. Und damals wohnten wir ja mittendrin im Herd der Auseinandersetzungen. Hier in unserer Straße haben viele Kämpfe stattgefunden, und wir haben viele aus unserer Familie verloren. So etwas begleitet dich dein ganzes Leben. Und der Fußball war und ist für mich immer ein wichtiges Ventil, auch ein Weg zur Normalität.«

Honey dribbelt weiter durch die Gassen, übt heimlich zu Hause, ihr Ziel klar vor Augen: Sie will Fußballerin werden.

> »Meine Eltern waren überhaupt nicht begeistert, dass ich Fußball spielte. Aber sie haben mich zunächst gelassen. Nach dem Motto: Wenn sie größer wird, dann wird sie von alleine aufhören. Sie wird sich schön anziehen und sich ›wie ein richtiges Mädchen‹ verhalten.« Sie verdreht die Augen.

»Aber den Gefallen konnte ich ihnen nicht tun. Dazu war meine Leidenschaft für den Fußball zu groß. Und so habe ich weitergemacht. ›Wie soll sie so jemals einen Mann finden, wenn sie so weitermacht?‹ fragten sich meine Eltern besorgt. Und es kam noch eine Sorge hinzu: ›Was, wenn sie sich verletzt? Wir haben nicht das Geld, um sie ärztlich behandeln zu lassen.‹«

Aber Honey hat ganz andere Sorgen: Wo kann sie richtig trainieren, um Fußballerin zu werden?

»Es war ein Zettel an der Pinnwand meiner Uni, der mein Leben verändert hat. Der mich meinem großen Traum nähergebracht hat. Ich habe 2003 an der *Bethlehem University* Business Administration studiert. Ehrlich gesagt, hat mich das gar nicht so interessiert. Aber irgendwas musste ich ja studieren. Und da hing er. Ein Zettel: ›Suche Frauen, die ein Fußballteam gründen wollen!‹ Ich dachte, ich sehe nicht richtig. Er kam von Samar Araj. Sie war damals die Leiterin der Sportfakultät an der Uni. Sie ist bis heute meine Mentorin und unsere Trainerin. Ich glaube, schneller als ich damals ist keiner jemals zu ihr gelaufen.«

Sie gründen das erste Frauenfußballteam in Palästina. *Diyar Bethlehem.* Zu dritt.

»Wir haben ganz klein angefangen. Zu Beginn waren wir drei Frauen, die mitmachten. Dabei war auch Nevine al-Kulaib. Sie ist Muslima, stammt aus sehr traditionellen und konservativen Verhältnissen und ist genauso fußballverrückt wie ich. Wir mussten ihre Familie erst überzeugen, bevor sie mitmachen durfte. Sie spielt übrigens heute in unserer Nationalmannschaft. Wir sind eine bunte Mannschaft. Und es ist völlig egal, wer Christ oder Muslim ist. Wer einen Schleier trägt oder nicht. Welchem politischen Lager man angehört. Entscheidend ist, was auf dem Spielfeld passiert, wie wir als Team spielen und dass jede ihr Bestes aus sich herausholt. Das ist das Tolle am Fußball. Er verbindet über vermeintliche Grenzen hinweg.« Sie strahlt.

Die Trainingsbedingungen sind bescheiden. Sie trainieren auf unebenen Asphaltplätzen, in stickigen kleinen Hallen. Die Verletzungsgefahr auf solchen Plätzen ist hoch. Und immer wieder gibt es Checkpoints.

»Weil die Trainingsplätze in Ramallah besser sind als bei uns, trainieren wir, so oft es geht, dort. Und manchmal kann es sein, dass eine Spielerin, die von weiter weg kommt, über einen halben Tag unterwegs ist, nur um eine Stunde zu trainieren. Wir haben schon oft mehr als drei Stunden an einem Checkpoint gewartet, um von A nach B zu kommen. Und dann das Gleiche wieder auf der Rückfahrt.«

Doch sie werden immer mehr, wachsen zu einer kompletten Mannschaft. Die Reaktionen auf die kickenden Damen sind gespalten.

»Viele haben uns für komplett verrückt erklärt. Andere auch für unsittlich. Aber mit unserem wachsenden Erfolg und der Popularität hat sich doch vieles verbessert, und wir bekommen immer mehr Zuspruch. Wir sind starke Frauen, und wir glauben an unsere Rechte. Wir möchten gleichbehandelt werden. Durch den Fußball zeigen wir, dass man uns ernst nehmen muss.«

Und dann kommt das erste große Auswärtsspiel der Mannschaft 2004 in Amman. Die Stürmerin Honey fungiert als Kapitänin.

»Wir waren so stolz und aufgeregt! Es war einfach wunderbar, vor einem – wenn auch kleinen – Publikum zu spielen. Und dann noch auf echtem Rasen! Das kannten wir ja nicht. Im Spiel gegen die Mannschaft aus dem Libanon habe ich mein erstes wichtiges Tor in einem internationalen Turnier geschossen. Das werde ich natürlich nie vergessen! Es war einfach unglaublich. Gegen das hochprofessionelle und toptrainierte Team aus Ägypten haben wir dann zwar 0:4 verloren. Aber für uns war es einfach wichtig, überhaupt dabei zu sein – wenn man bedenkt, woher wir kommen und unter welchen Bedingungen wir trainieren. Wir sind eindeutig als Sieger der Herzen vom Platz gegangen.« Ihre braunen Augen funkeln. Sie bläst sich eine aufmüpfige Locke aus dem Gesicht.

Im gleichen Jahr erhält sie zum ersten Mal den Preis der *Palestinian Football Federation* als beste nationale Fußballerin. Diese Auszeichnung erhält sie bis zum Jahr 2008 kontinuierlich. 2005 wird die Mannschaft mit Unterstützung der FIFA als erste palästinensische Nationalmannschaft der Frauen nun auch offiziell anerkannt.

»Das war natürlich ein ganz wichtiger Schritt. Zum einen als Aufwertung mit Blick auf unsere ›formelle‹ Anerkennung, aber auch mit Blick auf die Verbesserung der gesamten Rahmenbedingungen.«

Kairo 2005. Das *Women's Football Tournament* in der Metropole am Nil. Es ist ein ganz besonderes Ereignis für das Team von Honey.

»Zum ersten Mal haben wir hier mit unseren Partnerinnen aus Gaza gespielt. Da wir zu Hause nicht gemeinsam trainieren können, haben wir uns eine Woche vor dem Turnier zu einem gemeinsamen Trainingslager getroffen. Das war ein unglaublich emotionaler Moment. Wir hatten uns bis dahin nie persönlich getroffen, geschweige denn zusammen Fußball gespielt. Und nun haben wir das Turnier gemeinsam als Team bestritten. Das war einfach großartig. Aber auch unendlich traurig. Wir haben alle geweint, als wir uns nach dem Turnier wieder voneinander verabschieden mussten. Denn uns war klar, wir werden uns nicht wiedersehen. Nicht wiedersehen können in Palästina. Und bis heute haben wir das auch nicht. Die anderen standen ein wenig ratlos neben uns, als sie das mitbekamen. Sie konnten sich das einfach nicht vorstellen. Wir sind nur wenige Kilometer von einander entfernt und können uns dennoch nicht sehen.«

Inzwischen graduiert, arbeitet das Gesicht des palästinensischen Frauenfußballs seit 2006 als Sportlehrerin und engagiert sich im Rahmen der *Palestine*

Association for Children's Encouragement of Sports, einer Nichtregierungsorganisation, für den sportlichen Nachwuchs.

»Unser Ziel ist es, die Kinder von der Straße in die Sportklubs zu bringen. Mein besonderer Schwerpunkt liegt natürlich bei den Mädchen. Wir arbeiten vor allem in Flüchtlingslagern oder SOS-Dörfern, um ihnen durch den Sport eine Perspektive zu geben. Gerade in den traditionelleren Familien müssen wir mit Blick auf die Mädchen viel Überzeugungsarbeit bei den Eltern leisten. Aber zum Glück haben wir einen guten Ruf, man vertraut uns inzwischen.«

Der 26. Oktober 2009. Das *Faisal al-Husseini*-Stadion in al-Ram, einem Vorort von Jerusalem. Das Stadion tobt. Über 14 000 fußballbegeisterte Fans klatschen der palästinensischen Frauenmannschaft zu. Es ist das erste Heimspiel der palästinensischen Nationalmannschaft. Ein Freundschaftsspiel gegen Jordanien. Ein Meilenstein. Und die Spielerin mit der Nummer zehn, Honey, muss von der Trainerbank aus zuschauen.

»Ich habe mir zwei Wochen vor dem Spiel beim Training eine schwere Knieverletzung zugezogen. Ausgerechnet! Ich habe mich behandeln lassen, die Zähne zusammengebissen und weitertrainiert. Und dann, zwei Tage vor dem Spiel, ist es wieder passiert. Es hat nur ›klack‹ gemacht, und dann war es aus. Ich war am Boden zerstört vor lauter Enttäuschung. Wir alle haben so lange auf diesen Moment hingearbeitet und hingefiebert. Und nun das! Ich habe alles versucht, aber ich konnte nicht spielen. Vor lauter Mitleid hat mich die Trainerin die letzten drei Minuten eingesetzt. Aber wirklich spielen konnte ich nicht. Es war einer der traurigsten Momente in meinem Leben!«

Am Ende steht es 2:2. Seither ist Honey die Managerin der Nationalmannschaft. Ihre Meniskusverletzung lässt bislang keine aktive Rolle als Spielerin in der Nationalmannschaft mehr zu. Das ist bitter. Aber Honey nimmt es mit dem ihr eigenen Biss, Pragmatismus und der »Schließlich stirbt die Hoffnung zuletzt«-Einstellung. Und auch die Auszeichnung durch die FIFA, der *Award for the Development of the Palestinian Football Federation*, die sie bereits im Januar 2009 erhalten hat, motiviert sie, nicht aufzugeben.

> »Fußball ist und bleibt mein Leben. Daran ändert auch meine Verletzung nichts. Und wer weiß, eines Tages wird es vielleicht auch wieder. Und so lange engagiere ich mich für den Fußball, für meinen Verein und für mein Land, wo ich nur kann.«

Seit 2009 setzt sie sich für die Organisation *Diyar Women's Sports*, den ersten frauenspezifischen Sportklub in Palästina, ein. Hier trainiert und berät sie junge Sportlerinnen. 2010 beginnt der glühende FC Barcelona-Fan außerdem seinen FIFA International Master (MAS) in Sportmanagement. Im April 2011 wird sie als erste und einzige Frau in den palästinensischen *Council for Youth and Sports*, der als Ministerium fungiert, berufen. Sie hat nun eine neue Rolle als informelle Botschafterin des Frauenfußballs und als Botschafterin ihres Landes.

> »Es mag ein Klischee sein, aber Fußball verbindet weltweit. Über Grenzen und Konflikte hinweg. Mit Fußball für Versöhnung, Fair Play und Frieden zu werben und die Rolle der Frauen zu stärken, das ist mein Ziel.«

»Go, Honey, go!«

Isaaf Nahas – Syrien

◆◆◆

Der kühle Innenhof eines alten Patrizierhauses in der Altstadt von Damaskus. Der kunstvoll verzierte Marmorbrunnen plätschert, es duftet nach Jasmin. Vögel zwitschern.

Isaaf Nahas sitzt im *liwan*, dem schattenspendenden, geräumigen Alkoven des Innenhofes, auf einem mit Damast bezogenen Sofa. Sie hält zwei Marmorlampen in der Hand und überlegt, welche am besten zur Wand passt.

Hier, in einer schmalen Gasse versteckt, von außen unsichtbar, entfaltet sich hinter einem unauffälligen Tor wahrhaftige Damaszener Stadtarchitektur und Wohnkultur. Hier, unweit vom Römischen Bogen, der Geraden Straße und dem Bab as-Sharqi, dem Osttor, hat sich Isaaf Nahas ihren Traum erfüllt und aus einer verfallenen Ruine, einem alten Patrizierhaus aus dem Jahr 1807, mit viel Geduld, Geld und Liebe zum Detail ein wahres Juwel geschaffen.

> »Ich habe mir über sechzig Häuser angeschaut. Aber das hier, das war es. Alles lag in Schutt und Asche. Es war eine Ruine, aber ich konnte sehen, welcher Schatz darin verborgen war«.

Hier, wo Juden, Christen und Muslime immer schon Seite an Seite lebten. Ali, der schiitische Teppich-Restaurator, George, der syrisch-orthodoxe Zuckerbäcker, Salomon, der jüdische Gemischtwarenhändler. Hier, an der Geraden Straße, die schon von Apostel Lukas so genannt wurde. Die Ananiaskapelle, da, wo aus Saulus Paulus wurde und er auf der Flucht vor seinen Häschern an einem Korb über die Mauer gelassen wurde. Unweit der ehrwürdigen Omayyaden-Moschee, Wiege und Zentrum der ersten islamischen Dynastie, der Omayyaden (661–750 n. Chr.).

Damaskus gilt als die älteste durchgehend besiedelte Stadt der Welt. Als »Sinnbild von Schönheit, Wohltat und Fülle des Lebens« hat sie der andalusische Reisende Ibn Jubair im 12. Jahrhundert gepriesen. Und der Prophet Mohammed soll sich einst geweigert haben, die Stadt Damaskus zu besuchen, weil er vor dem himmlischen Paradies kein anderes Paradies betreten wollte.

Seit 1979 gehört die Altstadt von Damaskus zum Weltkulturerbe der *Unesco*. Aber viele historische Bauten und Häuser, wie das von Isaaf Nahas, liegen brach, sind vom Verfall bedroht.

> »Um dieses kulturelle Erbe zu bewahren, braucht es auch private Initiative. Aber oft fehlt das Verständnis für das Alte. Lieber etwas Schickes, Neues bauen, das ist die Devise. Viele haben mich gefragt, warum tust du dir das an? Ein alter Haufen Steine, Schutt und Asche? Ich erinnere mich noch gut, als ein Bauarbeiter aus Unachtsamkeit in eine historische Wand ein Loch gemacht hat. Ich war außer mir. Das Haus war für mich wie ein Baby – ein kostbares, wertvolles Gut. Ehrwürdige, alte Steine und kein Schutt.«

Diese Investition versteht sie vor allem als ihren Beitrag, dem schleichenden Verfall vieler Gebäude in der historischen Altstadt entgegenzuwirken. Ein Zeichen zu setzen und Verantwortung für das kulturelle Erbe ihrer Stadt Damaskus zu übernehmen. Sich nicht nur auf die international geförderten Stadtentwicklungsprojekte zu verlassen, wie etwa die der *Gesellschaft für Internationale Zusammenarbeit* (GIZ) aus Deutschland, die im Auftrag des *Bundesministeriums für wirtschaftliche Zusammenarbeit* (BMZ) die Sanierung des historischen Stadtkerns unterstützt.

Isaaf Nahas stammt aus einer alteingesessenen, bekannten Unternehmerdynastie aus Damaskus. Ihr Vater, Saeb Nahas, einer der größten Unternehmer in Syrien, ist Inhaber der *Nahas Enterprises Group*, zu der rund dreißig Unternehmen in Syrien, Libanon, Irak, Jordanien, Sudan und den Vereinigten Arabischen Emiraten (VAE) zählen. Ridda, ihr Urgroßvater väterlicherseits, war der bekannteste Hersteller der traditionellen *abayas* in Damaskus. Daher wurde er auch *Abayyit Ridda*, »der *abaya*-Ridda«, genannt. Ihr Großvater lebte zwischen 1923 und 1936 in Deutschland und Frankreich und baute mit der Chemnitzer Textilindustrie Geschäftsbeziehungen auf. 1936 kam ihr Großvater zurück nach Damaskus und baute hier die erste moderne Textilfabrik. Ihr Vater startete sein Unternehmen mit dem ersten Reisebüro für Flugreisen in Syrien. Handel und Unternehmertum, das hat Tradition in der Familie.

> »Wir wurden streng und zu Disziplin und Sparsamkeit erzogen. Nach dem Motto: Von nichts kommt nichts. Wir Kinder hatten ein bestimmtes Programm am Tag zu absolvieren, Faulenzen gab es nicht. Wir haben früh gelernt, mit Geld umzugehen. Jeder bekam Taschengeld, mein Vater nannte das ›Gehalt‹. Damit mussten wir haushalten und genau Buch führen. Alle Ausgaben für meine kleinen Schätze, wie Schokolade, aber auch für Stifte, habe ich fein säuberlich in mein Haushaltsbuch eingetragen. Wir bekamen nichts einfach nur so. Wir sind früh erzogen worden, Verantwortung zu übernehmen und zu arbeiten.«

Isaaf Nahas wird 1967 als drittes von fünf Kindern in Mezzeh, einem Villenvorort südwestlich von Damaskus, geboren. Ihre Ausbildung erhält sie in England, Deutschland und Syrien, Business und Englische Philologie sind ihre Schwerpunkte. Ihr Vater legt Wert auf eine internationale Ausbildung. Nach einem kurzen Ausflug in den Export von syrischen Spezialitäten nach England und Deutschland mit ihrer älteren Schwester übernimmt sie die Geschäftsleitung des Reisebüros ihres Vaters in Berlin. 2003 kehrt sie nach Damaskus zurück und wird General Manager von *Nahas Travel & Tourism:*

> »Das war schon eine Umstellung. Am Anfang hatte ich Akzeptanzprobleme. Ich war nicht mehr die kleine Tochter vom Chef, die lernt. Ich war die Chefin. Das war eine schwere Zeit. Ich musste lernen, mich durchzusetzen, und es gab Momente, da habe ich überlegt, ob ich wirklich weiterma-

chen kann. Und: Arbeiten in Syrien ist anders als in Deutschland. Man erwartete von mir einen sehr autoritären Führungsstil, ich aber habe immer Wert auf Mitbestimmung gelegt. Das war ein Lernprozess für beide Seiten. Ich habe versucht, beide Welten zu integrieren und jeweils das Beste zu nehmen. Zum Beispiel Improvisationsvermögen auf der syrischen, Systematik und Genauigkeit auf der deutschen Seite. Als Kinder sind wir immer sehr zu zeitlicher Disziplin angehalten worden – nicht gerade eine typisch syrische Eigenschaft. Bei uns zu Hause gab es für alles einen Plan. Gerade auch in der Tourismusbranche sind Genauigkeit, zeitliche Disziplin und Zuverlässigkeit wichtig. Und hier hat es sich dann bewährt, dass ich schon als Kind immer während der Sommerferien im Büro mitgeholfen habe: Meilen berechnen, Tickets buchen und ausstellen. Ich wusste, wovon ich spreche.«

Der Tourismus hat sich in Syrien in den letzten Jahren zu einer wahren Boom-Branche entwickelt. Steigende Besucherzahlen, steigende Investitionen in diesem dynamischen, wenngleich anfälligen Wachstumsmarkt, waren in den Jahren 2009 und 2010 zu verzeichnen. Die Idee, aus dem Patrizierhaus ein Boutique-Hotel zu machen, lag nahe. Der Aufwand bei den zahlreichen Behördengängen auch.

»Ich wollte das alleine machen. Viele in meinem Umfeld haben gesagt: ›Lass die Behördengänge doch andere machen.‹ Aber das wollte ich nicht. Ich wollte nicht alles geebnet bekommen, sondern mir das selbst erarbeiten. Das war damals auch ein Grund, warum ich nach England wollte. Denn da wurde ich nur als ›Isaaf‹ bewertet und nicht als ›Tochter von‹. Wenn ich Erfolg hatte, habe ich oft gehört: ›Ach, das ist ja nur, weil sie die Tochter von ist‹. Aber dass ich trotz guter Startbedingungen auch hart dafür gearbeitet habe, das wird gerne übersehen. Es ist kein schönes Gefühl, alles zu bekommen, ohne etwas dafür zu tun. Schon als Kind wollte ich arbeiten und mir selbst etwas aufbauen«.

Und so hat sie jeden einzelnen Schritt vor Ort begleitet. Stand mit dem Bauhelm in Schutt, Staub und Dreck. Hat jedes Detail akribisch geprüft und ihre Handschrift hinterlassen im *Dar al-Noor*, dem Haus des Lichts. Hat alte, traditionsreiche Damaszener Handwerkskunst zu neuem Leben erweckt: handgemeißelte filigrane Steinreliefs, kunstvolle Intarsienarbeiten, edle Damaststoffe. Ihr Lieblingszimmer, die »Hoda Hall«, ist nach ihrer ältesten Tochter benannt. Ein gerahmtes weißes Geburtskleid aus zarter Spitze ziert das Zimmer. Im Badezimmer stehen *kabkabs* aus dem 18. Jahrhundert, grazile Holzpantoffeln, die im Hamam, dem türkischen Bad, von den Frauen getragen wurden. Die originale, aufwendig nach altem Vorbild restaurierte handbemalte Holzdecke mit ihren für diesen Baustil der Mameluken-Zeit bis zum 19. Jahrhundert so typischen *muqarnas* – Stalaktiten – atmet die Tradition der alten Damaszener Patrizierhäuser.

»Ich wollte unbedingt, dass jedes Zimmer anders aussieht und sehr persönlich gestaltet ist, dass es eine Seele hat. Deshalb stehen auch einige antike Möbel meiner Großmutter hier, zum Beispiel dieser *Art Déco*-Stuhl. Darin hat sie oft gesessen. Sie war übrigens eine sehr starke Persönlichkeit. Ich wollte ein Stück Tradition – auch die meiner Familie – mit der Moderne verbinden.«

Am Ende entscheidet sich Isaaf Nahas für die zartrosa marmorierte Lampe. »Ja, das ist es«, sagt sie zufrieden. Das Handy klingelt, ihre zweite Tochter Nura ist am Apparat.

»Für mich ist es ganz normal, Familie und Beruf zu vereinbaren. Auch wenn es tagtäglich eine große Herausforderung ist. Einfach ist das nicht. Man muss gute Nerven haben, organisieren können, braucht Hilfe und Unterstützung«.

Ein Hotel ist immer auch ein Ort der Begegnung. Auf Initiative der deutschen Journalistin Angelika Ludwig veranstaltet sie seit 2008 kulturelle Begegnungsreisen für Frauen nach Syrien.

»Mir ist es wichtig, sich kennenzulernen, voneinander zu lernen und sich zu vernetzen. Viele Vorurteile basieren darauf, dass man wenig oder gar nichts voneinander kennt. Was ist da besser, als die persönliche Begegnung?«

Im Innenhof diskutieren deutsche und syrische Frauen bei feinsten *ush al-bulbul* (Nachtigallnestern), das sind Pistazienröllchen mit Rosenwasser, erfrischender Minzlimonade und köstlichem Eis von *Bakdash,* dem legendären Eisladen im Souk al-Hamidiyeh. Über Gott und die Welt, über die Rolle der Frau, über ihre Lebensträume. Erstaunen auf der deutschen Seite, so viel Power und Selbstbewusstsein zu erleben. Hanan erzählt, dass in Syrien Frauen immer schon berufstätig waren und eine aktive Rolle in der Gesellschaft einnehmen. Sie studiert Wassermanagement an der *Damascus University*. Fatima widerspricht. In ihrer Familie sei das gar nicht selbstverständlich gewesen. Zusammen fahren sie auch auf das Land. Hier erleben die Frauen ein anderes Syrien als in Damaskus. Ärmlich, bescheiden, zum Teil stärker von traditionellen Lebensmustern geprägt. Bei einer Weberin sind sie zum *qahwa*, zum arabischen Kaffee, eingeladen. Sie sitzen im penibel gekehrten, einzigen Raum des kleinen Steinhauses auf einer bunten Matte. »Das Leben ist beschwerlich«, sagt Amira. »Aber das Wichtigste ist, dass meine Töchter alle zur Schule gehen. Sie sollen es einmal besser haben als wir«. Ihr Mann, Farhan, nickt zustimmend.

September 2011. Es kommen keine Touristen. Die mit kunstvoll handbestickten, fein gewebten Damastdecken bezogenen Betten bleiben leer. Die Orangenbäume im Innenhof spenden Schatten. Sie kamen einst aus Sevilla nach Damaskus und stehen immer noch da. Der Brunnen plätschert. Die Vögel zwitschern. Trotzdem.

Buthaina Al Ansari – Katar

◆◆◆

Doha im Mai 2011. Auf dem Podium des *Qatar International Business Women Forum* spricht Buthaina Al Ansari über Businessfrauen in Katar. Über Chancen, Herausforderungen, Erfolge. Über ihren eigenen Weg, ihre Erfahrungen. Eloquent, charmant, mitreißend. Und über ihr »Baby«, *Qatariyat*. Das bedeutet soviel wie: »die Katarerinnen« oder auch »das, was Katar betrifft«. 2007 hat sie die *Qatariyat Group* gegründet. Drei Firmen, mit dem Ziel, Frauen im Business zu unterstützen: *Qatariyat Magazine*, eine Monatszeitschrift für Frauen im Business. *Qatariyat Training & Development*, ein Anbieter für Weiterbildung, sowie *Qatariyat Media & Advertising*. Die ganze Palette. Sie nimmt einen Kredit auf, ihr Mann steuert einen Teil zum Startkapital bei, der Bruder stellt die Büroräume.

> »Es ist wichtig, dass es genügend Plattformen gibt, wo Frauen sich austauschen, informieren und weiterbilden können. Wir haben hier in Katar inzwischen viele Möglichkeiten, uns in der Gesellschaft, Politik und Wirtschaft einzubringen. Das Potenzial ist aber beileibe nicht völlig ausgeschöpft. Wir können mehr!«

Sie lacht und wirft selbstbewusst den Kopf in den Nacken.

»Viele Frauen kommen zu uns und wollen ihr eigenes Business aufmachen. Eine gute Idee, das ist der Start, macht aber noch kein Unternehmen. Entscheidend ist die praktische Umsetzung. Und hier hapert es oft. Das heißt, wir bringen ihnen bei, wie man einen soliden Businessplan erstellt, wie man Marktstudien liest, wie man sein Produkt oder seine Dienstleistung erfolgreich auf dem Markt platziert. Wie man das Unternehmen finanziert, wo es Unterstützung gibt, welche Werbung geeignet ist. Kurzum: wie ein erfolgreiches Start-up aussieht. Und welche Risiken man beachten muss, damit das Unternehmen auch nachhaltig gelingt.«

Strategisches Denken, das liegt Buthaina, die parallel zu ihrem eigenen Unternehmen *Qatariyat* seit 2008 bei *Qtel*, dem staatlichen Telekommunikationsunternehmen, für strategische Planung zuständig ist.

Zuvor hat sie das Programm zur Katarisierung bei *Al Rayan Investment* geleitet. Katar, das Land mit einem der höchsten Pro-Kopf-Einkommen der Welt und einem Ausländeranteil von über 80 Prozent, sieht in seinem Entwicklungsplan »Vision 2030« den Strukturwandel von einer rohstoffabhängigen zu einer diversifizierten und wissensbasierten Wirtschaft vor. Nach Anlaufen der Bildungsoffensive im Jahr 2000 rief der Emir von Katar, Shaikh Hamad, zu einer »Katarisierung« auf, mit dem Ziel, langfristig den Anteil qualifizierter Kataris in der Wirtschaft zu erhöhen.

»Die größte Herausforderung ist, dass die Leute auch an sich glauben und sich stetig weiterentwickeln. Lernen hört nie auf. Es ist ein lebenslanger Prozess. Wir können uns nicht auf unseren Rohstoffen ausruhen!«

Sie erhält viel Applaus auf dem Podium. Ihr Selbstbewusstsein ist erfrischend, ansteckend, motivierend.

»Es geht neben Leistung auch darum, sichtbar zu sein. Ich sage den Frauen immer: ›Market yourself! – vermarktet euch geschickt. Das ist das A und O, um in einer medienorientierten Welt weiterzukommen. Man wird euch nicht für eine wichtige Aufgabe auswählen, wenn man euch nicht kennt!

Aber seid wählerisch, sucht euch die richtigen Medien und Plattformen aus!‹«

Buthaina Al Ansari wird 1976 in Doha geboren. Sie hat vier Schwestern und einen Bruder.

»Ich habe das Glück, in eine wunderbare Familie geboren zu sein. Ich habe so viel Liebe und Unterstützung bekommen, um mich so entwickeln zu können, wie ich heute bin. Das prägt die Persönlichkeit für ein Leben. Beide, mein Vater und meine Mutter, waren stets an meiner Seite. Meine Mutter ist sogar zweimal als beste Mutter ausgezeichnet worden.«

In ihren Augen spiegeln sich Stolz und Dankbarkeit.

»Ich war ein ziemlich forderndes Mädchen. Ich wollte immer die Nummer eins sein. Das war für meine Umgebung vielleicht nicht immer leicht. Aber meine Eltern und Geschwister wussten damit umzugehen. Mein Vater sprach mich augenzwinkernd immer mit ›Ihre Exzellenz‹ an.«

Sie studiert Business Management an der *Qatar University*, HR and Strategic Planning an der *American University in Cairo* sowie der *London Business School*. Ihre ersten beruflichen Schritte in der Privatwirtschaft führen sie 2006 in das Bankenwesen:

»Das war damals für viele Frauen der Weg in ihr Berufsleben. Aber mich störte schon damals, dass es hier kaum Frauen in Führungspositionen gab. Sie kamen bis in das mittlere Management, und dann war Schluss. Ich habe mir gesagt: So werde ich nicht enden.«

Viel Austausch und Erfahrung erhält sie durch ihre Familie:

»Die gesamte Familie traf und trifft sich auch heute noch immer am Freitag. Da halten wir unseren legendären *majlis* (arabisch: Name der traditio-

> nellen Versammlung) ab. Wir diskutieren über Politik, Gesellschaft, Business. Schon als junges Mädchen habe ich die Ohren ganz weit aufgesperrt. Hier habe ich sehr viel gelernt, was ich heute anwenden kann. Und es ist etwas, das ich meinen vier Kindern weitergeben möchte.«

Die vierfache Mutter ist seit Januar 2012 Leiterin der HR-Abteilung bei *Qtel*. Verantwortlich für über 2500 Mitarbeiter. Ein Karrieresprung. Sie ist die erste Frau in Katar in einer derart exponierten Führungsposition.

> »Leadership bedeutet für mich vor allem auch, das richtige Team um mich zu haben. Führung heißt nicht nur, die strategisch richtigen Entscheidungen zu treffen, sondern vor allem, hierzu die besten Leute für sich zu gewinnen, sie zu entwickeln und zu fördern. Ihnen zuzuhören, ihre Meinung und Erfahrung einzuholen. Das kommt schließlich dem Ergebnis zugute. Die Zeiten sind vorbei, da die Führungskraft alleine an der Spitze Entscheidungen gefällt hat.«

Wie vereint sie Beruf und Familie?

> »Auch das ist Leadership und die hohe Kunst des Managements. Man muss sehr organisiert sein, sich auf das Wesentliche konzentrieren und alles unter einen Hut bringen. Das ist zwar eine große Herausforderung, aber Familie ist mir sehr wichtig. Da ich selbst so eine wunderbare Kindheit hatte, möchte ich das auch meinen Kindern geben und für sie da sein. Da fällt die Zeit für einen selbst manchmal knapp aus. Aber zum Glück erhalte ich viel Unterstützung durch mein Umfeld. Und eine glückliche Familie ist auch eine Quelle der Energie!«

Die mehrfach ausgezeichnete Unternehmerin und Managerin ist inzwischen der Shootingstar der »Generation Shaikha Moza«, wie sie lachend sagt. Die First Lady des Emirats ist für viele Frauen in Katar ein großes Vorbild.

»Sie steht für eine neue Generation selbstbewusster Frauen, die sich aktiv und öffentlich in der Gesellschaft einbringen und gleichzeitig tief in unserer Tradition verwurzelt sind. Das ist eben kein Widerspruch. Sie zeigt der Welt: Schaut her, was muslimische Frauen alles bewegen können! Und in ihrer exponierten Stellung hat sie nicht nur die Mittel und die Macht dazu, etwas zu bewegen, sondern sie ist auch eine moralische Instanz. Ich höre oft von der älteren Generation: Na, wenn sie das tut, dann kann es so falsch nicht sein. Diese symbolische und moralische Vorbildfunktion sollte man nicht unterschätzen.«

Und dann rät Buthaina jungen Frauen, deren Männer, Brüder oder Väter nicht wollen, dass sie in der Öffentlichkeit in Erscheinung treten:

»Man muss nicht alles mit Konfrontation und der Holzhammermethode lösen. Oft sind es die kleinen Schritte, die zum Erfolg führen. Ich sage den Frauen dann immer: ›Ok, wenn dein Mann nicht möchte, dass du bei einer Konferenz auf einem Bild erscheinst, dann kannst du dem Fotografen sagen, er möge bitte kein Foto von dir machen. Oder wenn du nicht alleine gehen darfst, bitte um Begleitung. Es gibt immer einen Weg. Du kannst deine Arbeit gut machen, auch vielleicht ohne zunächst selbst groß in Erscheinung zu treten. Lass die Ergebnisse für sich sprechen.‹ Oft regeln sich die Dinge dann von alleine, das Vertrauen und die Akzeptanz wachsen – und damit auch die Spielräume.«

Kompromisse. Auch sie hat sie gemacht. Zum Beispiel zu Beginn ihres Studiums.

»Meine Mutter wollte unbedingt, dass ich im Gesundheitsbereich arbeite. Das ist eigentlich gar nicht mein Ding. Aber um eine Konfrontation zu vermeiden, habe ich zunächst einmal Mikrobiologie studiert und dann als Dozentin an der Uni gearbeitet. Aber dann, etwas später, habe ich parallel Business studiert … und ich war schwanger …« Sie lacht verschmitzt.

»Die Kunst ist dabei, seine eigene *Long Term Strategy* nicht aus den Augen zu verlieren!«

Man erkennt ihr Potenzial, und so arbeitet sie nach ihrem Studium für das neu aufgelegte MBA-Programm an der *Qatar University*. Sie entwickelt Konzepte, wie man mehr Studenten erreicht, die Verbindung zu den Unternehmen herstellt, die Handelskammer mit einbezieht.

»Dieses MBA-Programm war enorm wichtig, denn damals gab es so etwas hier nicht an der Uni. Um seinen MBA zu machen, musste man ins Ausland. Das aber wurde vielen Frauen verwehrt, aus unterschiedlichen Gründen. Und jetzt konnten auch die Frauen, die nicht im Ausland studieren durften, eine qualifizierte Ausbildung erhalten. Wir hatten und haben immer noch einen hohen Anteil weiblicher Studenten. Mir war auch wichtig, dass das Studium einen möglichst praxisnahen Bezug hat.«

Und dann spricht sie über die wichtige Rolle des Mentoring:

»Viele Frauen möchten alles alleine schaffen. Das ist auch gut so. Aber warum nicht auch die Kompetenz und die Unterstützung anderer, erfolgreicher Menschen einholen? Männlich oder weiblich. Das spielt keine Rolle. Hauptsache, er oder sie bringt einen weiter, öffnet neue Türen. Ein guter Mentor ist ein wesentlicher Erfolgsfaktor. Ich weiß, wovon ich spreche!«

»The sky is the limit«, ein zentrales Motto in ihrem Leben. Führte *Arabian Business* Buthaina im vergangenen Jahr in der Liste der 100 einflussreichsten arabischen Businessfrauen noch auf Platz 67, so rangiert sie 2012 bereits auf Platz 19. Sie hat Karriere gemacht.

»Na, wenn das mal keine Entwicklung ist!«, sagt sie stolz. »Aber Ausruhen ist nicht drin, denn ich habe ja noch sehr viel vor.«

Ihr Mann, gelernter Ölingenieur und zuständig für die Entwicklung der Förderung der Dokhan-Felder bei *Qatar Petroleum*, unterstützt seine ambitionierte Frau, wo er nur kann.

> »Er hat immer zu mir gesagt: ›Streng dich an, eines Tages wäre ich gerne der Mann einer sehr erfolgreichen Frau!‹« Das ist er nun.

Maysoon Pachachi – Großbritannien/Irak

◆◆◆

Nahida Al Askari blickt entspannt in die Kamera. Sie sitzt in einem Sessel und lässt ihr Leben Revue passieren. Sie war die erste Frau in ihrer Familie im Irak, die zur Schule gehen durfte. Schnitt. Die Kamera zeigt Nahida Al Ramah, inzwischen eine bekannte Schauspielerin im Irak. Sie erzählt von ihrer ersten Filmrolle, da war sie sechzehn Jahre alt: »Meine Onkel und Cousins drohten, mich umzubringen. « Umm Muqdad. Auch sie sitzt im Sessel. Blickt in die Kamera. Und dann kommt ihr Satz: »Sie sagten nur: Wir haben sie exekutiert.« Pause.

Es sind die Details, die an diesem Dokumentarfilm auffallen. Die leise unaufdringliche Kameraführung. Sie lässt den porträtierten Frauen respektvollen Raum, ohne dabei Distanz zu schaffen. Im Gegenteil. Sie schenkt sogar eine Art Vertrautheit, Intimität. »Iraqi Women: Voices from Exile.« Es ist der erste Film von Maysoon Pachachi aus dem Jahr 1994.

> »Der Film ist entstanden als Reaktion auf die Berichterstattung während des Golfkrieges von 1991. Wie so viele Iraker, die außerhalb des Landes leben, saß ich 24 Stunden vor dem Bildschirm. Alles sah aus wie in einem dieser Video-Spiele. So als ob das Land ohne Menschen wäre und all diese Bomben keinen träfen. Was natürlich nicht der Fall war. Das hat mich regelrecht paralysiert, und ich begann, mein Englisch zu verlieren. Mir fie-

> len die einfachsten Wörter wie Fenster, Tisch, Stuhl, Salz nicht mehr ein. Ich glaube, ich habe meine Sprache, meine Stimme wiedergefunden, indem ich diesen ersten Film gemacht habe. Ich begann zu verstehen, dass man manchmal versucht Dinge, die in der Realität zerstört sind, durch kreatives Handeln wiederherzustellen.«

Sie gibt ihrem Land Gesichter, Stimmen und Lebensgeschichten. Weibliche. Es ist eine Dokumentation über irakische Frauen im Exil in England. Darunter befinden sich Lehrerinnen, Guerilla-Kämpferinnen, eine Theater-Direktorin. Aber vor allem ist es ein wichtiges Zeitdokument zur Geschichte des Irak – vor und während des Regimes Saddam Husseins.

Maysoon stammt aus dem Irak, geboren wird sie in den USA, Washington. Ihr Vater, Adnan Pachachi, kommt aus einer Familie bekannter Politiker und Diplomaten. Er selbst war Außenminister des Irak von 1966 bis 1967. Eine Weile leben sie in Alexandria, Ägypten, dann pendeln sie immer wieder zwischen den USA und dem Irak. Kindheitserinnerungen.

> »Oft ist es ein ganz bestimmtes Licht am späten Nachmittag, Vogelzwitschern oder ein Geruch, den ich mit Bagdad verbinde. Und der Fluss. Der Tigris. Das Haus meiner Großmutter lag direkt am Tigris und hatte einen wunderschönen Garten. Ja, auch Palmen gehören zu meinen Erinnerungen. Vor allem das Rascheln der Palmwedel im Wind. Sch, sch, sch.«

Als Kind erlebt sie 1958 die Revolution in Bagdad.

> »In meine Erinnerung mischen sich auch schreckliche Bilder. Ich sah, wie Menschen über den Boden geschleift wurden. Menschen, die brannten. Es waren grausame, unmenschliche Bilder. Und dann die Armut. Von unserem Haus aus konnte man hinübersehen in einen Palmenhain, wo Migranten aus dem ländlichen Süden ihre ärmlichen Hütten aus Dung gebaut hatten. Ich erinnere mich daran, wie die Kinder dort aufgereiht standen, barfuß, in zerlumpter Kleidung, und mir dabei zusahen, wie ich mit meinem neuen Fahrrad herumfuhr. Ich fuhr zurück durch das Gartentor, auf-

gewühlt durch diesen Kontrast. Ich fühlte schon damals die schreiende Ungerechtigkeit.«

Maysoon beschreibt sich als ruhiges, schüchternes Mädchen. Als Beobachterin.

»Ich habe immer gerne beobachtet. Versucht, einzufangen, welche Geschichte sich hinter den Dingen verbirgt. Ich fühle mich wohler mit Bildern als mit Worten.Vielleicht auch, weil ich zwischen so vielen Sprachen hin- und herspringen musste und mich in keiner richtig zu Hause fühle. Also habe ich mich lieber auf das Sehen, das Beobachten konzentriert.« Sie wird nachdenklich, macht eine Pause.

In den 60er-Jahren geht sie nach London. Politisches Straßentheater, die Friedensbewegung, Feminismus. Das sind ihre Themen. Der Irak ist weit weg. Film, das interessiert sie.

»Ich habe an der *Slade School of Art* einige Filmseminare bei Thorold Dickinson besucht, und ein paar Mal hatten wir auch das Glück, Jean Renoir und Gillo Pontecorvo zu hören. Wir haben zusammen Filme geschaut. Einfach nur Filme geschaut. Einen Film nach dem anderen. Das war eine großartige Ausbildung, und ich sah die Art von Filmen, die ich vorher nie gesehen hatte: Stummfilme aus Hollywood und Europa, Filme aus Indien, Japan, Filme der *Nouvelle Vague* aus Frankreich, italienischer Neorealismus. Ich fing an zu begreifen, was dieses Medium vermochte, und war entschlossen, selbst Filme zu machen. Als ich diese Idee meinem Vater mitteilte, war er wenig begeistert. ›Kannst du nicht etwas Ordentliches machen?‹ Wir haben uns dann auf Philosophie geeinigt. Immerhin.« Sie lacht.

Sie studiert Philosophie am *University College* in London. Und dann? Und dann doch Film, an der *London Film School*. Sie arbeitet zunächst als Cutterin und Regisseurin für Fernsehfilme und Dokumentationen in England, produziert den preisgekrönten Film »Smoke« der brasilianischen Künstlerin Lucia

Nogueira. Erst Ende der 80er-Jahre beginnt sie, sich wieder aktiv mit dem Land ihrer Vorfahren zu befassen. Die Meldungen von Repression und Willkür berühren sie. Sie frischt ihr Arabisch auf, nimmt in Großbritannien Kontakt zur irakischen Exilcommunity auf, begründet das politische Aktionsbündnis *act-together: women against sanctions and war in Iraq* mit. Und dreht schließlich ihren ersten eigenen Dokumentarfilm.

> »Mein Arabisch war am Anfang zuweilen völlig antiquiert. Ich benutzte Wörter aus der osmanischen Zeit, die ich von meiner Großmutter gelernt hatte. Keiner spricht heute mehr so. Ich übrigens auch nicht mehr!« Sie lacht und neigt den Kopf zur Seite.

Immer wieder sind es die Frauen, die im Mittelpunkt ihres künstlerischen Schaffens stehen. 1999 entsteht ihr Film »Iranian Journey«. Es ist die bewegende Dokumentation über Massoumeh, der ersten Überlandbusfahrerin im Iran. Als ihr Mann Muammar nach einem Herzinfarkt keine Reisebusse mehr fahren kann, setzt sie sich beherzt hinter das Steuer und übernimmt. Pragmatismus pur. Ihr Mann begleitet sie fortan auf dem Beifahrersitz, quer durch den Iran. Während sie sich an das Steuer setzt, ihre Handtasche auf den Boden stellt und die ersten Passagiere einsteigen, erklärt sie: »Zunächst war meine Familie sehr besorgt. Wie kann eine Frau nur in einem komplett männlich dominierten Umfeld arbeiten? Das war nicht einfach für sie. « Sie lenkt den grün-weiß gestreiften Bus, eine Hand am Steuer, die andere Hand hängt lässig aus dem Fenster. Die Kamera schwenkt auf ihren weißen Turnschuh am Gaspedal. Zwei Gläser Tee stehen neben der Armlehne auf einem Spitzendeckchen. Ihr Tschador wird von einer roten Klammer gehalten. Auf der Reise lernt der Zuschauer, in poetischen Bildern und enzyklopädischer Genauigkeit neben der Geschichte des Ehepaars auch die Lebensbedingungen von Frauen im Iran kennen. Für diesen starken, dichten und sehr einfühlsam erzählten Film erhält Maysoon den ersten Preis des *Kalamata International Documentary Film Festival.*

> »Wir sind von Teheran zur Hafenstadt Bandar Abbas gefahren. Eine über zwanzigstündige Busfahrt. Quer durch das Land. Vorbei an Städten, Dör-

fern, alten historischen Stätten, durch bergige Regionen, Wüsten. Durch die Stadt Qom, eines der religiösen Zentren des Iran. Die Herausforderung war, so unsichtbar wie möglich dabei zu sein. Dieser Film ist eine Reise zu den unterschiedlichen Lebenswelten der Menschen, vor allem auch der Frauen im Iran.«

Es ist diese Mischung aus Beschreibung, Emotion und Präzision, die das filmische Schaffen von Maysoon ausmacht. Oft erzählt die Kamera. Still. Die Details sind wichtig. Ein leiser Schwenk auf Frauenhände, die Blütenblätter auf das Grab eines Märtyrers streuen. Frauenhände, die einen Fernseher zusammenschrauben. Frauenhände, die ein Reagenzglas halten. Sie läßt Bilder sprechen. Läßt dem Betrachter Zeit.

»Als Dokumentarfilmerin bin ich natürlich bemüht, so nah an der Realität zu bleiben, wie es geht. Zu beschreiben. Aber es ist natürlich immer auch meine Interpretation, meine Realität, die einfließt. Bei ›Iraqi Women: Voices from Exile‹ zum Beispiel hatte ich über 30 Stunden Material. Für einen Film von 50 Minuten! Was nehme ich raus, was zeige ich, wie zeige ich was? Wo setze ich die Schnitte? Während des gesamten Prozesses sind es meine Entscheidungen, was und wie gedreht wird. Und am Ende ist der Film die Geschichte, so wie ich sie erzähle. Aber ich versuche mein Bestes, diejenigen, die mir ihre Geschichten anvertrauen, so wahrhaftig wie möglich darzustellen. Das ist eine große Verantwortung.«

Maysoon beginnt auch, sich in Palästina zu engagieren, und führt dort zusammen mit ihrem irakischen Kollegen, dem Filmemacher Kasim Abid, Filmlehrgänge und Trainings durch. In Zusammenarbeit mit der saudisch-libanesischen Filmemacherin Noura Sakkaf entsteht 2003 der Film »Bitter Water«. Gedreht im palästinensischen Flüchtlingslager Bourj al-Barajneh in Beirut, Libanon. Eine »vorübergehende Heimat«. Und nun leben die Flüchtlinge hier bereits in der vierten Generation.

> »Wir haben rund fünf Wochen hier gefilmt. Wir haben mit den Leuten auf der Straße gesprochen, in ihren Geschäften gedreht, in ihren Häusern. Alltagssituationen. Da waren Gefühle von Verlust, natürlich auch Wut, Resignation. Aber auch die Vitalität von Kindern, die Fußball spielten oder auf Bäume kletterten. Und manchmal auch eine Art düsterer Humor. Es war dieses Gefühl von Hoffnungslosigkeit, das mich am meisten bestürzt hat. Ein junger Mann, der eigentlich voller Energie und Optimismus sein sollte, der zu uns sagte: ›Hier bleiben oder bei einem Selbstmordattentat sterben. Wo ist da der Unterschied?‹ Abu Rabi', eine Art Straßenpoet, sagte uns: ›The phial of patience has been exhausted but for a single drop of bitter water, and drink it I must.‹ Bitteres Wasser, da lag der Titel des Films nah.«

Im gleichen Jahr, 2003, beginnt der Irak-Krieg. Und nach dem Sturz Saddam Husseins gibt es so etwas wie Aufbruchstimmung. Aufbau. Maysoon ist im Juni 2003 in Ramallah. Hier entsteht zusammen mit Kasim Abid die Idee, in Bagdad eine unabhängige Filmschule zu gründen.

> »Wir saßen in einem Café in Ramallah und überlegten, welchen Beitrag wir zum Wiederaufbau des Irak leisten könnten. Und schnell kamen wir auf die Idee, eine Filmschule zu gründen. Was lag näher? Und was lag gleichzeitig ferner? Natürlich hatten wir auch Zweifel. Eine Filmschule? Andere Dinge werden eher gebraucht. Waren wir unrealistisch? Kasim fuhr in den Irak, um sich ein Bild zu machen, Meinungen einzuholen. Die Reaktion war überwältigend. ›Eine Filmschule ist genau, was wir brauchen, um ein Stück Normalität zurückzugewinnen. Gerade jetzt und hier.‹ Nach so vielen Jahren Diktatur, Kriegen und Sanktionen waren diese jungen Leute ganz versessen darauf zu lernen, wie sie ihre Gedanken und Geschichten auf Leinwand bringen könnten. Und so begannen wir mit der konkreten Umsetzung. Und unsere Erfahrung mit dem Abhalten von Workshops und Trainings unter schwierigen Bedingungen in Palästina ermutigte uns dabei.«

Februar 2004. Maysoon fährt in den Irak. Zum ersten Mal seit 35 Jahren. Sie macht eine lange Pause, bevor sie weiterspricht.

> »Wir sind mit einem Militärflugzeug von Abu Dhabi aus nach Bagdad geflogen. Unter mir erstreckte sich ein Teppich aus Brauntönen. Erdiger Boden. Dann die Mündung von Euphrat und Tigris. Dem Fluss meiner Kindheit. Es war ein komisches Gefühl, nach so langer Zeit wieder nach Bagdad zu kommen. Auf dem Weg vom Flughafen in die Stadt waren das Erste, was ich sah, Sprengschutzmauern. Kilometerlang. Dahinter wehten die Palmen im Wind. In diesen 35 Jahren hatte sich die Stadt bis zur Unkenntlichkeit verändert, und ich wusste nicht, wo ich war. Erst in der Altstadt habe ich ein wenig das Bagdad meiner Kindertage wiedergefunden. Das Haus meiner Großmutter stand nicht mehr. Es war in den späten 70er-Jahren an den Staat zwangsverkauft und abgerissen worden. Aus dem Garten wurde ein Hubschrauberlandeplatz für einen großen Krankenhauskomplex, der auf dem Grundstück gebaut wurde.«

Sie begleitet ihren Vater. Er leitet im Auftrag der US-Militärregierung die Ausarbeitung der irakischen Übergangsverfassung.

> »Ich war nicht glücklich darüber, dass mein Vater mit den Amerikanern kooperierte, und hatte das Gefühl, es könnte den Aufbau meiner eigenen Beziehung zu dem Land erschweren. Daher fuhr ich nicht schon 2003 in den Irak, was ich eigentlich vorhatte. Aber nach und nach begann ich, ihn besser zu verstehen. Er war gegen den Krieg und die Besatzung gewesen, aber sie waren nun einmal geschehen. Er hatte das Gefühl, seinem Land etwas geben zu können. Sein hohes Alter erlaubte ihm nicht den Luxus, lange zu warten, und er wollte nicht am Rande sitzen, nur fernsehen und wütend oder depressiv werden. Am Ende entschied ich zähneknirschend, wenn ich in den Irak wollte, dann musste ich zusammen mit meinem Vater fahren. Und das tat ich schließlich. Es war ein spannender Prozess.«

Am Ende dieses Prozesses steht der Film »Return to the Land of Wonders«. Er dokumentiert Maysoons Wiederbegegnung mit dem Land ihrer Kindheit. Einem Land mitten im Verfassungsprozess, im Aufbau, nach einem Krieg, der irgendwie nicht vorbei zu sein scheint. Eine Momentaufnahme von Menschen in Geschäften, auf Straßen, in zerstörten Häusern. In Krankenhäusern. Bilder vom Dach ihres Hauses gedreht. Der Blick gerichtet auf kreisende Militärhubschrauber.

> »Ich stand dort und fragte mich zu Beginn, wie ich wohl angesichts der angespannten Sicherheitslage rausgehen und drehen könnte? Wie ich den Menschen im Alltag begegnen würde.«

Sie geht raus, mit einer kleinen Kamera. Dreht. Zum Beispiel eine Diskussionsrunde von Frauen. »Es ist nicht nur eine Frage der allgemeinen Sicherheit, die uns Sorge macht. Wir können in manchen Gegenden nicht mehr ohne Schleier auf die Straße gehen, ohne belästigt zu werden. Es ist diese Veränderung, die uns größte Sorgen macht.« Geduldig hört sich der UN-Gesandte Lakhdar Brahimi die Sorgen der Frauen an.

Und der Film wird auch eine Hommage an ihren damals achtzigjährigen Vater. Immer wieder wechseln die Szenen zwischen politischen Diskussionen ihres Vaters und dem Alltagsleben der Menschen. Ein Antiquitätenhändler im Souk antwortet auf ihre Frage, wie die Geschäfte laufen: »Erst waren es die Sanktionen, jetzt ist es das pure Chaos. « Ein Versuch von Alltag. Inmitten der Zerstörung. Irgendwie.

> »Als ich in Bagdad ankam, hatte ich keine Idee, wie der Film werden würde. Ohne die Absicht oder einen Plan zu haben, fand ich mich selbst wieder, wie ich meinen Vater dabei filmte, als er mit seinen Kollegen Details der Übergangsverfassung diskutierte – ein zum Teil sehr theoretischer Diskurs. Gleichzeitig, wie ich jeden Tag rausging, um mit den Menschen in den Straßen, auf den Märkten, in den Schulen, in den Krankenhäusern, in ihren Häusern oder Autos zu sprechen. Gerade dieser Gegensatz machte die Arbeit an diesem Film so spannend. Die Dokumentation

unvereinbarer, zum Teil gegensätzlicher Realitäten, die nicht immer harmonisiert oder miteinander versöhnt werden können. Das ist auch Teil dessen, wie ich die Welt sehe. Alle Teile gehören zusammen. Sind Facetten des Ganzen.«

Das Unvereinbare, Gegensätzliche zeigen. Alle Facetten. Nicht umsonst heißt ihre 1993 in London gegründete unabhängige Filmproduktionsfirma Oxymoron. Eine Metapher für das Gegensätzliche, sich Ausschließende, das Widersprüchliche, das nicht immer versöhnt, harmonisiert werden kann. Aber das zusammengesetzt einen neuen Sinnzusammenhang ergibt, wie etwa ›bittersüß‹.

War es auch ein »nach Hause« kommen? Sie überlegt, bevor sie antwortet. Sie antwortet mit Bedacht.

»Zuhause.« Pause. »Ich habe das Gefühl, ich bin auf einer Brücke zu Hause. Ich stehe auf einer Brücke. Ja, das ist das richtige Bild. Ich bin verbunden mit beiden Enden. Gehe von einem Ende zum anderen. Ich bin eine Reisende.«

Im gleichen Jahr, 2004, gründet sie zusammen mit Kasim die Filmschule in Bagdad, das *Independent Film & Television College*. Sie mieten ein Apartment in Bagdad, organisieren Equipment, konzipieren Kurse. Alle Angebote sind kostenlos.

»Uns waren folgende Dinge wichtig: Unabhängigkeit, die Möglichkeit, kostenlose Kurse anbieten zu können und möglichst viele Frauen zu integrieren. Deshalb sollen mindestens ein Viertel der Studenten Frauen sein. Und soweit konnten wir das alles auch umsetzen. Obwohl es manchmal nicht einfach war. Als die Sicherheitslage 2006/2007 wirklich schlimm war, mussten einige Frauen aufhören, weil sie zu weit entfernt wohnten und es zu gefährlich gewesen wäre, zu den Kursen zu kommen.«

Maysoon erzählt von ihrem Workshop »Dokumentarfilm«.

»Am Anfang konnten viele unserer Studenten mit dem Begriff ›Dokumentarfilm‹ gar nichts anfangen. Kein Wunder. In einem Land, wo die Filmindustrie von staatlicher Propaganda und Zensur geprägt war, was bedeutet ›dokumentieren‹ da wirklich? Was bedeutet ›kritisch zu analysieren‹? ›Kritisch zu hinterfragen‹? Trotz aller Schwierigkeiten und Mühen, die es in den letzten Jahren gekostet hat, im Irak zu arbeiten, haben unsere Studenten bemerkenswerten Mut und Einsatz gezeigt. Dabei sind bislang sechzehn Kurzdokumentationen entstanden, die in der ganzen Welt gezeigt worden sind.«

In den kommenden Jahren wird die Sicherheitslage in Bagdad immer bedrohlicher. Der Alltag immer gefährlicher. Überall drohen Autobomben Menschen zu zerfetzen.

»Wir mussten und müssen oft improvisieren, Kurse an anderen Orten stattfinden lassen oder sie unterbrechen, um die Studenten nicht zu gefährden. Einige Kurse haben wir, als gar nichts mehr ging, auch nach Amman und Damaskus verlegt. Viele unserer Studenten haben unter Einsatz ihres Lebens Projekte durchgeführt.«

Und dann erzählt sie von Emad, einem ihrer Studenten. Sie spricht leise, macht viele Pausen. Wirkt nachdenklich.

»Emad Ali zum Beispiel. Er arbeitete im Oktober 2006 an einem Dokumentarfilm über das berühmte *Shahbandar Café* in der Al-Mutanabbi Street. Eine Institution. Es wurde 1917 gegründet und war seither Treffpunkt für Literaten, Intellektuelle. Er drehte wunderbare Bilder dort. Eines Abends im Dezember schlugen drei Mörserbomben in seinem Haus ein. Seine Frau und sein Vater kamen dabei ums Leben. Er wurde ›nur‹ verletzt. Natürlich war er völlig traumatisiert und sagte, er könne nicht mehr weitermachen. Im März 2007, als eine riesige Autobombe in der Al-Mutanabbi Street explodierte und das Café sowie die angrenzenden Buchläden zerstörten, stand er auf einmal wieder in der Tür. ›Ich mache weiter. Ich drehe meinen Film zu Ende.‹ Wir sagten ihm: ›Sei vorsichtig, pass auf. Es ist gefährlich, jetzt zu drehen. Nimm nur eine kleine Kamera mit, die kein Aufsehen erregt.‹ Er fuhr zur Al-Mutanabbi Street, filmte die Totenwache, sprach mit Überlebenden des Attentats. Er nahm die Kassette aus der Kamera, steckte sie in die Tasche und ging davon, als zwei Leute versuchten, ihn in ein Auto zu zerren und zu kidnappen. Es gelang ihm, wegzurennen. Sie schossen ihm in die Beine. Er fiel zu Boden. Dann schossen sie ihm noch einmal in die Brust und auf die Füße und fuhren davon. Dort lag er blutend. Über zwanzig Minuten. Denn keiner traute sich, ihm zu helfen. Schließlich traute sich eine Frau, ihn in ein Krankenhaus bringen zu lassen. Das hat ihm sein Leben gerettet.«

Sie hält wieder inne. Schluckt.

»Wir haben die Montage der Filme aus diesem Kurs in Damaskus gemacht. Da Emad nicht reisen konnte, stellten die anderen seinen Film für ihn fertig: ›A Candle for the Shahbandar Café‹. Dieser Film gewann auf dem Gulf Film Festival in Dubai den dritten Preis. Der Direktor des Festivals erwirkte beim dortigen Gesundheitsministerium eine kostenlose Operation, die Emad benötigte, um wieder laufen zu können.«

Viele Filme ihrer Studenten wurden inzwischen preisgekrönt. Auch das motiviert. Kreativität als Heilmittel in einem traumatisierten Land. Davon erzählt auch der Film »Our feelings took the pictures. Open Shutters Iraq« von 2008. Frauen aus fünf Städten im Irak treffen sich in einem traditionellen historischen Haus in Bab Tuma, in der Altstadt von Damaskus, zu einem Foto-Workshop.

»Die Fotografin Eugenie Dolberg, die dieses Projekt initiiert hat, rief mich an und fragte, ob ich das Projekt filmisch begleiten wollte. Ich hatte zunächst keine genaue Vorstellung, wie es sein würde. Aber ich nahm meine Kamera und fuhr nach Damaskus. Wir alle lebten zusammen in dem Haus für einen Monat. Ich drehte ununterbrochen und wurde am

Ende selbst Teil des Projektes. Eugenie bat die Frauen, Lebenstafeln zu gestalten. Und da waren diese riesigen Plakate ›Lebenslinien‹. Beschriftet, bemalt, mit Fotos beklebt. Jede Frau präsentierte ihre Lebenstafel. Und plötzlich fingen diese Frauen an, sich gegenseitig die Geschichten ihres Lebens zu erzählen. Geschichten, die sie zum Teil dreißig Jahre lang für sich behalten hatten. Es war, als hätten sich Schleusen geöffnet. Jede Frau hat zugehört. Jede Frau hat erzählt. Es war ein Akt des kollektiven Erinnerns und Verarbeitens der Traumata, hervorgerufen durch Gewalt, Hass, Zerstörung und ein Leben unter Sanktionen. Eine Art kreative Alchemie ist entstanden. Als Teil des Projektes fuhren die Frauen dann in ihre Städte und haben dort ihre jeweiligen Fotoprojekte realisiert. Eine Frau verarbeitete ihre Angst, aus dem Haus zu gehen. Ihre Arbeit zeigt Bilder aus der Perspektive hinter einem Fenster. Unglaublich schöne Bilder sind hier entstanden.«

Pause.

»Der Film erzählt davon, wie sich Kreativität, das Suchen nach Sprache und der Wille zum Handeln inmitten totaler Zerstörung entfalten können und dabei helfen, Traumata zu bewältigen. Widerstand zu leisten, das Schweigen zu brechen. Zu überleben. Weiterzumachen. Nach vorne zu schauen. Zu existieren. Kreativität ist eine sehr starke Kraft.«

Dr. Hayat Heji – Katar

◆◆◆

> »Ich war elf Jahre, als ich plötzlich erblindete. Von einem Tag auf den anderen. Ich erinnere mich noch genau. Ich kam um 13 Uhr aus der Schule, so wie jeden Tag. Kurz vor unserem Tor begann alles vor meinen Augen zu flimmern. Ich sah alles nur noch verschwommen, schemenhaft. Und dann, zwei Stunden später, sah ich gar nichts mehr. Alles nur noch Dunkel. Um 15 Uhr war ich blind.«

Dr. Hayat Heji erzählt das mit einer sehr gefassten Stimme. Präzise. Ein sachlicher Tatbestand. Ihre Schwester Leila kommt in den gemütlichen *majlis* (Salon) und stellt ihr liebevoll den Kaffee hin. Behutsam führt sie Hayats rechte Hand in Richtung Tasse. Nicht direkt an die Tasse. Zielsicher greift Hayat danach. Sie bewegt sich langsam, bedacht, genau. Ihre Stimme ist energisch, ein wenig rau.

> »Wir sind dann sofort zu unserem Arzt gegangen, und der riet uns umgehend zur Operation. Mein Vater hatte Elektrotechnik in London studiert und noch Kontakte dorthin. So fuhren wir, unterstützt von der ganzen Familie, nach London. Nach der ersten Operation konnte ich sogar wieder etwas sehen. Aber nach und nach wuchs der Druck in den Augen so stark, dass ich wieder operiert werden musste. Insgesamt drei Operationen waren es. Nach der dritten Operation war der Schmerz zwar weg, aber es war klar, ich würde nie mehr sehen können.«

Für sie und ihre Familie, die aus normalen Verhältnissen stammt, ist es zunächst ein Schock. Aber es ist keine Frage, dass sie weiterhin die Schule besucht. Sie ist die einzige Blinde in ihrer Klasse.

»Es gab damals in Katar ja keine Schulen oder Einrichtungen für Blinde oder Sehbehinderte. In vielen Familien wurden die blinden Kinder einfach zu Hause gelassen. Weggesperrt. Aus vielen Gründen.« Sie macht eine Pause. »Aber ich habe sehr viel Unterstützung durch meine Familie erlebt. Meine Geschwister haben mich zur Schule gebracht. Sie haben mir die Schulbücher auf Kassetten gesprochen, damit ich weiterhin lernen konnte.«

Wieder macht sie eine Pause. Sie dreht sich in Richtung Schwester und lächelt ihr zu. Zwei andere Schwestern setzen sich dazu, blicken stolz auf Hayat. »Ja, wir sind eine große Familie. Wir sind neun Kinder, sieben Töchter und zwei Söhne. Da kommt was zusammen!« Sie lacht. Ihre Familie unterstützt sie, wo sie kann.

»Das ist etwas ganz Besonderes und keineswegs selbstverständlich, das weiß ich. Denn in vielen Familien wird das Thema Blindheit oder Behinderung einfach tabuisiert. Es existiert nicht. Erst langsam ändert sich etwas in unserer Gesellschaft. Und das ist sehr wichtig, denn die Zahl der Blinden oder Behinderten in unserer Gesellschaft ist nach wie vor vergleichsweise hoch, bedingt durch Frühgeburten oder genetische Defekte. Bei uns ist es noch weit verbreitet, dass man enge Verwandte, zum Beispiel Cousinen ersten Grades, heiratet.«

Hayat, Jahrgang 1975, beendet auch die weiterführende Schule mit Bravour. Wieder hilft die ganze Familie mit, aber auch ihre Mitschüler und staatliche Institutionen.

»Meine Mitschüler haben mir die Aufgaben vorgelesen, mir ihre Notizen geliehen und sich immer sehr um mich gekümmert. An Hänseleien kann ich mich nicht erinnern. Natürlich war ich eine Exotin, aber das war nicht negativ besetzt. Zu den Prüfungen kamen extra Leute aus dem Bildungsministerium, die mir die Fragen vorlasen und meine Antworten notierten. Das war sehr hilfreich für mich.«

Ihr Vater hat sich dazu gesetzt. Ein hochgewachsener, stolzer Mann mit auffälligen Lachfalten. Akkurat gebügelte, blütenweiße *dishdasha*. Ein gütiges Gesicht.

»Hat Ihnen meine Tochter eigentlich schon erzählt, dass sie unter den zehn Besten Schulabgängern des Landes war? Das erzählt sie nämlich nie, dafür ist sie zu bescheiden. Es gab damals im Fernsehen eine Sendung mit den besten Absolventen des Landes. Sie haben sie eingeladen, aber sie wussten nicht, dass meine Tochter blind ist. Sie wurde nur wegen ihrer Leistung ausgewählt.«

Er macht eine Pause. Seine Augen füllen sich mit Tränen. Die knochige Hand fährt über das Gesicht, mit der Spitze seiner *kufiya*, der weißen Kopfbedeckung, tupft er sich die Augen ab. Er räuspert sich, dann sagt er: »Dank meiner Großen hier, sie trägt übrigens den Namen meiner Mutter, bin ich auf meine alten Tage doch tatsächlich mal ins Fernsehen gekommen.« Er zwinkert in ihre Richtung. In der Sendung wird Hayat nach ihrem Traum gefragt. Sie sagt, dass sie studieren möchte. Sie wird zugelassen. Ihr Vater organisiert im Ausland Lehrbücher für Braille, die Blindensprache, und engagiert eigens eine Lehrerin:

»So etwas gab es hier in Katar damals nicht. Ich war so begeistert, dass ich Braille in zwei Monaten gelernt habe. Für mich hat sich plötzlich ein ganz neuer Horizont, eine ganz neue Perspektive eröffnet. Ich konnte selbstständig lesen und meine eigenen Notizen machen. Und ich merkte, es gibt nichts im Leben, das zu schwer ist. Wenn man auf Gott vertraut, viel Geduld und einen starken Willen hat, dann kann man im Leben alles schaffen!«

Hayat wird die erste blinde Studentin in Katar. Sie studiert Arabische Sprache und Literatur an der *Qatar University*. Ihr Vorbild, der ägyptische Schriftsteller Taha Hussein. Auch er ist blind. Und hat sich einen Namen gemacht. Wieder schließt sie mit Auszeichnung ab.

> »Bei der Abschlussfeier war auch unsere First Lady, I.H. Shaikha Moza, anwesend. Ich war ganz aufgeregt. Sie gratulierte mir und sagte dann: ›Versprechen Sie mir, dass Sie weitermachen. Ich möchte Sie in ein paar Jahren mit Doktorhut sehen.‹ Das Versprechen habe ich später auch eingelöst!«

Aber erst einmal beginnt sie zu arbeiten. Die Besten der Universität erhalten Arbeitsangebote, so auch sie. Sie entscheidet sich für das *Al-Noor Institute for the Blind*, das im gleichen Jahr, 1998, auf Initiative der First Lady, Shaikha Moza, gegründet wird. Es ist das erste Institut für Blinde und Sehbehinderte in Katar. Sie beginnt dort als Lehrerin:

> »Ich habe mich damals ganz bewusst für das *Al-Noor Institute* entschieden. Zum einen, weil ich als Blinde einfach weiß, wovon ich spreche und mich auf die Bedürfnisse der Schüler einrichten kann. Ich weiß, was sie fühlen, was sie durchmachen. Ich habe die ganzen Tiefen ja auch durchlebt.«

Zum ersten Mal schwingen Emotionen in ihrer Stimme mit.

> »Zum anderen wollte ich meinem Land etwas zurückgeben. Ich habe begonnen, Lehrbücher zu verfassen. Das hier, zum Beispiel, für arabische Sprache. Ich habe auch einen kleinen Prototyp zum Erlernen von Braille entwickelt. Ich fand die Punkte zu klein, und so habe ich diese Plastikbox mit Knöpfen genommen, damit man sich an die Haptik gewöhnt.«

Hayat ist die erste blinde Lehrerin in Katar. Sie ist engagiert und bemüht, auch die Eltern der Kinder mit einzubeziehen.

»Wir haben damals begonnen, die Familien der Kinder zu unterrichten. Ich weiß ja aus eigener Erfahrung, wie wichtig es ist, die Familien in diesen ganzen Prozess mit einzubeziehen. Am Anfang haben sich einige Eltern geweigert oder sind einfach nicht erschienen, aber nach und nach konnten wir doch viele überzeugen. Denn es ist vor allem die Familie, die die Kinder zu Hause unterstützen sollte.«

2000 löst sie ihr Versprechen an Shaikha Moza ein, wie sie sagt. Sie erhält ein Stipendium des Staates Katar und studiert zunächst Englisch an der *University of Pennsylvania.* Dann Sonderpädagogik und Educational Leadership an der *St. Joseph's University* in Philadelphia. Vor allem, um sich für ihre Arbeit am *Al-Noor Insitute* weiterzuqualifizieren, internationale Erfahrung zu sammeln, neue Methoden und Techniken kennenzulernen.

»Am Anfang war es hart, so weit weg von zu Hause zu sein. Um ehrlich zu sein, war ich froh, dass mein Vater zunächst mitgekommen ist. Er ist einen Monat geblieben, bis ich mich eingelebt hatte. Und mein Bruder war ja auch in der Nähe, das hat mir Halt gegeben, jemanden von der Familie vor Ort zu haben. Ich habe bei einer sehr netten Dame gewohnt, Miss Betty, ihr habe ich sehr viel zu verdanken. Sie hat sich rührend um mich gekümmert. Und was ich dort kennengelernt habe, zum Beispiel unterschiedliche Lehrmethoden oder aber technische Geräte, etwa der Computer für Blinde, ein kleines, tragbares Braille-Lesegerät. Das alles hat mir die vielen Möglichkeiten aufgezeigt, die wir haben.«

2007 wird sie promoviert. In ihrer Doktorarbeit untersucht sie amerikanische Programme für Blinde mit Blick auf die katarische Kultur. Was ist anwendbar, übertragbar, was nicht.

»Zum Beispiel der Blindenhund. Das ist etwas, das in der katarischen Gesellschaft aus kulturellen Gründen nicht angenommen wird. Der Hund gilt im Islam als unreines Tier.«

Zurück in Katar wird sie gefeiert. Die erste blinde Frau mit Doktorhut. Das Bild geht durch die katarische Presse. Und Shaikha Moza ist zufrieden. Hayat lacht stolz. »Ich halte meine Versprechen.« Im September 2007 wird sie Managing Director des *Al-Noor Institute*. Auch damit ist sie wieder die erste blinde Frau auf einem solchen Posten. Sie ist inzwischen ein Vorbild für viele.

> »Ich kann zwar nicht sehen, aber ich kann erreichen, dass wir Blinden gesehen werden.«

Im Januar 2012 ist das *Al-Noor Institute* umgezogen. Ein freundliches, großzügiges Gebäude im Neubaugebiet im Westen von Doha. Das Institut umfasst eine Schule, Kindergarten bis sechste Klasse. Eine eigene Druckerei, Räume für Physiotherapie, Sprachförderung. Ein hochmoderner Computerraum, eine große Bibliothek, ein Musikraum. Ein Ruheraum mit gemütlichen Kissen und Plüschtieren. Trainings- und Forschungszentrum sowie eine Praxis. Hier wird jedes der rund 400 Kinder untersucht und individuell begleitet:

> »Jedes Kind braucht eine individuelle Förderung. Ein Kind, das beispielsweise ›nur‹ sehbehindert ist, braucht kein Braille. Das kann mit Hilfe von Lupen oder großen Buchstaben lesen. Dafür entwickeln wir hier individuelle Materialien.«

In der Druckerei liegen die für jedes Kind eigens angefertigten, auf seine Bedürfnisse zugeschnittenen Lehrbücher. »Das ist für Mohammed, das hier ist für Fatima. Hier haben wir nur die Schrift vergrößert. Hier haben wir die Farben verändert«, erklärt Manar Fattouh, die Englischlehrerin und zuständig für Public Relations. Dann zeigt sie die vom *Al-Noor Institute* entwickelten Lehrmaterialien für Lehrer, u. a. für Englisch, Arabisch, Mathematik und Geographie.

Die Gänge sind in verschiedenen Farben gestrichen. Grün für den Kindergarten, Blau für den Physiobereich. Reliefs an den Wänden dekorieren und helfen, sich tastend zu Recht zu finden. Blätter und Pflanzenreliefs für den Kindergarten, Muscheln und Fische für den Physiobereich. Kinder laufen durch die Gänge, spielen Fangen, es herrscht fröhliches Treiben. Fatima und

Aisha drehen den Kopf zu mir, winken in meine Richtung. In der Musikklasse von Mohammed wird gerade die *nay*, eine traditionelle Flöte, ausprobiert.

»Es sollen möglichst alle Sinne gefördert werden. Wir Blinde sind besonders auf die anderen Sinne angewiesen. Hören, Riechen, Tasten. Motorik ist dabei auch ganz wichtig. Die Kinder sollen lernen, sich möglichst selbstständig zu bewegen. Wir befähigen sie zur Unabhängigkeit.«

Ein wichtiges Prinzip dabei ist die Inklusion. Der Austausch mit nicht oder weniger behinderten Kindern wird stark gefördert. Das Ziel ist es, die Kinder in das »ganz normale Leben«, wie Hayat sagt, zu entlassen. Dabei wird, wenn gewünscht, lebenslange Begleitung angeboten. Das Institut, vom Staat Katar gefördert, steht übrigens jedem offen, ist kostenlos und setzt das Gesetz aus dem Jahr 2004 um, das Menschen mit, wie es wörtlich heißt, »besonderen Bedürfnissen« volle Rechte und umfassende Unterstützung zuspricht.

»Seit meiner Kindheit hat sich hier in Katar viel verändert. Die Rahmenbedingungen haben sich sehr verbessert, an allen öffentlichen Gebäuden gibt es zum Beispiel inzwischen Braille-Aufschrift. Und auch in der Gesellschaft herrscht sehr viel mehr Akzeptanz als früher. Jetzt geht es darum, noch besser zu werden und vor allem den Kindern Mut zu machen, selbstbewusst mit ihrer Behinderung umzugehen.«

Und lachend erzählt sie folgende Anekdote:

»Einer meiner Schüler, er war sechs Jahre alt, weigerte sich, seinen Blindenstock zu gebrauchen. ›Der ist hässlich, den brauche ich nicht‹, sagte er immer wieder. Ich rief ihn zu mir ins Büro, ging aber selbst nach nebenan. Als er mich in meinem Büro nicht vorfand, wunderte er sich. Ich rief ihn dann in das Nebenzimmer und bat ihn, mir seinen Stock zu leihen. Ganz stolz gab er mir dann seinen.«

Vorbild zu sein, eigene Erfahrungen zu teilen, das ist der mehrfach ausgezeichneten Hayat wichtig. Sie sitzt in zahlreichen Komitees, spricht auf internationalen Konferenzen. Erst 2011 erhielt sie von der *Qatar Business Women Association* den Preis als erfolgreichste Frau in Katar in der Kategorie berufliche Karriere. Das motiviert. Das setzt Zeichen. Auf die Frage, ob sie nicht doch manchmal mit ihrem Schicksal haderte, das sie mit elf Jahren erblinden ließ, antwortet sie gelassen:

> »Haben wir nicht alle eine Aufgabe im Leben?«

Danksagung

Dieses Buch wäre ohne die Anregungen, Diskussionen und großartige Unterstützung zahlreicher Personen nicht zustande gekommen. Ihnen allen kann gar nicht genug gedankt werden.

Zu allererst möchte ich mich von Herzen bei den Frauen bedanken, die ich in diesem Buch porträtiert habe. Für ihr Vertrauen, ihre Offenheit, ihre Geschichte. Vor allem aber dafür, dass sie mich ein Stück an ihrem Leben, ihren Wünschen, ihren Hoffnungen und Träumen, aber auch an ihren schweren Momenten teilhaben ließen. Es waren wunderbare Begegnungen, inspirierend, fröhlich, nachdenklich stimmend. Intensiv. Gespräche, die mich sehr bereichert haben. Für jedes einzelne bin ich unendlich dankbar.

Und dann: Was für eine wunderbare Familie ich habe! Meinem lieben Mann, Gerd Baumgarten, der mir nicht nur den Rücken gestärkt, sondern auch frei gehalten hat. Für die Gestaltung des Buchcovers und die kritische Lektüre des Manuskriptes. Meiner tollsten Tochter der Welt, die so manches Mal auf ihre reisende und schreibende Mutter verzichten musste. Meinem Vater Willi Kratochwil, dem Fels in der Brandung, Monique Kratochwil, Bettina Linßen und Käthe Baumgarten. Und meiner geliebten Mutter, Christel Kratochwil, die viel zu früh gestorben ist.

Mein aufrichtiger Dank gilt Dr. Thomas Bach, Präsident der *Arab-German Chamber of Commerce and Industry,* und Abdulaziz Al-Mikhlafi, Generalsekretär der *Arab-German Chamber of Commerce and Industry* und ihrem hervorragenden Team für die großartige Unterstützung – insbesondere Farhan Yabroudi, Nadine Liebe und Sabine Reinkober. Ursula Schwarzenbart und Gerd-Udo Hauser von der *Daimler AG,* Ralph Nitzgen von der *Commerzbank*, Markus Dinslacken von der *Henkel AG* und Heiko Held von der *Fritz Henkel Stiftung,* die an das Projekt geglaubt und es tatkräftig unterstützt haben.

Elke Peiler und Andrea Ben Mahmoud von der *AHK* in Tunesien, Rim Ben Ammar von der *Friedrich-Ebert-Stiftung* in Tunesien, Dr. Helmut Reifeld von der *Konrad-Adenauer-Stiftung* in Marokko, Dr. Jürgen Holz, Marc Haering, Mohammed Kharis, Lotti und Dr. Faouzi Adaimi. Martina Sabra für ihren kollegialen Rat. Doreen Feast, mein englischsprachiges Alter Ego, für ihre wunderbaren Übersetzungen, Hana Hajjar für die freundliche Genehmigung zum Abdruck ihrer Karikaturen.

Mein herzlicher Dank gilt auch den zahlreichen Teilnehmern meiner CrossCultures Seminare, die mich durch ihre Fragen, Anregungen und Erfahrungen aus der Praxis immer wieder bereichern und letztlich auch zu diesem Buch inspiriert haben.

Und *last but not least* danke ich ganz besonders Madlaina Bundi vom Orell Füssli Verlag für ihr Vertrauen. Dafür, dass sie an das Projekt geglaubt und mit diesem Buch ein Forum ermöglicht hat. Und natürlich meiner Verlagslektorin Karoline Lemke für die wunderbare Zusammenarbeit. *Shukran.*

Weiterführende Literatur

Al-Malki, Amal (et al.): Arab Women in Arab News: Old Stereotypes and New Media, Bloomsbury, 2012

Al-Munajjed, Mona: Saudi Women Speak: Remarkable Women Tell their Success Stories, Beirut, 2006

Al-Munajjed, Mona: Women in Saudi Arabia Today, New York, 1997

Alsanea, Rajaa: Die Girls von Riad, 2007

Badran, Margot/Cooke, Miriam: Rowohlt Lesebuch der »Neuen Frau«: Araberinnen über sich selbst, Hamburg, 1992

Badran, Margot: Feminists, Islam, and Nation: Gender and the Making of Modern Egypt, Kairo, 1996

Charrouf, Zoubida/Dubé, Serge/Guillaume, Dominique: L'arganier et l'huile d'argane, Paris, 2011

Djebar, Assia: Weit ist mein Gefängnis, Zürich, 2000

Dies.: Die Frauen von Algier, Zürich, 2001

Ebert, Hans-Georg: Das neue Personenstatut Marokkos: Normen, Methoden, Problemfelder, in: Orient. Deutsche Zeitschrift für Politik und Wirtschaft des Orients, Baden-Baden, 46 (2005), S. 609–631

Ders.: Das Personalstatut arabischer Länder: Problemfelder, Methoden , Perspektiven. Ein Beitrag zum Diskurs über Theorie und Praxis des islamischen Rechts, Frankfurt, 1996

El Saadawi, Nawal: Eine Frau an Punkt Null, München, 1993

Dies.: Fundamentalismus gegen Frauen: Die 'Löwin vom Nil' und ihr Kampf für die Menschenrechte der Frau, 2005

Fahmy, Azza: Enchanted Jewelry of Egypt, Kairo, 2007

Haddad, Joumana: Wie ich Scheherazade tötete, Berlin/Tübingen, 2010

Dies.: Liliths Wiederkehr, Berlin/Tübingen, 2008

Heller, Erdmute /Mosbahi, Hassouna: Hinter dem Schleier des Islam: Erotik und Sexualität in der arabischen Kultur, München, 1994

Hassink, Jacqueline: Domains of Influence. Arab Women Business Leaders in a New Economy, London/New York, 2008

International Finance Corporation/World Bank: Women Entrepreneurs in the Middle East and North Africa: Characteristics, Contributions, Challenges, Washington/Tunis, 2007

Khalifa, Sahar: Memoiren einer unrealistischen Frau, Zürich, 2005

Dies.: Heisser Frühling, Zürich, 2010

Mernissi, Fatima: Der politische Harem. Mohammed und die Frauen, Freiburg, 2001

Dies.: Herrscherinnen unter dem Halbmond. Die verdrängte Macht der Frauen im Islam. Freiburg, 2004

Sabra, Martina: Elisabeth-Norgall Preis für Aicha Chenna. Inkarnation der Mütterlichkeit, in: qantara, 09.03.2005

Dies.: Frauenrechte und Arabischer Frühling. Das weibliche Gesicht der Revolution, in: qantara, 13.02.2012

Sadat, Jehan: Ich bin eine Frau aus Ägypten, München, 1987

Schmid, Larissa: Symbolische Geschlechterpolitik in Saudi-Arabien, in: Freitag, Ulrike (Hg.): Saudi-Arabien – Ein Königreich im Wandel?, Paderborn, 2010

Schneider, Irene: Der Islam und die Frauen, München, 2011

Schöning-Kalender, Claudia (Hg.): Feminismus, Islam, Nation. Frauenbewegung Maghreb, Zentralasien und der Türkei, Frankfurt am Main, 1997

Shaarawi, Huda: Harem Years: the Memoirs of an Egyptian Feminist (1879–1924), aus dem Arabischen übersetzt und herausgegeben von Margot Badran, New York, 2001

Stowasser, Barbara: Women in the Qur'an, Traditions, and Interpretation, New York, 1994

Talhami, Ghada Hashem: Women, Education and Development in the Arab Gulf Countries, Abu Dhabi, 2004

Taufiq, Suleman (Hg.): Frauen in der arabischen Welt: Erzählungen, München, 2000

Ders.: Der wahre Schleier ist das Schweigen. Sonderausgabe. Arabische Autorinnen melden sich zu Wort, Frankfurt, 2002

The Arab Human Development Report (AHDR) 2005:

www.arab-hdr.org/publications/other/ahdr/ahdr2005e.pdf

Walther, Wiebke: Die Frau im Islam, Leipzig, 1997

World Bank: The Road not Traveled. Education Reform in the Middle East and North Africa, 2008

Würth, Anna: Frauenrechte in der arabischen Welt. Überblick über den Status von Frauen im Familienrecht unter besonderer Berücksichtigung islamischer Einflußfaktoren, GTZ (GIZ), Eschborn